LÍNEAS

UNA BREVE HISTORIA

Tim Ingold

Otros títulos de la colección

Los no lugares
Marc Augé

La interpretación de las culturas
Clifford Geertz

Antropología de la escritura
Giorgio Cardona

Modernismo después de la modernidad
Andreas Huyssen

Conflictos interculturales
Néstor García Canclini (*coord.*)

Las leyes de la simplicidad
John Maeda

Medios, modernidad y tecnología
David Morley

Investigaciones en antropología política
Pierre Clastres

LÍNEAS

UNA BREVE HISTORIA

Tim Ingold

Título original en inglés: *Lines. A brief history*

© 2007 Tim Ingold

All Rights Reserved / Todos los derechos reservados
Authorised traslation from the English language edition published by Routledge,
a member of the Taylor & Francis Group.
Traducción autorizada de la edición inglesa publicada por Routledge,
miembro de Taylor & Francis Group.

© De la traducción del inglés: Carlos García Simón, 2015

© De la imagen de cubierta: TfL from the London Transport Museum collection

Cubierta: Juan Pablo Venditti / vendittigraphics

Primera edición: abril de 2015, Barcelona

Derechos reservados para todas las ediciones en castellano

© Editorial Gedisa, S.A.
Avda. Tibidabo, 12, 3º
08022 Barcelona (España)
Tel. 93 253 09 04
gedisa@gedisa.com
www.gedisa.com

Preimpresión:
Editor Service S.L.
Diagonal 299, entresol 1ª – 08013 Barcelona

ISBN: 978-84-9784-800-8
Depósito legal: B.4391-2015

Impreso por Service Point

Impreso en España
Printed in Spain

Queda prohibida la reproducción total o parcial por cualquier medio de impresión, en forma idéntica, extractada o modificada, en castellano o en cualquier otro idioma.

Índice

Agradecimientos................................. 9

Introducción...................................... 15

1. Lenguaje, música y notación..................... 23

2. Trazos, hilos y superficies....................... 65

3. Sobre, a través y a lo largo...................... 107

4. La línea genealógica............................ 149

5. Dibujo, escritura y caligrafía.................... 169

6. De cómo la línea se hizo recta................... 211

Referencias bibliográficas......................... 235

Índice de ilustraciones............................ 249

Agradecimientos

Este libro se concibió en julio del 2000 tras recibir la invitación de Fionna Ashmore, en aquel entonces directora de la Society of Antiquaries of Scotland, a dictar las *Rhind Lectures* de 2003. Pronunciadas desde 1876, versan cada año sobre un tema de historia, arqueología o antropología. Se celebran en conmemoración de Alexander Henry Rhind of Sibster (1833-63), destacado anticuario escocés nacido en Wick al que se recuerda, sobre todo, por su pionero trabajo sobre las antiguas tumbas egipcias de Tebas. La invitación a dictar tales conferencias fue para mí todo un privilegio y, considerando que la notificación enviada con tres años de antelación me daba un amplio margen de reacción, acepté entusiasmado. Ya andaba buscando una excusa que me permitiera reservar tiempo para trabajar sobre un tema por el que llevaba tiempo fascinado pero del que sabía poco, a saber: la historia comparada de la relaciones entre habla, canción, escritura y notación musical. Escogí como título «Las líneas del pasado. Hacia una arqueología antropológica de las prácticas de inscripción».

Evidentemente, el tiempo que pensaba tener para preparar las conferencias jamás llegó a materializarse. Nunca lo hace. Los años que fueron desde el 2000 al 2003 fueron febriles. Acababa de llegar el año anterior a la Universidad de Aberdeen con el encargo de constituir un nuevo programa de enseñanza e investigación en antropología, y esto había absorbido ya la mayor parte de mis energías. De hecho, el programa comenzó con muy buen pie y en 2003 contábamos ya con nuestro propio Departamento de Antropología, núcleo que aglutinaba a un personal comprometido con una corte creciente de investigadores. Los primeros estudiantes de la universidad con *honours degrees* en Antropología se graduaron el verano de ese año. El tiempo voló, y de repente caí en la cuenta —sería como marzo de 2003— de que me quedaba poco menos de un mes para preparar las conferencias. Aparqué todo lo demás y, sin una idea muy clara de cómo desarrollar mi tema, me puse a trabajar en la cuestión del lenguaje, la música y la notación.

El comienzo fue lento, pero por alguna razón, y para mi sorpresa, la idea «cuajó» de una manera que nunca hubiera imaginado: lo que en un principio se presentaba como acabado pasó a ser el punto de apoyo de una indagación más amplia y ambiciosa sobre la creación humana de líneas en todas sus formas. Era como si accidentalmente hubiera hallado un filón de oro intelectual. Desde ese momento no estoy seguro de si era yo el que escribía las conferencias o eran las conferencias las que me estaban escribiendo a mí. Parecía que todo se iba a ir al garete: ya en el tren hacia Edimburgo, y habiendo de comenzar esa misma tarde la serie de conferencias, todavía seguía tomando notas. Tenía escritas todas ellas menos la última, así que, una vez se me acabaron las notas me vi obligado a improvisar. Por fortuna creo que nadie se dio cuenta. Así pues, durante tres días, del 2 al 4 de mayo de 2003, se dictaron debidamente las conferencias en el Royal Museum de Escocia. Poder exponer mis ideas «en crudo» ante una agradecida audiencia en seis conferencias de cincuenta minutos a lo largo de una intensa semana fue una experiencia única e inolvidable. Es del tipo de congreso con el que sólo se puede soñar: ser el único ponente, que todo el mundo haya venido a escucharte a ti y a nadie más y tener todo el tiempo deseable para exponer tus ideas. Me gustaría expresar mi agradecimiento a Fiona Ashmore, a la entonces presidenta de la Society of Antiquaries of Scotland, Lisbeth Thoms, y a la propia asociación por esta oportunidad así como por la hospitalidad dispensada a mí y a mi familia.

Una vez se finalizaron las conferencias comencé a pensar en su publicación. Siendo consciente de que hacerle justicia al tema supondría décadas de trabajo y que, de todos modos, la cosa estaba más allá de mis posibilidades, decidí en un primer momento transcribir las conferencias más o menos como tuvieron lugar, a modo de esbozo, sin siquiera tratar de limarlas. Sabía que había lagunas que llenar y que necesitaba volver a ordenar parte del material, pero que no sería más que eso. Pero una vez más llegaron las habituales presiones de la vida académica. Al principio pensaba realizar el trabajo durante el verano de 2003, luego tuve que aplazarlo hasta el verano siguiente y después hasta el otro. Siempre había algo más urgente que hacer. Y, entretanto, mis ideas fueron avanzando.

Tuve ocasión de presentar lo que con el tiempo pasó a ser el capítulo 1 de este libro al Laurence Seminar sobre percepción sensorial en la Facultad

AGRADECIMIENTOS

de Filología de la Universidad de Cambridge en mayo de 2003 y, algún tiempo después, al Seminario de Antropología de la London School of Economics. Un primer boceto del capítulo 2 fue presentado en el Institute of Social and Cultural Anthropology de la Universidad de Oxford y, posteriormente, en mayo de 2005, como conferencia para el Departamento de Arqueología de la Universidad de Oporto, Portugal, por lo que le estoy especialmente agradecido a mi anfitrión, Victor Jorge. El capítulo 3 tomo su forma y título actuales presentándose como parte de una serie de seminarios en la School of Anthropological Studies en la Universidad de Queen's, Belfast, para posteriormente presentarse en el congreso «Culture, Nature, Semiotics: Locations IV», en Tallin y Tartu, Estonia (septiembre de 2004) y en el Fifth International Space Syntax Symposium, Universidad Técnica de Delft (junio de 2005). Aunque el material de los tres capítulos restantes (del 4 al 6), por su parte, no se presentó, no puedo dejar de señalar que el capítulo 5 se concibió originalmente como una Munro Lecture de la Universidad de Edimburgo allá por 1995, y aunque prácticamente se ha cambiado por completo desde entonces, creo que fue allí donde mi interés por la «tecnología de la escritura», el tema de la conferencia, comenzó a dar sus frutos.

Mis ideas de los últimos cinco años se han visto influenciadas por mi implicación en un importante proyecto de investigación creado por la antigua Arts and Humanities Research Board (AHRB) durante los años que van de 2002 a 2005, que llevaba, irremediablemente, el retorcido título de «Learning is understanding in practice: exploring the interrelations between perception, creativity and skill».[1] De hecho, en más de un sentido, este libro es resultado del proyecto y por tanto me gustaría reconocer mi gratitud al AHRB por su apoyo. El proyecto se llevó a cabo en colaboración con el Departamento de Antropología de la Universidad de Aberdeen y la School of Fine Art de la Universidad de Dundee. Durante el proyecto se llevó a cabo un estudio etnográfico sobre las prácticas cognoscitivas en las Bellas Artes dirigido por estudiantes de Dundee, estudio que fue complementado con otro, coordinado desde Aberdeen,

---

1. «El aprendizaje es la práctica del conocimiento. La exploración de las interrelaciones entre percepción, creatividad y destreza.» Las notas no señaladas como notas de traducción son del propio Ingold (*Nota de Traducción*).

sobre el campo de aplicación de las Bellas Artes en la enseñanza y el aprendizaje de la Antropología. Para ofrecer un marco general a este último estudio, diseñé e impartí un curso llamado «The 4 As: Anthropology, Archeology, Art and Architecture»,[2] que presenté por primera vez a algunos estudiantes de diplomatura aventajados en el semestre de la primavera de 2004 y repetí durante los siguientes dos años. No es sólo que los estudiantes que lo cursaron oyeran infinidad de cosas sobre las líneas sino que también contribuyeron con muchas ideas propias, de las que me he beneficiado directamente. Les estoy agradecido a todos ellos.

Estoy en deuda, además, con Murdo Macdonald, que codirigió el proyecto junto a mí, con Wendy Gunn, que llevó a cabo gran parte del trabajo y cuyas ideas me han calado profundamente a lo largo de los años, y con Ray Lucas, cuya investigación doctoral en la AHRB fue parte integrante del proyecto. La investigación de Ray, un estudio amplio e interdisciplinar sobre las prácticas de inscripción y notación como herramientas del pensamiento, engranaba de modo perfecto con mis intereses en la construcción de líneas. Ha sido un privilegio trabajar con él. Dos más son los frutos del proyecto que he de mencionar, ambos han influido en el presente libro. El primero fue la exposición «Fieldnotes and Sketchbooks»,[3] ideada por Wendy Gunn y exhibida en la Aberdeen Art Gallery de abril a junio de 2005. La exposición exploraba los usos de la línea en la notación y la descripción y atravesaba disciplinas como el arte, la arquitectura y la antropología. El segundo fue el congreso de la Association of Social Anthropologists sobre «Creativity and Cultural Improvisation»,[4] que mi colega Elizabeth Hallam y yo convocamos en la Universidad de Aberdeen en abril de 2005. Fue un placer trabajar con Liz, y muchas de sus ideas, junto a las ideas surgidas del mismo congreso, tienen su reflejo en este libro.

Está claro que la gente no sólo dibuja líneas cuando gesticula con las manos sino también paseando. Ése es el tema del capítulo 3 de este libro, que con cierta extensión encarna los resultados de un proyecto llamado «Culture

---

2. «Los 4 ases: antropología, arqueología, arte y arquitectura.» (*N. de T.*).
3. «Notas y cuadernos de campo.» (*N. de T.*).
4. «Creatividad e improvisación cultural.» (*N. de T.*).

from the ground: walking, movement and placemaking»,[5] financiado con una ayuda del Economic and Social Research Council (ESRC) (de febrero de 2004 hasta abril de 2006) en el que exploramos el modo en que caminar vincula tiempo y lugar a la experiencia de la gente, a sus relaciones y a sus historias de vida. Estoy en deuda con el ESRC por su apoyo así como con Jo Lee, que llevó a cabo la investigación etnográfica del proyecto y fue constante fuente de ideas y apoyo. Sin embargo, no son las únicas razones por las que debo estar agradecido al ESRC, y es que en 2005 el Council me otorgó una beca destinada a profesorado de tres años para desarrollar un programa de trabajo llamado «Explorations in the Comparative Anthropology of the Line».[6]

A largo plazo, este prolongado permiso de investigación me permitió el lujo de desarrollar más intensamente algunas ideas que en este libro sólo se esbozan. A corto plazo, sin embargo, he de confesar que sin este permiso nunca hubiera sido capaz de acabar el libro. Aplazado ya durante dos años, mi idea era acabarlo para el verano de 2005, antes de que comenzara mi beca. Pero, irónicamente, fue el mismo ESRC el que saboteó mi plan exigiéndome —a mí junto a muchos otros colegas de todo el país— una dedicación exclusiva de nuestro tiempo de investigación a compilar datos y rellenar formularios que acreditaran la formación en posgrado. De hecho, entre, por una parte, la enorme cantidad de burocracia y la pérdida de tiempo que implicaban los procesos para conseguir financiación para la investigación y, por otra, las evaluaciones, no quedaban apenas huecos para poder llevar a cabo el trabajo. Cualquier mínima posibilidad de abrir uno de esos huecos era siempre bienvenida. ¡Incluso mientras escribo estas líneas, y dado que llevo un mes dejando todo de lado para poder acabar el libro, me veo impelido por la entrega, ahora ya retrasada, del borrador para la incorporación de nuestro departamento en el próximo ejercicio de evaluación de las investigaciones!

Pero no quisiera acabar apostillando una queja. Prefiero agradecer, y en verdad celebrar, el apoyo que he tenido la suerte de recibir de mucha gente. Ideas, información, sugerencias de lectura y demás llovían literalmente de todas partes. Son muchas las personas que me han ayudado, demasiadas como

---

5. «Cultura de la tierra: caminar, desplazarse y crear lugares.» (*N. de T.*).
6. «Análisis de antropología comparada de la línea.» (*N. de T.*).

para ser capaz de enumerarlas a todas, así que en vez nombrarlas voy a enviarles a cada una de ellas un sincero agradecimiento. Sabéis quienes sois. Un sincero agradecimiento va para todos mis colegas del Departamento de Antropología de la Universidad de Aberdeen, el más conseguido grupo de colegas que se podría desear, otro para mis estudiantes, de los que tanto he aprendido, y otro a todos los miembros de mi familia, que me han mantenido con vida. Una persona, en particular, jugó un papel crucial al, en primer lugar, traerme a este mundo. Ahora con 101 años de edad, será el primero en leer este libro. Ha sido su línea la que he seguido. Sabe bien quién es y que a él dedico este libro.

Tim Ingold
Aberdeen, septiembre de 2006

Introducción

¿En qué se parecen caminar, tejer, observar, narrar, cantar, dibujar y escribir? La repuesta es que, de uno u otro modo, todo lo anterior se lleva a cabo a través de líneas. En el presente libro trataré de esbozar las bases de lo que podríamos llamar una antropología comparada de la línea. Hasta donde sé, nunca hasta ahora se había intentado hacer nada similar. De hecho, cuando les mencionaba el tema a mis colegas, la primera reacción solía ser de total incredulidad. ¿Había dicho leones o es que me habían entendido mal? «No —les respondía—. He dicho líneas, no leones».[1] Su desconcierto era comprensible. ¿La línea? No es precisamente del tipo de cosas que suelen atraer nuestra atención. Contamos con estudios antropológicos de arte visual, de música y baile, de habla y escritura, de artesanía y cultura material, pero no de la producción y significado de las líneas. No obstante, basta con pensarlo un instante para darse cuenta de que las líneas están por todas partes. Como criaturas que caminan, hablan o gesticulan, los seres humanos generan líneas allá por donde van. No se trata tan sólo de que crear líneas sea una práctica tan generalizada como el uso de la voz, las manos y los pies —respectivamente en el habla, la gesticulación y los desplazamientos— sino que incluye todos estos aspectos de la actividad humana cotidiana aglutinándolos en un único campo de investigación. Éste es el campo que pretendo delinear.

No fue, sin embargo, movido por tan grandiosas preocupaciones por lo que comencé a emprender esta ruta. Muy al contrario, me tenía perplejo un asunto concreto que, a primera vista, no tenía nada que ver con las líneas. Se trataba de saber cómo hemos llegado a diferenciar entre habla y canción. El hecho es que tal distinción, al menos en la forma en que hoy en día la conocemos, es relativamente reciente en la historia del mundo occidental. Durante

---

1. En el original inglés, Ingold juega con la posible confusión que el parecido sonido de *lines* y *lions* (líneas y leones) produciría en su perplejo interlocutor. (*N. de T.*)

gran parte de esta historia la música se ha entendido como arte verbal; es decir, se entendía que la esencia de una canción reside en la sonoridad de sus palabras. Incluso hoy en día, en cierto modo, hemos llegado a la noción de música como «canción sin palabras», desvestida[2] de sus componentes verbales, y, complementariamente, a la de lenguaje como sistema de palabras y significados que se da independientemente de su expresión sonora en el habla. La música se ha quedado sin palabras, se ha silenciado el lenguaje. ¿Cómo ha llegado a ocurrir? La búsqueda de una respuesta me llevó de la boca a la mano, de las declamaciones vocales a los gestos manuales y a la relación entre estos gestos y las marcas que deja sobre diversos tipos de superficies. ¿No podía ser que el silenciamiento del lenguaje tuviera algo que ver con cambios relacionados con la escritura entendida como un arte de composición verbal y no de inscripción manual? Mi investigación sobre la creación de líneas había dado comienzo.

Sin embargo, pronto descubrí que no bastaba con centrarse únicamente en las líneas, tampoco en las manos que las producían. También tenía que tener en consideración la relación entre las líneas y las superficies sobre las que se dibujan. Como la sola profusión de diferentes tipos de líneas ya me intimidaba, decidí esbozar una taxonomía provisional. Pese a los caminos sin salida a los que esto me llevó, parecía haber dos tipos de líneas que destacaban sobre el resto. Las llamé hilos y trazos.[3] Incluso tras un examen más atento, hilos y trazos no parecían ser categóricamente demasiado diferentes en tanto unos se transformaban en los otros. Los hilos habían encontrado la forma de transformarse en trazos y viceversa. Es más, cada vez que los hilos se convertían en trazos se formaban superficies, cada vez que los trazos se convertían en hilos, éstas se diluían. La pista de estas transformaciones me condujo de la palabra escrita, sobre la que comencé mi investigación, a los vericuetos del laberinto y las artes del bordado y la confección. Y fue sólo a través de la confección de

---

2. En inglés, *stripped* significa tanto desnudo o desvestido como rayado. (*N. de T.*).

3. *Trace*, que aquí hemos traducido como trazo, podría haber sido igualmente traducido por traza o huella. A lo largo del texto, como se verá, Ingold hace uso de lo que, en nuestro idioma, es una anfibología, en tanto todo trazo deja una traza perdurable que luego se puede rastrear. Sin embargo, para no recargar el estilo del texto hemos dejado el término más común, trazo, aun sabiendo que para Ingold los trazos sin *huella* no son *traces*. Conviene tener presente a lo largo de la lectura esta anfibología. (*N. de T.*).

INTRODUCCIÓN

tejidos que finalmente regresé, rodeo mediante, al texto escrito. Ya aparezca como un hilo tejido, ya como un trazo escrito, la línea no deja de percibirse como un movimiento y un desarrollo. ¿Entonces, cómo es que muchas de las líneas con las que nos topamos hoy en día parecen tan estáticas? ¿Por qué la sola mención de la palabra *línea* o *linealidad* conjura para muchos pensadores contemporáneos tanto la imagen de una presunta esterilidad y estrechez de miras como la lógica de vía única del moderno pensamiento analítico?

Los antropólogos tienen la costumbre de insistir en que las sociedades occidentales entienden el paso de la historia, las generaciones y el tiempo de un modo esencialmente lineal. Tan convencidos están de ello que cualquier intento de encontrar linealidad en las vidas de los no occidentales es susceptible de ser, en el mejor de los casos, tachado de ligeramente etnocéntrico y, en el peor de ellos, de colaborar con el proyecto de ocupación colonial por el que Occidente impone[4] sus líneas al resto del mundo. La alteridad, nos dicen, no es lineal. Sin embargo, la otra cara de la moneda es suponer que la vida se vive realmente en lugares, en sitios concretos y no más bien a lo largo de senderos, junto a ellos.[5] Incluso me pregunto si podrían existir lugares sin que la gente pudiera ir y venir por ellos. La vida en un sitio puntual no puede producir la experiencia de un lugar, de estar en *parte alguna*. Para ser un lugar, toda parte debe estar situada entre uno o varios trazados desde y a cualesquiera otras partes. La vida, pensaba yo, se vive por senderos, no sólo en lugares, y los senderos son un tipo de línea. Es también a lo largo de senderos que la gente adquiere conocimiento del mundo que les rodea y describe ese mundo en historias que después cuentan. Colonialismo no es, por tanto, la imposición de un mundo lineal sobre uno no lineal sino la imposición de un tipo de línea sobre otro: primero se transforman los trazados por los que transita la vida en fron-

---

4. En inglés *ruled*, que además de ser el participio pasado de gobernar o dictar, significa rayado. (*N. de T.*).

5. Gran parte de la teoría aquí presentada de Ingold requiere de la nítida división entre *across* y *along*, tal división no es trasladable al castellano. *Across* se traduce sin más problema por «a través», pero *along* es una palabra más complicada ya que no sólo significa «a lo largo de», sino también «junto a», expresando cierta convivencia. Habría de mantener la anfibología a lo largo de todo el texto recordando ambos sentidos; sin embargo, para no sobrecargarlo, sólo lo haremos cuando sea especialmente significativo señalarlo.

teras bajo las que ésta se contiene para después unir estas comunidades, ahora cerradas y confinadas cada una a un lugar, en formaciones verticales cerradas. Vivir juntos es una cosa, vivir conectados es otra muy distinta.

Así pues, la línea de movimiento y de desarrollo me llevó a su opuesto: la línea de puntos; una línea que no es una línea sino una sucesión de instantes en los que nada se mueve ni se desarrolla. ¡Y ello me trajo a la mente inmediatamente el famoso diagrama de Charles Darwin en *El origen de las especies* en el que representa la evolución de la vida a lo largo de miles y miles de generaciones y en el que cada línea sucesoria se muestra con una secuencia de puntos! Darwin inscribía la vida dentro de cada punto, no entre las líneas. Los antropólogos hacen lo mismo cuando dibujan sus diagramas genealógicos de parentesco y descendencia. Las líneas de los diagramas de parentesco están unidas, conectadas, pero no son líneas de vida, siquiera historias de vida. Pareciera como si lo que el pensamiento moderno hizo con los lugares —fijarlos en localizaciones espaciales— lo hubiera hecho también con la gente: presentar sus vidas como una sucesión de momentos discretos. Si pudiéramos revertir este proceso y comenzar a imaginar la vida no como una dispersión de puntos —al modo del diagrama de Darwin— sino como una multitud de tejidos de incontables hilos confeccionados por seres de todo tipo, tanto humanos como no humanos, buscando su camino a través de una maraña de relaciones en la que están enredados, se alteraría irreversiblemente toda nuestra idea de la evolución. Nos forzaría a una visión abierta del proceso de la evolución, y con ello de nuestra propia historia, en la que sus actores, a través de sus propias actividades, fraguaran constantemente las condiciones para sus vidas y las de los demás. Efectivamente, las líneas tienen el poder de cambiar el mundo.

Animado por esta idea, volví a la cuestión de la escritura. Muchos académicos afirman que la escritura impone un tipo de linealidad a la conciencia humana desconocido para la gente de las sociedades anteriores a la invención de la escritura. Lo que es seguro es que, desde que la gente habla y gesticula, ha estado haciendo y siguiendo líneas. Desde el momento en que entendemos la escritura en su sentido originario como práctica de inscripción, es imposible establecer una distinción tajante entre dibujo y escritura o entre el oficio del delineante y del escribano. Ello me llevó a pensar que la linealidad que rompió

INTRODUCCIÓN

con la consciencia del pasado fue una que se basaba en las conexiones entre puntos, esto es, en su unión. Así es que el escritor de hoy ya no es un escribano sino un lexicógrafo, un autor cuyo ensamblaje de palabras se fija en papel mediante procesos mecánicos que eluden el trabajo de la mano. Con la mecanografía y la imprenta se rompe el íntimo lazo entre el gesto manual y la inscripción. El autor transmite sus sentimientos a través de la elección de palabras, no mediante la expresividad de sus líneas. Al fin, pues, comencé a ver una solución a mi problema inicial de cómo se llegó a separar el lenguaje de la música y el habla de la canción. La misma lógica había sido, por supuesto, la que había guiado la separación contemporánea entre la escritura y el dibujo, situada ahora en los dos polos de una dicotomía fundamental pero indudablemente moderna entre tecnología y arte.

Por último, me pregunté qué significaba ir directo al punto. En general no es algo que hagamos ni en la vida cotidiana ni en nuestro discurso común. Escogemos algunos temas y divagamos sobre ellos, pero cuando creemos entenderlos parecen desvanecerse, como una colina que, una vez se llega a la cima, ya no parece una colina. ¿Cómo llegamos a convenir que una línea es propiamente *lineal* cuando es recta? Parece que en las sociedades modernas la rectitud ha llegado a ser epítome no sólo del pensamiento racional y la discusión, sino también de los valores de civismo y rectitud moral. Pese a que la idea de línea recta como sucesión de puntos conectados entre sí con cierta longitud pero sin ancho se retrotrae a más de dos milenios, hasta la geometría de Euclides, quizá no sea hasta el Renacimiento que se comience a aceptar el dominio que tiene hoy en día sobre nuestras ideas de causa y efecto y de cómo están relacionadas. En busca de las fuentes históricas de la línea recta, comencé por buscar ejemplos de rectitud en mi propio entorno cotidiano. Y los percibí en lugares obvios pero en los que no me había fijado antes: libros de ejercicios, tarimas, muros de ladrillo y pavimentos. Eran unas líneas desconcertantes. Regían las superficies, pero no parecían conectar nada con nada. Me di cuenta de que su fuente no estaba en la geometría —literalmente «medida de la tierra»— euclidiana sino en los tensos hilos alabeados de los telares. Una vez más los hilos se convertían en trazos al constituirse como superficies: las superficies regladas desde las que el resto de cosas se pueden poner en conexión. Pero como las certezas de la modernidad dan paso a la duda y la confusión, las líneas que una vez fueron directas al punto ahora están fragmentadas. La vida consiste, una vez más, en encontrar un camino entre las grietas.

    Ahí queda: ésta es la senda que he seguido para escribir este libro. Como decía al comienzo, la idea de un libro sobre las líneas suena al principio un poco rara, incluso ridícula. Pero una vez se comprende, el pensamiento se desborda como una presa liberando un torrente de ideas antes contenidas por modos de pensar mucho más restringidos. Me he dado cuenta de que cuando se habla del tema, no sólo con colegas académicos sino también con amigos y familiares, casi todo el mundo tiene alguna sugerencia que hacerme, desde ejemplos de líneas sobre las que debería de pensar hasta libros que debería de leer porque tocan el tema de un modo u otro. Eran todas buenas recomendaciones, pero por cada guía que tomaba en consideración dejaba inexploradas cien. Dedicarle atención a todas ellas me hubiera requerido varias vidas. Junto a mi vida como antropólogo hubiera necesitado otra vida como arqueólogo. Incluso algunas otras más de filólogo clásico, medievalista, historiador del arte y la arquitectura, paleógrafo, geógrafo, filósofo, lingüista, musicólogo, psicólogo o cartógrafo, por nombrar sólo unas pocas. A los expertos en aquellas disciplinas que, al contrario que yo, saben de verdad de lo que hablan, sólo me queda pedirles disculpas por mi ignorancia y torpeza en esos campos con los que no tengo más remedio que pelear para continuar mi camino.

    Con todo, no era mi intención tratar siquiera de cubrir lo que, en todos los aspectos, es un vasto y hasta ahora inexplorado terreno intelectual. Esta breve historia de la línea se presenta con intenciones mucho más modestas: hacer un pequeño rasguño en la superficie del terreno, darle un bocado. Así pues, este libro se debería leer como un prolegómeno que tiene como objetivo abrir líneas de investigación que otros pudieran sentirse motivados a seguir en cualquiera que sea la dirección que sus conocimientos y experiencia le indiquen. Lo he escrito como una invitación abierta a embarcarse en una empresa que, hasta donde sé, no tiene nombre. La gente que estudia cosas se llama a sí misma estudiosa de la cultura material. La gente que estudia líneas se llama… no sé cómo se llama a sí misma, pero sé que me he convertido en uno de ellos. De ese modo, he alcanzado el rango de los delineantes, calígrafos, amanuenses, cuentacuentos, caminantes, pensadores, analistas… de hecho, la de casi cualquier persona que haya vivido. En un primer momento la gente habita en un mundo compuesto de líneas, no de cosas. Después de todo, ¿qué es una cosa, o incluso una persona, sino un nudo de todas las líneas, de todos los senderos de crecimiento y movimiento, que se aglutinan a su alrededor? En su origen, «cosa» refería a una reunión de gente y al lugar en donde ésta se reunía para tratar de sus asuntos. Como la deriva de la palabra sugiere, *toda cosa es un parlamento de líneas*. Lo que espero haber dejado claro en este libro es que estudiar tanto personas como cosas es estudiar las líneas de las que están compuestas.

1
Lenguaje, música y notación

«Las canciones son pensamientos cantados con el aliento cuando la gente se deja mover por una gran fuerza... Cuando se disparan las palabras que necesitamos, tenemos una canción.»

Orpingalik, anciano de los netsilingmuit
(esquimales netsilik) (citado en Adams, 1997: 15)

SOBRE LA DIFERENCIA ENTRE HABLA Y CANCIÓN

El problema que trato de resolver en este capítulo tiene sus raíces en el acertijo de las diferencias y semejanzas entre el habla y la canción. Los que, como yo, están formados en la tradición «clásica» occidental se inclinan a comparar estos usos de la voz bajo los ejes de la diferencia entre lenguaje y música. Cuando escuchamos música, ya sea instrumental o vocal, seguramente prestamos atención al sonido en sí mismo. Y si tuviéramos que preguntar por el significado de ese sonido, la respuesta sólo podría darse en términos de la sensación que nos evoca. En tanto el sonido musical impregna la conciencia del oyente le da forma y figura a su misma percepción del mundo. Sin embargo, la mayoría de nosotros, creo, estamos convencidos de que escuchar hablar es una cosa bien distinta. Pensamos que el significado de la palabra hablada no se encuentra ni en su sonido ni en los efectos que tiene sobre nosotros. Más bien suponemos que yace *bajo* los sonidos. Así que la atención del oyente no se dirige a los sonidos del habla sino a los significados que transmiten y que, en cierto sentido, alumbran. Parece que cuando se escucha hablar nuestra comprensión penetra en el sonido hasta llegar a un mundo de significado verbal más allá. Pero, por seguir con la misma metáfora, se trata de un mundo absolutamente silencioso; silencioso como las páginas de un libro, de hecho. En suma, mientras el sonido es la esencia de la música, el lenguaje es mudo.

¿Cómo se ha llegado a esta peculiar visión del silencio del lenguaje o, del mismo modo, a la de la naturaleza no verbal del sonido musical? No es el mismo punto de vista que valía para nuestros antepasados de la Edad Media o de la Antigüedad clásica. En un citado pasaje de *La República* de Platón, Sócrates afirma que la música «se compone de tres cosas: palabras, harmonía y ritmo».[1] Las palabras no son sólo una parte integral de la música: son su parte principal. «La harmonía y el ritmo», continúa Sócrates, «han de seguir a las palabras». Evidentemente, para Platón y sus contemporáneos, la música culta era un arte esencialmente verbal. Pensaban que quitarle a la música las palabras era reducirla a mero adorno o acompañamiento. Esto da cuenta del bajo estatus que se le otorgaba a la música instrumental en aquel tiempo. Por la misma razón, el sonido de las palabras, ya fueran recitadas o cantadas, era central para entender su significado.

Adelantándonos en el tiempo hasta los clérigos medievales encontramos casi la misma idea. Como observó Lydia Goehr, la mayor parte de la música antigua eclesiástica se cantaba «en un estilo declamatorio pensado para dar prioridad a la palabra» (Goehr, 1992: 131). Se consideraba que la voz humana, en tanto es la única capaz de articular la Palabra de Dios, era el único instrumento musical adecuado. Era, por decirlo así, una portavoz de la palabra, no su creadora. En el siglo IV, san Jerónimo aconsejaba a los fieles cantar «con el corazón antes que con la voz». Uno debería cantar, explica, «no a través de la voz, sino a través de las palabras que pronuncia» (Strunk, 1950: 72). La argumentación de Jerónimo, con claros ecos del aforismo del viejo netsilingmuit que encabeza este capítulo, se centraba en que la palabra es intrínsecamente sonora y que el papel de la voz no es tanto el de producir el sonido de las palabras sino, a la hora de cantar, dejar que surjan, «dispararlas desde sí mismas», como decía Orpingalik.

Este punto de vista se mantuvo a lo largo de toda la Edad Media, incluso más allá. El dictamen de Platón era citado con aprobación por el director de coro veneciano Gioseffe Zarlino, con mucho el teórico musical más importan-

---

1. Citado por Strunk (1950: 4). La insistencia de Platón en esta regla podría, sin embargo «indicar la frecuencia con las que la rompían los compositores contemporáneos a éste» (Barker, 1984: 130, fn. 19).

te del Renacimiento, en su *Istituzioni armoniche* de 1558, así como también lo hacía el florentino Giulio Caccini, compositor de la primera ópera jamás impresa, en un texto de 1602 (Strunk, 1950: 255-6, 378). Con todo, resulta extraño para las sensibilidades modernas. Por poner un ejemplo del modo moderno de entender el lenguaje redirigiré mi atención al trabajo de uno de los padres fundadores de la lingüística contemporánea, Ferdinand Saussure, tal y como quedó fijado en su afamada serie de conferencias impartidas en la Universidad de Ginebra entre 1906 y 1911 (Saussure, 1959).

A primera vista, Saussure parece coincidir con sus antepasados premodernos en el principio de la sonoridad de la palabra. «El único verdadero vínculo», insiste, «es el vínculo del sonido» (1959: 25). Mediante un diagrama explica que, en el lenguaje, el pensamiento y la conciencia flotan sobre el sonido como el aire sobre el agua. Pero prestando más atención parece más bien que las palabras, para Saussure, no existen en tanto sonido. Después de todo, señala, podemos hablar con nosotros mismos o recitar versos sin emitir sonido alguno, incluso sin mover la lengua o los labios. Entendido desde un punto de vista puramente físico o material los sonidos no pueden pertenecer al lenguaje.

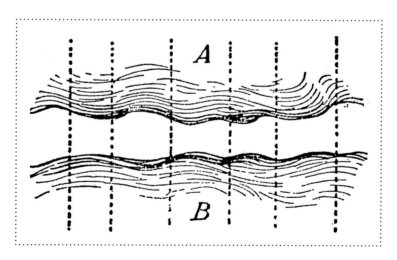

Ilustración 1.1 Representación de Saussure del lenguaje como puente entre un plano de pensamiento (A) y un plano de imagen sonora (B). El lenguaje realiza divisiones en la interfaz, indicadas por líneas verticales discontinuas, fijando una serie de relaciones entre ideas concretas e imágenes sonoras concretas. Tomado de Saussure (1959: 112).

Estos son sólo, dice Saussure, «algo secundario, una sustancia que es objeto de uso» (1959: 118). No hay, por tanto, en el lenguaje sonido como tal; sólo existe lo que Saussure llama *imágenes* del sonido. Mientras el sonido es físico, la imagen sonora es un fenómeno psicológico, existe como «impresión» del sonido sobre la superficie de la mente (*ibíd*.: 66). El lenguaje, de acuerdo a Saussure, organiza la propia configuración de las diferencias, desde el plano del imaginario sonoro hasta el plano del pensamiento, en tanto toda fracción del pensamiento —o concepto— se corresponde con una imagen específica. Cada par de concepto e imagen sonora es una palabra. De ello se sigue que el lenguaje, en tanto sistema de relaciones entre palabras, está dentro de la mente y se da al margen de su preferencia física como acto de habla.

Una consecuencia de la argumentación de Saussure es que una vez las palabras se incorporan a la música, como en el caso de la canción, desaparecen completamente como palabras. Ya no pertenecen al lenguaje. «Cuando palabras y música se unen en una canción», escribe Susan Langer, «la música se traga las palabras» (Langer, 1953: 152). Del mismo modo, en tanto los sonidos sirven a la expresión verbal, se mantienen extraños a la música. Como dice el contemporáneo compositor japonés Toru Takemitsu: «Cuando los sonidos son poseídos por ideas en lugar de tener su propia identidad la música se resiente» (Takemitsu, 1997: 7). De modo opuesto a las concepciones clásicas y medievales, en la época moderna la música pura pasa a verse como canción *sin* palabras, siempre mejor instrumental que vocal. Así que la pregunta que lancé hace un momento se podría volver a formular de la siguiente manera: ¿cómo es que la esencia musical de la canción pasó de sus componentes verbales a sus componentes no verbales de melodía, harmonía y ritmo? Y, a la inversa, ¿cómo se eliminó el sonido del lenguaje?

Walter Ong (1982: 91) ha defendido una posible respuesta de una manera muy convincente. Afirma que ésta se apoya en nuestra familiaridad con la palabra escrita. Cuando percibimos las palabras sobre el papel, estáticas y abiertas a un prolongado examen, en realidad las percibimos como objetos con una existencia y significado muy alejados de su sonido como actos de habla. Es como si escuchar fuera una especie de visión, un forma de mirar con el oído —una *visionoridad*—, en la que escuchar la palabra hablada es semejante a mirarla. Tomemos el ejemplo de Saussure. De estudiante, inmerso en un mundo de libros, no era menos que natural que hubiera modelado su aprensión de la palabra hablada a partir de su experiencia indagando a sus homólogas escritas. ¿Es posible que su idea de la imagen sonora como «impresión psicológica» se desarrollara sin enfrentarse a la página impresa?

Ong piensa que no, y es precisamente en este punto en el que entra en discusión con Saussure. Del mismo modo que una hueste de lingüistas en la misma estela, Saussure consideraba que la escritura era un soporte alternativo para el habla, para la expresión externa de las imágenes sonoras. Y es ahí donde Ong piensa que Saussure se equivoca no reconociendo que la visión de la palabra escrita es necesaria en primer lugar para la formación de la imagen (Ong, 1982: 17; Saussure, 1959: 119-20). Los efectos de nuestra familiaridad con la escritura son tan profundos que nos resulta muy difícil imaginar cómo experimenta el habla la gente entre la que se desconoce por completo la escritura. Tal gente, habitante de un mundo que Ong llama de «oralidad primaria», no sería capaz de pensar las palabras separadas de su sonido. Para ellos las palabras *son* sus sonidos, no son cosas *transmitidas* mediante sonidos. En lugar de usar sus oídos para ver, a la manera de la gente en las sociedades alfabetizadas, los usan para oír. Escuchan las palabras como se escucha la música y la canción, centrándose en los sonidos en sí mismos y no en los significados que supuestamente se ocultan bajo los sonidos. Y por esta precisa razón, la distinción que nosotros —gente alfabetizada— hacemos entre habla y canción, y que nos resulta tan obvia, no tiene sentido para ellos. Para la gente en un estadio de oralidad primaria, tanto en el habla como en la canción, lo que vale es el sonido.

EL ESCRITO Y LA PARTITURA

Si Ong lleva razón cuando dice que la escritura tiene como efecto fijar el lenguaje como un dominio independiente de palabras y significados desligado de los sonidos del habla, la división entre lenguaje y música está inscrita desde el origen en la misma escritura. Si desde entonces la historia de la escritura ha desarrollado su propio camino, sería razonable que se tratara ésta —y generalmente así se ha hecho— como un capítulo de la historia del lenguaje. Y sin embargo, la afirmación de Ong ha resultado ampliamente polémica. De hecho, hay un buen montón de pistas que nos sugieren que la distinción entre lenguaje y música, al menos en la forma en que ha llegado hasta nosotros, no tiene su fuente en el nacimiento de la escritura sino en su defunción. Luego explicaré a qué me refiero con el final de la escritura. Mi siguiente punto es éste: si durante gran parte de la historia de la escritura la música fue un arte verbal, si la esencial musical de la canción reposa en la sonoridad de las palabras de las que está compuesta, la palabra escrita ha tenido que ser también una forma de música escrita. Hoy día, para aquéllos que estamos formados en la tradición occidental, la escritura nos parece muy diferente de la notación musical, aunque, como veremos en un momento, no es fácil especificar exactamente en dónde reside la diferencia, parece que ésta no se daba desde un comienzo sino que más bien ha ido apareciendo en el mismo curso de la historia de la escritura. Por decirlo de otro modo: no puede haber una historia de la escritura que no sea a su vez una historia de la notación musical, y una parte importante de esta historia ha de versar sobre cómo llegaron a diferenciarse ambas entre sí. Lo que no podemos hacer es retornar al pasado una distinción moderna entre lenguaje y música y asumir que para entender cómo una llegó a ser escrita no tenemos que tener en cuenta la escritura de la otra. Sin embargo, por lo general, es precisamente esto lo que se presupone. En mis lecturas sobre historia de la escritura no me he encontrado más que, rara vez, alguna referencia marginal a la notación musical. Lo normal es que no se encuentre nada.

Mi opinión es que toda historia de la escritura ha de ser parte, pues, de una más amplia historia de la notación. Antes de pasar a considerar la forma en la que tomar en consideración esta historia, permítaseme hacer primero la pregunta de cómo —de acuerdo a las convenciones del Occidente contemporáneo— el texto escrito se ha diferenciado de la notación de una composición musical, o como el escrito de la partitura. La pregunta fue realizada por el filósofo Nelson Goodman en sus conferencias *Languages of Art* (Goodman, 1969). A primera vista puede parecer que la respuesta es obvia: ¿no es acaso posible proponer, afirmar o denotar cosas mediante la palabra escrita de un modo que sería imposible mediante una partitura? Y siguiendo la misma argumentación: ¿no exige el desciframiento de un escrito un nivel de entendimiento mayor del que se necesita para reconocer si una ejecución musical se deriva adecuadamente de una partitura? Sin embargo, como muestra Goodman, ninguno de estos criterios de diferenciación aguanta un escrutinio más pormenorizado. Más bien parece que el tema gira en torno al lugar en el que colocaríamos la esencia de una composición o texto para entenderla como «obra». No voy a explayarme en torno a los argumentos de Goodman, sino que me limitaré a mencionar de nuevo su conclusión, a saber, que mientras que «una partitura musical es una notación que define una obra... un escrito literario es tanto una notación como una obra en sí mismo» (Goodman, 1969: 210). El escritor hace uso de un sistema de notación, de la misma manera en que lo hace un compositor, sin embargo, aquél lo hace para escribir su obra literaria. El compositor, en cambio, no escribe una obra musical: escribe una partitura. Ésta sirve para especificar el tipo de ejecución que se ajusta a la obra. Para completar el cuadro, Goodman toma en consideración los casos de bocetos y el grabado, que contrastan del mismo modo: el boceto es una obra en sí misma, mientras que, en el caso del grabado, la obra es un tipo de impresión a la que se acomoda la plancha original. Pero a diferencia del escrito y la partitura, ni el dibujo ni el grabado emplean tipo alguno de notación (ver ilustración 1.2). Dejando a un lado la cuestión, a la que volveremos en el capítulo 5, de qué hace que una línea dibujada pase a ser parte de una notación, la pregunta ahora es por qué tiene que existir esta diferencia entre las artes musicales y literarias a la hora de definir una obra.

Pienso que la respuesta tiene sus raíces en el modo en el que en la era moderna se ha ido purificando la música de sus componentes verbales y el

	Notación	Sin notación
La obra en sí	Escrito	Dibujo
La obra como ejecución atenida a normas	Partitura	Grabado

Ilustración 1.2 Diferencias entre escrito, partitura, dibujo y grabado según Nelson Goodman.

lenguaje de sus componentes sonoros. Tanto cuando el escritor produce un escrito como cuando el compositor produce una partitura, hacen marcas gráficas de un tipo u otro sobre una superficie de papel. En ambos casos, se pueden tomar las marcas como representaciones de sonidos. Pero cuando vamos al encuentro de las marcas, éstas huyen en sentidos opuestos. Reconocemos las marcas del escrito como letras y palabras —es decir, como proyecciones de la imagen sonora saussuriana— impresas sobre la superficie de un papel tal y como se suponen que fueron impresas sobre la superficie de la mente. Éstas, a su vez, nos conducen inmediatamente a lo que se supone que representan, a saber: ideas o conceptos. Sin embargo, en la partitura musical reconocemos notas y frases en vez de letras y palabras. Y no están en lugar de ideas o conceptos sino *en lugar de los mismos sonidos*. En suma, si comparamos lenguaje y música nos damos cuenta de que la dirección del proceso de significación es inversa. Leer un escrito es un ejemplo de cognición, de *asimilación* de los significados inscritos en el texto; la lectura musical es, en cambio, un ejemplo de ejecución, de *representación* de las instrucciones inscritas en la partitura. El primer caso, si se quiere, nos conduce hacia dentro, hacia los dominios del pensamiento reflexivo; el último nos conduce hacia fuera, a la atmósfera sonora que nos rodea (ilustración 1.3).

Podríamos leer un texto con la intención de descubrir los pensamientos e intenciones de su autor, pero si leemos las intenciones del compositor, indi-

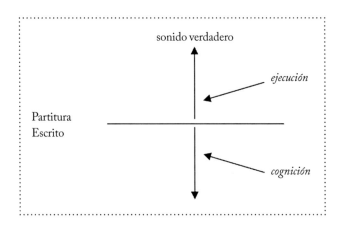

Ilustración 1.3 Escrito y partitura como «incorporación» y «representación».

cadas en la partitura, es para experimentar la música como tal. Por supuesto, no hay sistema completo de notación musical. El sistema ortodoxo de la música occidental, por ejemplo, se centra en el tono y el ritmo en detrimento de otras características como el timbre. Estas últimas características, de no especificarse, han de ser añadidas en otro formato; por ejemplo, a modo de palabra escrita, abreviaciones o números. No obstante, el propósito de la notación es describir el sonido con la suficiente precisión como para permitir a un músico leerlo y producir una copia fidedigna de la obra original.

Una vez lenguaje y música se separan inflexiblemente por caminos distintos, surgen inevitablemente anomalías en la interrelación entre ambos. Incluso Goodman tiene que admitir que si se trata de un escrito pensado para una ejecución a modo de representación teatral, es en cierto modo casi una partitura: cuando los actores leen las líneas de la obra para ser capaces de recitarlas en el escenario las consideraciones sobre la voz son de vital importancia. Además, la obra, en el caso de la producción teatral, consiste, efectivamente, no en el escrito mismo sino en la ejecución que se deriva de éste (Goodman, 1969: 210-11). Lo mismo vale para la poesía que se escribe expresamente para recitarse en alto. Cuanto más explota el poeta la sonoridad de la palabra hablada para lograr ciertos efectos, el poema se acerca más a la música que al lenguaje, pero en la medida en que se mantiene como una composición esencialmente verbal sigue situándose más cerca del lenguaje que de la música. El texto poético es, así entonces, a la vez escrito y partitura, o sencillamente ni lo uno ni la otra. Mientras que esta anómala condición de la ejecución dramática y poética nos puede resultar problemática, no lo era, sin embargo, para nuestros antepasados pre-modernos. Como ha mostrado Lydia Goehr, en lo tocante al aspecto musical, la idea misma de obra en tanto artefacto construido —con sus connotaciones de monumentalidad y forma arquitectónica— hunde sus raíces en una concepción de la composición, la ejecución y la notación que surge hacia finales del siglo XVIII, cuando se distingue a la música como una de las bellas artes con autonomía (Goehr, 1992: 203). Antes de ese momento, se entendía que la verdadera *obra* musical yace en su ejecución, no en su previa composición. La idea de que cada ejecución debería acatar unas detalladas especificaciones, expuestas previamente en la partitura, simplemente no existía.

UNA ESCRITURA QUE HABLA

Sobre la misma época, o incluso antes, surge un movimiento paralelo en el campo de la producción literaria. Michel de Certeau, en *La invención de lo cotidiano* (1984), imagina al escritor moderno como un sujeto cartesiano aislado que permanece alejado del mundo. Maestro de la topografía, el escritor se enfrenta a la superficie en blanco de un trozo de papel de un modo similar a como el conquistador se enfrenta a la superficie de la tierra o el planificador urbanístico se enfrenta a un descampado a la espera de superponerle una construcción de su propia factura. Del mismo modo que se crea una sociedad bajo el dominio de sus pobladores o se erige una ciudad en el espacio determinado por el plan, el texto escrito se produce en el espacio de la página (Certeau, 1984: 134-6). Así pues, el texto es un artefacto —algo fabricado, hecho— que se construye donde antes no había nada (o, de haber algo previamente, erradicándose en el mismo proceso). José Rabasa, hablando sobre los cuadernos de Cristóbal Colón, compara la escritura sobre la página en blanco con navegar por aguas inexploradas:

> El espolón de una nave y la pluma estilográfica perfilan dibujos sobre superficies antes carentes de trazo. Esta ausencia de precedentes, la ficción de la «página en blanco», permite al escritor y al marino, como en el caso de Colón, proclamarse «propietario» tanto del texto como del territorio (Rabasa, 1993: 56).

Pero no siempre es así. Como señala Rabasa citando a Michel de Certeau, la escritura posrenacentista que reclama una superficie, y las construcciones que realiza sobre ésta, es fundamentalmente diferente de la escritura de tiempos medievales, y es que estos últimos la entendían como algo que *habla*, no como algo ya acabado (Certeau, 1984: 136-7).

En aquel tiempo, el ejemplo por excelencia de escritura era la *Biblia*. Según de Certeau, los lectores esperaban escuchar las voces de las escrituras bíblicas y de ese modo aprender de ellas (1984: 136-7). Éste no tenía más que seguir los dictámenes descritos en el Antiguo Testamento. Encontramos un famoso ejemplo en el libro del profeta Jeremías, cuando éste le pide a Baruch, su escribano, que anote en un «rollo» (osea, un pergamino) las palabras dichas por Dios sobre el castigo que se ha de administrar a la gente de Judea por su mal comportamiento. Pergamino en mano, Baruch se dirige a la gente, que sin demora le pide que lo «lea en voz alta».[2] Así lo hizo, para molestia de muchos. «Refiérenos ahora,» le pidió la audiencia reunida «cómo has escrito todas estas cosas [dictadas] de su boca». Y contestóles Baruch «[Jeremías] me dictaba todas estas palabras de su propia boca, y yo las escribía en el libro con tinta».[3] Las conexiones son directas e inmediatas: en la escritura, de la boca del profeta a los trazos de tinta; en la lectura, de éstos últimos a los oídos de la gente.

Si la escritura *habla* y la gente *lee con los oídos*, la afirmación de Ong de que la familiaridad con la palabra escrita conduce necesariamente a la gente a escuchar hablar como si estuvieran mirando no puede ser, por tanto, correcta. De hecho, la literatura popular del medievo, como la de sus predecesoras cuyas historias se pueden leer en las escrituras, hacía justo lo contrario de lo que se hace hoy. En lugar de usar sus oídos para mirar, usaban sus ojos para oír, modelando su percepción de la palabra escrita desde su experiencia de la palabra hablada antes que al revés. «Es así» escribió Agustín de Hipona en el siglo V de nuestra era, «que, cuando se escribe, una palabra genera un signo para los ojos por el cual aquello que pertenece a los oídos penetra en la mente» (citado en Parkes, 1992: 9). Si la gente del medievo percibía la palabra de un modo diferente a nosotros no es porque vivieran en un mundo principalmente oral en el que sólo tenían un contacto muy limitado con las formas escritas tanto del habla como de la canción. Era, al contrario, porque entendían de un modo muy distinto los actos de lectura y escritura. Su entendimiento se remonta al menos a la Grecia antigua. Eric Havelock ha mostrado el tono de preferencia oral de las antiguas inscripciones, dirigidas a personas concretas en ocasiones concretas. Cuando se les graba inscripciones, incluso los artefactos toman una voz que les permite proclamar a quién pertenecen, a quién se dirigen o lo que le podría ocurrir a cualquiera que se los apropie indebidamente. «Aquél que me robe», dice una marmita descubierta en una costa cercana a Nápoles que data del siglo VII antes de Cristo, «quedará ciego» (Havelock, 1982: 190-1, 195).

---

2. Todas las citas bíblicas, siempre que no varíen del sentido de la traducción inglesa utilizada por Ingold, se extraerán de la segunda edición de la versión crítica de José María Bover y Francisco Cantera (B.A.C., 1953). (*N. de T.*).

3. Jeremías 36, 15-18. Para un comentario y análisis del modo de lectura puesto aquí de relieve como «declamación oral», ver Boyarin (1992: 12-16).

Ahora bien, si la escritura habla, leer es, entonces, escuchar. En su investigación sobre las derivas etimológicas del verbo inglés *read* —leer—, el medievalista Nicholas Howe muestra que los significados principales de la voz anglosajona *rǣd* y sus afines germánicas se centraban en la idea de «ofrecer orientación o consejo», lo cual derivó posteriormente en «explicar algo oscuro» (como resolver un acertijo) e «interpretar la escritura común» (Howe, 1992: 61-2). Por lo tanto, si alguien, anglófono, está *ready* (es decir, «prevenido») para afrontar una situación es gracias a haberla «leído» (*read*) adecuadamente o, en otras palabras, por haber aceptado el adecuado consejo. El notoriamente incompetente rey anglosajón Æthelred the Unready[4] era así llamado porque no aceptaba consejo, errando así en la más básica de las obligaciones reales. No escuchaba. En resumidas cuentas, lejos del silencio y la solitaria contemplación de la palabra hablada que nos es ahora tan familiar, en aquel tiempo, la lectura era «un acto de habla, público, dentro de una comunidad» (*ibíd.*: 74). Era una ejecución, una forma de lectura en voz alta. Prueba de lo asentado que estaba este sentido de la lectura en la Alta Edad Media es el estupor del que deja constancia Agustín en sus *Confesiones* cuando, llegado a Milán en el siglo IV, observó las prácticas de Ambrosio, el obispo católico de la ciudad. Para su total asombro, Ambrosio leía sin emitir sonido alguno. Aunque sus ojos seguían el texto «su voz y lengua permanecían en silencio». Agustín fue incapaz de conocer la razón, pero especuló con que pudiera ser simplemente para «preservar su voz, proclive como era a la afonía», para las ocasiones públicas (Agustín, 1991: 92-3; ver también Howe, 1992: 60; Parkes, 1992: 10). Por otra parte, incluso el mismo Ambrosio escribió sobre el *sonus litterarum*, es decir, sobre el «sonido de las letras» (Parkes, 1992: 116, fn. 6).

Era mucho más frecuente que los lectores monásticos siguieran el texto con los labios a la vez que con los ojos, pronunciando o murmurando los sonidos de la palabra al tiempo que proseguían la lectura. El sonido que se generaba era conocido como *voces paginarum*, «las voces de las páginas» (Leclercq, 1961: 19; Olson, 1994: 183-5). Cuanto más leían más se llenaban sus cabezas

---

4. Mantenemos el nombre inglés y no su traducción, Etelredo II el Indeciso, para no perder el juego etimológico. *Unready*, con todo, se podría traducir como «desprevenido» para seguir el juego de Ingold un poco más ajustadamente. (*N. de T.*).

con un coro de tales voces. Los lectores de ahora, acostumbrados a concebir el sonido como un fenómeno completamente físico, se inclinarían a descartar estas voces en tanto invenciones de la imaginación. Y, por supuesto, nos reconforta saber que tales voces no existen *en verdad*. Lo único existente son las imágenes del sonido vocal, su impronta fisiológica sobre la superficie de la mente. Sin embargo, la división entre la materialidad del sonido —su sustancia física— y su representación ideal es un constructo moderno. Ésta no tendría sentido dentro de una filosofía según la cual, como veremos, la ejecución física y la comprensión intelectual están tan visceralmente ligadas como comer a digerir. Una persona que come por sí sola se sentirá tan saciada al acabar su comida como otra a la que alimenten a cucharaditas. ¿Se podría decir, entonces, que a medida que el clérigo medieval rastrea las inscripciones escritas en la página, siguiéndolas con los ojos, acaso incluso con los dedos, y murmurándolas a su vez por bajo, su mente se llena de voces del mismo modo que se llenaría si las palabras se hubieran leído en alto?

Sin embargo, parece claro que sólo escucha las palabras porque las has escuchado cantar o decir anteriormente y porque, mediante continua práctica, han dejado su marca tanto en la conciencia auditiva como en la muscular. Leer no es sólo escuchar sino también recordar. Si la escritura habla, lo hace con voces del pasado que el lector oye como si estuvieran allí presentes. Como ha demostrado con abundancia de ejemplos la historiadora Mary Carruthers (1990), desde la Antigüedad hasta el Renacimiento, la escritura se venía valorando sobre todo como un instrumento de memoria. Su cometido no era clausurar el pasado mediante una suma completa y objetiva de lo dicho y hecho sino proveer vías para recuperar y volver a traer las voces del pasado a la inmediatez de la experiencia presente permitiendo a los lectores ser partícipes directos en un diálogo con ellas y ligar lo que éstas tienen que decir con las circunstancias de sus propias vidas. En resumen, la escritura se puede leer no como un registro sino como un modo de recuperación. Carruthers señala que la palabra que se usaba en la Antigua Grecia para leer —*anagignosko*— significa literalmente «cosechar», y que su homóloga latina —*lego*— refiere igualmente al proceso de recoger y acumular. Un autor clásico tras otro describen este proceso haciendo constante alusión a la caza, la pesca y al rastreo de la presa (Carruthers, 1990: 30, 247). Como apunta André Leroi-Gourhan en su enorme tratado sobre *Gesture and Speech* (*Gesto y habla*), «cada fragmento de escritura es una secuencia compacta, rítmicamente quebrada mediante marcas y notas marginales, alrededor de la cual los lectores se abren camino cuán primitivos cazadores: siguiendo una ruta, no estudiando un plan» (Leroi-Gourhan, 1993: 261).

La distinción entre rastrear o deambular y la navegación previamente planeada posee un significado fundamental. Por resumir, el navegador tiene ante sí una representación completa del territorio, en la forma de un mapa cartográfico, sobre la que puede trazar un curso incluso antes de comenzar. El viaje no es más, pues, que un desarrollo de un plan ya pensado. Cuando uno deambula, por el contrario, sigue una ruta que previamente ya había transitado en compañía de otros o por su propio pie, reconstruyendo el itinerario al tiempo que avanza. En este caso, el viajero sólo puede decir que ha encontrado verdaderamente su camino una vez llega a su destino. Tendremos que esperar al capítulo 3 para ahondar más profundamente en esta distinción. Allí será mi tema principal. Baste añadir para concluir ahora que los lectores de la Antigüedad y el Medievo eran deambuladores[5] y no navegantes. No interpretaban la escritura en la página como la encarnación de una trama ya compuesta y completa en sí misma, sino como un compendio de señales, indicadores directos o hitos que les permitían encontrar su camino en el paisaje de la memoria. Los lectores medievales tenían un término especial para este hallar el camino, para estos movimientos guiados y fluidos de un lugar a otro: *ductus*. Como explica Carruthers, «*ductus* recalca el movimiento, la con*ducta* de una mente pensante buscando un *camino* a través de una composición» (Carruthers, 1998: 77, los destacados son del original).

Sería erróneo, con todo, pensar en esta conducta mnemotécnica como una actividad exclusivamente cognitiva; como si el texto, historia o ruta ya existieran en tanto composición compleja a la que previamente hay que acceder y recuperar en su totalidad para que pueda ser después ejecutada física-

---

5. Nos permitimos la licencia de incorporar un término no recogido por la RAE en su diccionario con el fin de evitar anfibologías en el texto. Diferenciamos así *wayfaring*, deambular, de *walk*, paseo, y *travel*, viaje, y los respectivos sujetos de la acción, deambulador, paseante o caminante y viajero. (*N. de T.*).

mente como escritura, habla o locomoción. Aunque los pensadores medievales imaginaran que el trabajo de la memoria se inscribe sobre la superficie de la mente del mismo modo que el escritor inscribe sobre la superficie del papel con su pluma y el viajero inscribe sobre la superficie de la tierra con sus pies, no concebían estas superficies como espacios a topografiar sino como regiones a poblar, regiones que no pueden llegar a conocerse mediante una sola mirada totalizadora sino a través del laborioso proceso de deambular por ellas. En la lectura, así como en la narración de historias y en los viajes, uno recuerda al tiempo que avanza. Así pues, el acto de recordar *se concibe a sí mismo como performativo, como una ejecución*: el texto se recuerda leyéndolo, la historia contándola, el viaje realizándose. Y aunque en cada travesía uno cubra el mismo territorio, se trata en cada ocasión de un movimiento nuevo. No hay plantilla ni instrucciones válidas para todas, ni se puede considerar cada ejecución como una obediente muestra de que se trata de una simple lectura en voz alta de lo escrito o del mapa de ruta (Ingold, 2001: 145).

THE READER'S DIGEST[6]

Teniendo en mente la conclusión anterior, volvamos a nuestra antigua distinción entre escrito y partitura. Si recordamos, según esta distinción, las marcas gráficas de la página remiten, en el primer caso, a conceptos y, en el segundo, a sonidos. Así entonces, el escrito se lee «internamente» mediante su cognición mientras que la partitura se lee «externamente» mediante su ejecución. Debería quedarnos ya claro que aunque los escribas de la Antigüedad y el Medievo sin duda escribían letras y palabras, la literatura resultante apenas si puede llamarse escritural. Entre otras cosas, las marcas escritas servían ante todo para orientar a los lectores hacia sonidos audibles y no hacia significados verbales abstractos ocultos tras los sonidos. Para el monje benedictino del siglo XI, Guido d'Arezzo, a cuyo proyecto de notación musical volveré en breve, era perfec-

---

6. Nos decantamos por dejar el nombre en inglés, no sólo por no perder la anfibología del título, que igualmente significa «la digestión del lector» que «el compendio del lector», sino por no perder el guiño que inevitablemente hace Ingold a la famosísima revista homónima, que, por cierto, también contaba con una difundida edición española. (*N. de T.*).

tamente evidente que cada letra, del mismo modo que cada nota de una notación, convoca una *vox*, un sonido concretos (Carruthers, 1990: 18). Hay otra razón para considerar que el acto de lectura, ya implicara a las cuerdas vocales o sólo el silente movimiento de lengua y labios, era una ejecución en la que el lector escucharía y conversaría con las voces de sus interlocutores textuales: no se concebía la lectura como una actividad intelectual solitaria, desligada de la inmersión sensorial del lector en el mundo que le rodea (Howe, 1992: 74). Como observa Dom Leclercq, se entendía la lectura como «una actividad que, como el canto o la escritura, requiere de una preparación integral de cuerpo y mente». Es por eso que Pedro el Venerable, constipado y afónico, era incapaz de leer y «nunca más pudo recitar su *lectio*» (Leclercq, 1961: 19-20). ¿No significa eso que, dado que la escritura se leía en alto y que de ese modo se experimentaba como sonido, sería mejor considerarla como una partitura?

Una vez más tenemos que dar una respuesta negativa. Ni se trata de un escrito ni de una partitura por la simple razón de que el sentido y el sonido, la cognición y la ejecución —que el pensamiento moderno alinea a cada lado de la distinción entre lenguaje y música—, no están opuestos en la escritura de los escribas clásicos y medievales sino que son aspectos de una misma cosa. Se esperaba que los textos se leyeran, prosigue Leclercq, «con todo el ser: con el cuerpo, en tanto es la boca la que pronuncia, con la memoria, que la fija, la inteligencia, que capta su sentido y significado, y, finalmente, la voluntad, que desea ponerlo en práctica» (Leclercq, 1961: 22). Así que la lectura era al mismo tiempo «representación» e «incorporación». Como ya he insinuado antes, ejecución y cognición —o declamación y meditación— están tan intrínsecamente ligadas como comer y digerir. De hecho, los estudiosos medievales recurrían frecuentemente a metáforas gástricas en sus comentarios sobre cómo leer la escritura. Se incitaba a los lectores a gesticular las palabras con la boca produciendo un murmullo mientras volvían a repasar el texto de memoria de la misma manera en que las vacas mueven la boca mientras mastican hierba. En una palabra, les hacían *rumiar* (Carruthers, 1990: 164-5).

«Sin descanso alguno, su boca rumiaba las palabras sagradas», dijo Pedro el Venerable de un monje muy dado a la oración (Leclercq, 1961: 90). Como el pastor Cædmon, héroe de un cuento de Beda el Venerable, milagrosamente dotado con el don de la composición poética y adoptado por los monjes del monasterio para su mayor instrucción, del que se dice que «aprendió todo lo que pudo escuchándoles para después, memorizándolo y rumiándolo una y otra vez como un dócil animal que mastica la hierba, convertirlo en el verso más melodioso» (Colgrave y Mynors, 1969: 419). La memoria aparece aquí como un estómago que se alimenta de los nutrientes de las palabras masticadas y se empapa leyendo como el estómago se llena comiendo. Y así como el estómago bien alimentado encuentra alivio con un fragante eructo o flatulencia —según el dicho atribuido a san Jerónimo— «las cogniciones internas del hombre sacan afuera palabras y los corazones henchidos hacen hablar a la boca» (Carruthers, 1990: 166). Cuanto más divinas son las palabras más dulce es el sonido. Recordemos que fue Jerónimo el que aconsejaba a sus fieles cantar «con el corazón antes que con la voz». Como en los buenos eructos, el tracto vocal no produce el sonido sino que sencillamente lo libera. Lo que se aprende de corazón sale del corazón.

LOS ORÍGENES DE LA NOTACIÓN MUSICAL

Hemos convenido que durante gran parte de la historia de la escritura, al menos en el mundo Occidental, el habla y la canción no estuvieron separadas en categorías distintas. Había una sola categoría, que se describía mediante letras y palabras. En la Antigua Grecia había una forma de arte vocal conocida como *mousiké*. Aunque, como explica Eric Havelock y ya habíamos escuchado en Platón, «la música en sentido melódico es tan sólo una parte —y la menos importante— de la *mousiké*, y es que la melodía seguía estando al servicio de las palabras y sus ritmos estaban estructurados para ajustarse cuantitativamente a la proferencia del discurso» (Havelock, 1982: 136). Ésa es la razón, supone Havelock, por la que los griegos nunca desarrollaron una notación «musical» operativa. Al no poder concebir la música al margen de las palabras no tenían razón para separar la notación musical de la escritura (*ibíd.*: 345). Con todo, la posible existencia y naturaleza de la notación musical en la Grecia antigua es todavía materia de disputa en los estudiosos de la Antigüedad. Martin West, por ejemplo, afirma que, al menos desde el siglo IV a.C., los griegos tenían dos sistemas de notación paralelos, uno para lo vocal y otro para la música instrumental (West, 1992: 7). Pero incluso tales notaciones, de existir, tenían unas funciones muy limitadas y parece que sólo las conocían una restringida minoría de intérpretes profesionales. No había necesidad de una notación que separara los ritmos o el valor de las notas ya que eran intrínsecos a la métrica misma de los versos que se cantaban, haciendo encajar la alternancia de sonidos de mayor y menor duración (*ibíd.*: 129-30).

Incluso la melodía de las canciones, como admite West, se basaba parcialmente en características del lenguaje hablado, específicamente en las variaciones de tono que los griegos llamaban *prosoidia* o «acompañamiento». Describían el habla mediante el mismo vocabulario de contrastes que se aplicaba también a la melodía, tipo alto/bajo o tenso/relajado (West, 1992: 198). Hablando sobre el punto de convergencia, Aristógenes de Tarento —alumno de Aristóteles y famoso por su arrogancia y explícita indiferencia hacia el trabajo de sus predecesores— dijo que nadie antes que él había pensando sobre cómo distinguir entre las formas melódicas del habla y de la canción. La diferencia, defendía, es que aunque tanto en el habla como en la canción la voz varía de tono cuando se mueve de un lugar a otro, en el habla ese movimiento es continuo mientras que en la canción es interválico:

> Decimos que el movimiento continuo es propio del habla puesto que mientras conversamos la voz se desplaza respecto de lugar de modo que no parece quedarse quieta. La otra forma, la que llamamos interválica, se mueve por naturaleza de modo contrario: parece permanecer quieta, y cualquiera podría decir que la persona que lo hace no está hablando, sino cantando (Aristógenes, *Elementa Harmónica*, Libro I, en Barker, 1989: 133).

El mismo Aristógenes le dedica poco tiempo a la idea de una notación musical distinguible, menospreciando la idea de que la escritura de la melodía pudiera contribuir de alguna manera a su comprensión, que sólo llega, según dice, «por dos vías: percepción y memoria... No hay otro modo de entender el significado de la música» (*ibíd.*: 155).

Sin embargo, hacia el siglo III antes de Cristo, según West, se había extendido un sistema de notación melódica para la música vocal, de uso generalizado entre cantantes profesionales, que comprendía símbolos alfabéticos e indicaba el tono, que señalaba sobre las sílabas del texto (West, 1992: 254). Sin embargo, su función parecía ser enormemente mnemotécnica. Los cantantes aprendían las canciones escuchándolas y no necesitaban ayudarse de notas-símbolo (*ibíd.*: 270). Incluso era habitual que los textos líricos se copiaran sin esos símbolos, que sólo se añadían posteriormente, del mismo modo que un instrumentista contemporáneo añadiría marcas de digitación y arco en una partitura impresa. Por lo demás, esta práctica de «marcaje» tenía mayor uso en el campo de la oratoria que en el del canto, mediante los signos de varios tipos que se añadían sobre letras y sílabas para indicar el aumento o disminución de la voz en los puntos claves de la declamación. Encontramos también el término griego *prosoidia* para estas variaciones de tono a modo de canción. El término se tradujo en la civilización romana como *ad-cantus*, que posteriormente pasaría a ser *accentus* (*ibíd.*: 198). Aristófanes de Bizancio, bibliotecario del Museo de Alejandría, desarrolló hacia el 200 a.C. una serie de marcas de acentuación para la literatura griega y romana. Se le llamó *neuma*, de la palabra griega para «seña» o «signo». Había dos acentos básicos, el agudo y el grave, que respectivamente indicaban un aumento o disminución, pudiéndose combinar, por ejemplo, junto a una figura en forma de «V» o «N» para representar inflexiones vocales más complejas (Parrish, 1957: 4). Así fue como los «neumas», que es como llegaron a llamarse, se introdujeron como primeros precursores de una notación musical diferenciada en la historia de la escritura occidental, en concreto los creados para el canto gregoriano.

Se desconoce cuándo comenzaron a usarse exactamente los neumas puesto que, mientras que los cantos se escribían desde el siglo V d.C., el manuscrito más antiguo que nos ha llegado marcado con neumas data del siglo IX (véase ilustración 1.4 en la página siguiente). Es más, parece que tales marcas, situadas sobre letras y sílabas, fueron añadidas posteriormente en la página escrita. En la notación gregoriana el acento agudo guardaba su forma original y se llamaba *virga*, o vara, mientras que el grave se redujo a un *punctum*, a un punto. Combinando estas dos marcas básicas de diversas formas era posible generar todo un vocabulario de neumas. Así pues, el *podatus*, o pie, compuesto de un punto seguido de una vara, indicaba una nota baja seguida de una alta; el *clivis*, o flexa, compuesto de una vara seguida por un punto, indicaba lo contrario; el *scandicus*, o subida, compuesto por dos puntos y una vara, indicaba tres notas ascendentes; el *torculus*, o quiebro, compuesto por un punto, una vara y otro punto, indicaba una nota baja seguida de otra alta, otra baja, y así sucesivamente.

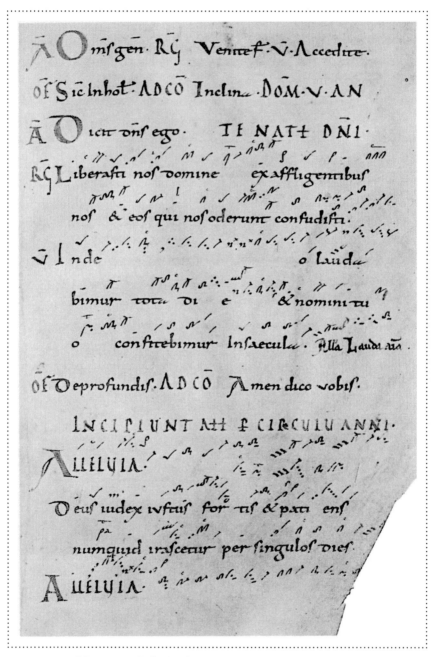

Ilustración 1.4 Manuscrito de finales del siglo IX marcado con neumas que se conserva en la Abadía de san Galo (St. Gall, Cantatorium, cod. 359, fol. 125).

LENGUAJE, MÚSICA Y NOTACIÓN

Había diferentes escuelas de notación neumática. Se piensa que se originaron en el transcurso del siglo IX, y se distinguían en parte por el modo en que escribían los neumas de varias notas, más complejos, ya fuera mediante puntos, trazos o una combinación de ambos. La cuadratura de las figuras, con finas líneas verticales y oblicuas o gruesas líneas laterales, y notas individuales distinguidas mediante cuadrados o bloques de figura de diamante, fue la consecuencia de reemplazar el cálamo por la pluma en el siglo XIII. La ilustración 1.5, tomada del autorizado trabajo sobre el tema de Carl Parrish, muestra los neumas más comunes de las principales escuelas de notación más o menos cronológicamente ordenados de izquierda a derecha y en orden de complejidad de arriba abajo. Las columnas de más a la derecha muestran el equivalente en la notación moderna.

Las primeras notaciones ofrecían poca o ninguna indicación a sus lectores de qué notas cantar. De hecho, se trataba de una cuestión apenas sin importancia. La esencia de la canción, como hemos visto, yace en la sonoridad de sus palabras, y se da por supuesto que los cantantes ya conocían de corazón[7] las palabras de la canción. Así como la melodía se entendía como mero embellecimiento del sonido vocal, los neumas resultaban secundarios en la palabra escrita. Formaban lo que Parrish llama «un sistema melódico de recordatorios», que ayuda al cantante a recordar los matices prosódicos que han de adoptarse en la pronunciación de cada sílaba (Parrish, 1957: 9). Con todo, algunas escuelas de notación se tomaban la molestia de indicar las diferencias de tono situando los neumas a distinta distancia de la línea horizontal. En diversos manuscritos fechados sobre el siglo X, la línea imaginaria se reemplaza por una real, en efecto, arañada sobre el pergamino. El paso decisivo hacia el sistema moderno de notación se dio en el siglo XI gracias a Guido d'Arezzo. Los neumas, recomendaba Guido, han de ser escritos de modo que cada sonido, cuantas veces se repita en la melodía, esté siempre en su correspondiente línea. Y ya que, para ello, las líneas habían de dibujarse muy juntas, para distinguir unos sonidos de otros, algunos se señalaban en la misma línea y otros en los espacios intermedios. Así

---

7. Aunque una traducción correcta para este *by hearth* sería «de memoria», hemos decidido dejar el «de corazón», junto a la presente indicación, para no perder el juego de palabras del original. (*N. de T.*).

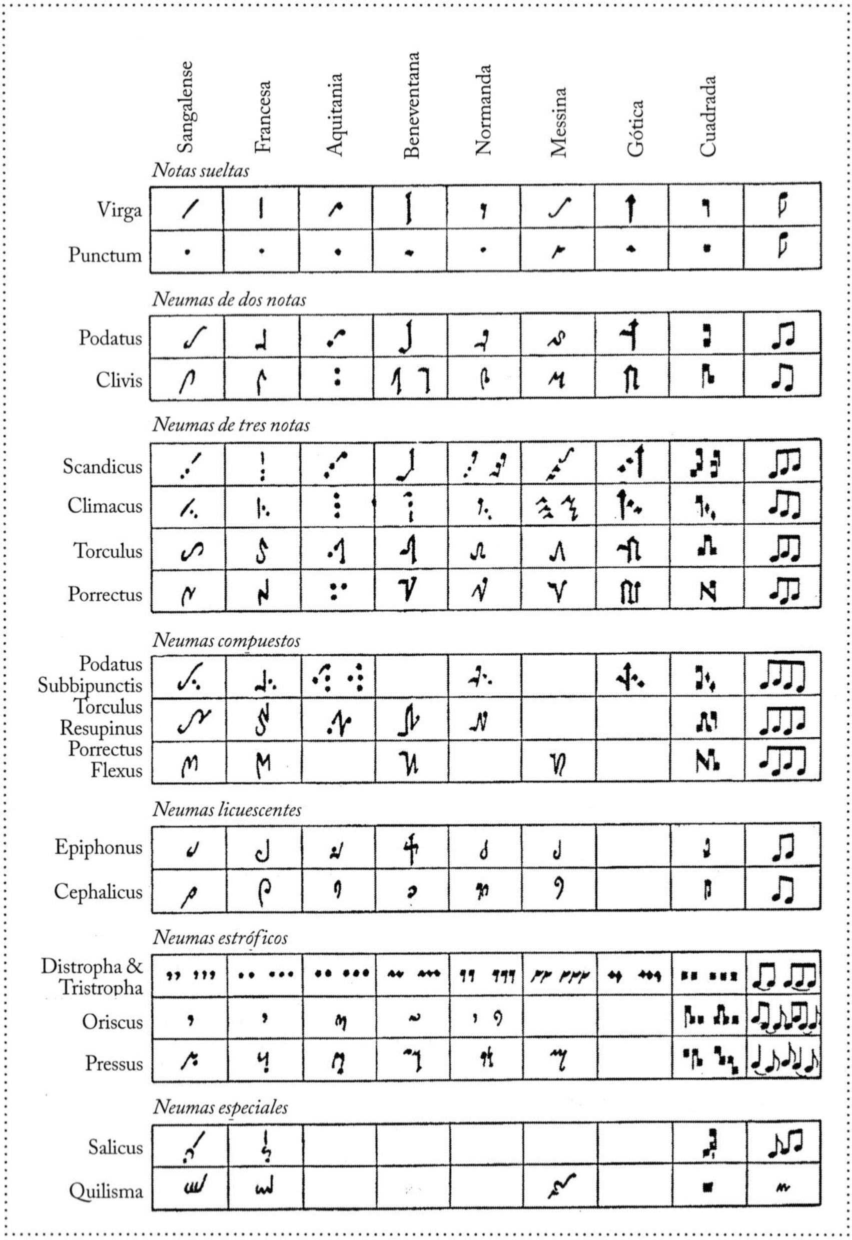

Ilustración 1.5 Los neumas de la notación gregoriana. Extraído de Parrish (1957: 6). De *The Notation of Medieval Music* de Carl Parrish. © 1957 by W. W. Norton & Company Inc. Utilizado con la autorización de W. W. Norton & Company Inc.

escrito, un hombre puede aprender a cantar un verso sin siquiera haberlo oído de antemano, como demuestra Guido en la visita del papa Juan XIX. El papa se mostró tan entusiasmado por la invención de Guido que insistió en intentarlo él mismo, para su grata satisfacción (Strunk, 1950: 117-20).

A posteriori, podemos reconocer este sistema de notación de los aspectos melódicos de la canción como precursor de nuestra ahora familiar partitura de pentagrama. Sin embargo, sería erróneo concluir apresuradamente que se trataba de un sistema de notación musical en toda regla. Durante mucho tiempo, mientras la esencia musical de la canción se sostenía en la entonación de sus palabras, los neumas no dejaban de ser secundarios para la canción misma, que se inscribía principalmente en las letras de la escritura. Como las digitaciones en una moderna partitura instrumental, los neumas no organizaban la música en cuanto tal sino que servían de anotaciones que ayudaban en la ejecución. Igual que en una partitura uno puede borrar las notas de digitación sin perder nada relativo a la música, uno podría borrar todos los neumas de un manuscrito medieval sin perder ninguna parte de la canción. Lo que, en todo caso, se perdería eliminando las señales, pistas o recordatorios necesarias, sería parte de la capacidad del músico o cantante para ejecutar. Igual que en la notación de símbolos alfabéticos de la Antigua Grecia, los neumas escritos tienen un propósito totalmente mnémico: sirven para ayudar a los alumnos a aprender de corazón —es decir: de memoria— las canciones, y especialmente las canciones que nunca antes han escuchado. «Tras comenzar a enseñar este proceder a los chicos», se vanagloriaba Guido, «algunos de ellos fueron capaces de cantar una melodía desconocida al tercer día, mientras que con otros métodos no hubiera sido posible en muchas semanas» (Strinks, 1950: 124). Pero no se trataba de lectura a primera vista. Todavía requería de tres días, y los alumnos no eran capaces de ejecutarla adecuadamente hasta no haber aprendido la canción de memoria. Con ayuda de la notación, sin embargo, podían memorizarla mucho más rápidamente.

Pasarían muchos siglos antes de que la escritura de notas o ligaduras sobre un pentagrama aparezcan como notación musical por derecho propio. Ello sólo pudo llegar, en palabras de Goehr, «cuando la música se liberó completamente del texto» (Goehr, 1992: 133). En las partituras modernas los neumas han sufrido una enorme elaboración pasando a formar un sistema que ha cortado los lazos que les unían a su original conexión con las palabras. En el escrito, por el contrario, sobreviven en nuestro tiempo en los intersticios a modo de signos de puntuación. La extraña y oscura historia de la puntuación merecería un capítulo aparte. Baste decir aquí que los orígenes de la puntuación reposan sobre las mismas prácticas de marca de manuscritos ya acabados para ayudar al orador en la expresión y presentación de textos que han de ser recitados o cantados, como en la notación neumática (Parkes, 1992: 36). De hecho, fue Aristófanes de Bizancio el primero en introducir la coma, los dos puntos y el punto final como parte de su esquema general para anotar textos griegos que a su vez incluyeran a sus precursores, los neumas (Brown, 1992: 1050). Mucho después, alrededor del siglo IX d.C., a éstas se les sumaron otras marcas —el *punctus elevatus*, el *punctus interrogativus* (precursor de la interrogación) y el *punctus flexus*— que servían no sólo para indicar una pausa sino la apropiada inflexión de la voz, como la del final de una pregunta o de una subordinada en mitad de una oración no acabada. Según T. Julian Brown, la fuente de estas nuevas marcas no fue otra que «el sistema de notación musical llamado neumático, usado para el canto gregoriano desde al menos principios del siglo IX» (Brown, 1992: 1051).

Una vez que la música se desliga de las palabras, lo que antes era indivisible, la unidad poética, pasa a ser una composición de dos cosas, palabras y sonidos. En lo sucesivo, el registro único de la canción, escrito con letras y palabras pero embellecido con acentos y matices indicados tanto mediante neumas como con signos de puntuación, se dividiría en dos categorías distintas, una lingüística y otra musical, anotadas en líneas separadas de escrito y partitura que han de ser leídas en paralelo. Hoy día, la letra de una canción aparece como un escrito que acompaña a la partitura. Borra el escrito y todavía quedará una voz, pero una voz sin palabras. Borra la partitura y desaparecerá el sonido, la voz, y quedará sólo una jaula de palabras inertes y silentes. En el familiar ejemplo que se reproduce en la ilustración 1.6, los restantes tipos de signos de puntuación —incluyendo comas, comillas, paréntesis y punto y coma— no sirven más que para indicar las articulaciones de la construcción sintáctica del texto y no son de ayuda para el cantante. De hecho, de hacer algo, sería interferir en la ejecución, al no poseer una relación evidente con la estructura melódica o fraseo de la canción. Para ayudar al cantante a alinear las palabras con la

Ilustración 1.6 Registros paralelos de palabras y música sacados de un libro moderno de canciones navideñas, *While Shephers Watched*, adaptadas por Martin Shaw. Extraído de Dearmer, Vaughan Williams and Shaw (1964: 66). De *The Oxford Book of Carols*. © Oxford University Press 1928. Reproducido con autorización.

música se introdujo una puntuación irregular en forma de guiones *entre* las palabras para alargarlas más allá de su medida de impresión habitual. Como anota Havelock, «posamos las palabras sobre un potro de tortura» musical, alargándolas, comprimiéndolas y modificando su entonación para conformarlas a las necesidades rítmicas y melódicas» (Havelock, 1982: 136). La música ha pasado a ser ama de la dicción, nunca más su esclava. Otrora fundamentales para la musicalidad de la canción, las palabras son ahora «añadidos» a la música, accesorios de ésta. ¿Pero cómo tuvo lugar esta expulsión de la palabra escrita? ¿Cómo perdido la página su voz?

DE CÓMO PERDIÓ LA PÁGINA SU VOZ

Para dar una respuesta tenemos que volver a la distinción que expuse antes entre deambular y navegar. Hay que recordar que para los lectores del medievo el texto era como un mundo en el que se habitaba y la superficie de la página como un país en el que se encuentra un camino siguiendo las letras y palabras como el viajero sigue las pisadas y los hitos del terreno. Para los lectores modernos, por el contrario, el texto aparece impreso sobre la página en blanco del mismo modo que el mundo aparece impreso sobre la superficie de papel de un mapa cartográfico, hecho de antemano y acabado. Seguir una trama es como navegar con mapa. El mapa, incluso, borra la memoria. De no haber sido por las travesías de los aventureros y los conocimientos que trajeron de vuelta, no hubiera sido posible hacerlos. Sin embargo, el mismo mapa no ofrece testimonio de tales travesías. Se han dejado al margen, condenados a un pasado ahora suplantado. Como ha mostrado de Certeau, el mapa elimina toda huella de las prácticas que lo produjeron y crea la impresión de que la estructura del mapa dimana directamente de la estructura del mundo (Certeau, 1984: 120-1; Ingold, 2000: 234). Pero el mundo que se representa en el mapa es un mundo sin pobladores. No hay nadie en el mapa. Nada se mueve, nada emite sonido alguno. Pues bien, del mismo modo que las travesías de los pobladores se eliminan del mapa cartográfico, las voces del pasado se eliminan del texto impreso. No queda ningún testigo de la actividad de aquéllos cuyo trabajo les trajo a la vida. Se parecen más a un artefacto prefabricado, a una obra. Se silencia el lenguaje.

En este momento vuelvo sobre mi anterior afirmación de que el silencio del lenguaje, y su consiguiente separación de la música, no proviene del nacimiento de la escritura sino de su pérdida de vigencia. Pienso que el final de la escritura se anunció mediante un cambio radical en la percepción de lo que es una superficie, que pasó de concebirse como algo semejante a un paisaje por el que uno se mueve a ser algo así como un escenario que uno observa y sobre el que se proyectan imágenes de otro mundo. La escritura, al menos en el sentido que le hemos dado aquí, es artesanal, es el arte de los escribas.

Las líneas que se inscriben sobre la página, ya sea en forma de letras, neumas, signos de puntuación o figuras, son los trazos visibles de unos diestros movimientos de la mano. El ojo del lector, que deambula por la página como un cazador tras una pista, podría seguir esos trazos como hubiera seguido las trayectorias de la mano que los hizo. Los neumas quironómicos, por ejemplo, que podemos encontrar en muchos de los manuscritos más antiguos, se llamaban así porque correspondían al gesto manual del director de coro (Parrish, 1957: 8). Es lo mismo que ocurre con el canto coral, en el que seguir con el ojo y seguir con el oído forman parte integral del mismo proceso, el de abrirse camino propio, activa y atentamente, a través del texto. Mirar y escuchar no son opuestos, como han llegado a ser en la modernidad, en el sentido de una división entre especulación y participación auditiva.

Fue la tecnología de la imprenta la que rompió este íntimo lazo entre el gesto manual y la inscripción gráfica. No me atrevería a afirmar que la imprenta fue la *causa* de los cambios en la percepción que he señalado, desde el momento en que se tiene en cuenta que sucedieron cambios paralelos en muchos otros campos, por ejemplo, en ingeniería y arquitectura. En cualquier caso, sin embargo, el resultado es el mismo: dividir la destreza artesanal en dibujo «imaginativo» o composición y «mera» ejecución técnica, con la consecuente reducción del trabajo manual —ya sea el de imprentero, el fabricante o el mecánico— a implementación de secuencias de operaciones predeterminadas que fácilmente podría realizar una máquina (Ingold, 2000: 349-50). Volveré sobre este tema en el capítulo 5. Por ahora sólo necesitamos observar que en el campo de la literatura el trabajo de composición se atribuye al autor. Es decir, que lo que decimos para el autor que escribe, refiriéndonos arcaicamente al resultado de su trabajo como *manuscrito*, es evidentemente lo único que no hace.

Por supuesto que puede usar lápiz y papel para ayudarse en sus reflexiones, pero tales garabatos son una sola cosa dentro de la plétora de actividades que conlleva la composición de un texto ya desde el mismo momento en que se negocia con uno mismo la administración de los tiempo de estudio. Todo ello son precedentes a la transferencia del trabajo completo a la página impresa. Y si el escritor no es el que escribe, tampoco lo hace el imprentero. Mientras que la escritura es un proceso de inscripción, la imprenta es un proceso de *impresión* de un texto previamente compuesto sobre una superficie en blanco preparada para recibirlo. Sean cuales sean los gestos que se necesiten en tal proceso, sean éstos manuales o mecánicos, no guardan ninguna relación con las figuras de las marcas gráficas que sirven para darlo a luz.

LA PALABRA QUE SE FIJA POR IMPRENTA

Vuelvo ahora sobre la tesis de Walter Ong de que fue la escritura la que enterró a la palabra al convertirla en un pasivo objeto asimilable por la visión. Ahora bien, incluso Ong tiene que reconocer que esto no es del todo verdad puesto que no puede negar que, para los lectores de manuscritos, las palabras eran todo menos pasivas. Les parecían palpitar con los sonidos y movimientos. Ong atribuye esta percepción a la «permanente dominación del oído» que persiste en los márgenes de la cultura manuscrita y que sólo terminó del todo con la llegada de la imprenta. Es como si las líneas manuscritas continuaran serpenteando mientras se resisten a ser reducidas por la objetivante intimidación de la vigilancia visual. Parece que la palabra se fijó sólo con la imprenta. Como admite Ong, «la imprenta sugiere que las palabras son cosas de un modo que jamás ha hecho la escritura [...] Fue la imprenta, y no la escritura, la que realmente materializó las palabras» (1982: 119-21). De hecho es muy difícil no tener la impresión de que Ong está intentando mantener abiertos los dos caminos. Por una parte, le gustaría hacernos creer que «en cierto modo, todo escrito representa las palabras como cosas», y es sólo bajo este punto de vista por el que la imprenta continúa el proceso de materialización que se iniciara un milenio antes con la aventura de la escritura (*ibíd.*: 82, 91). Pero incluso si, por otra parte, lleva razón al decir que fue la imprenta y no la escritura la que *realmente* convirtió las palabras en cosas, ¿qué ocurre con sus tesis inicial de que las palabras se convierten en cosas desde el momento en que se presentan con una forma visible? ¿No son tan visibles las palabras manuscritas como las impresas?

Para resolver la contradicción, hemos de volver sobre la distinción entre escritura y habla. Aunque es habitual que el debate se mueva sobre un solo eje que contrasta oralidad y alfabetismo, si se mira más detenidamente resulta que habla y escritura se diferencian en verdad mediante dos distintos ejes de contraste, el primero que distingue los modos sensoriales auditivos de los visuales, el segundo el gesto corporal (ya sea vocal, manual o ambos) de su inscripción como trazo sobre alguna superficie material. La combinación de estos ejes nos da como resultado cuatro opciones en vez de dos: (1) la audio-gestual, (2) la visio-inscripcional, (3) la audio-inscripcional y (4) la visio-gestual (ilustración 1.7). Las primeras dos opciones corresponden a nuestro conocimiento contemporáneo del habla cotidiana y la escritura, respectivamente. Entendemos el habla como un conjunto de gestos vocales que se oyen, y la escritura como un conjunto de trazos inscritos que se ven. Como de no ser por nuestros modernos equipos de grabación las voces no dejarían normalmente ningún trazo duradero, en su sentido literal, la tercera opción sólo recientemente se ha convertido en una posibilidad real. Aunque no debemos olvidar las palabras del escribano del profeta Jeremías, Baruch, que decía haber convertido en tinta las palabras pronunciadas por boca de su mentor. Se trataba de un ejemplo de *dictado*, una intervención oral que se realiza con la idea de que dejara una marca duradera, si bien en una forma visible.

El escriba trabaja, por supuesto, con sus manos. De no ser por su movimiento manual nada se inscribiría en la escritura. Incluso si seguimos el ante-

	Gesto	Inscripción
Auditivo	Habla	Dictado
Visual	Gesto manual	Escritura

Ilustración 1.7 Discurso, escritura, dicción y gesto manual.

rior razonamiento de Ong, la mayor parte de las discusiones sobre el habla y la escritura pasan por la mano y su trabajo. Centrándonos únicamente en la diferencia entre los modos auditivo y visual, y sus respectivas propiedades, no es posible hacernos cargo de la relación entre los gestos y sus respectivas inscripciones. Así pues, la escritura se ha entendido sencillamente como una representación visual de un sonido verbalizado y no como un trazo duradero de un diestro movimiento manual. Este punto me lleva a las cuatro opciones de la ilustración 1.7, concretamente a la inscripción visual del gesto manual. Esta aprehensión del gesto manual es característica de la mayor parte de la comunicación humana cara a cara. Todos nosotros hacemos gestos con las manos mientras hablamos, y serían gestos inútiles de no poder verse. Es más, hay formas de lenguaje, como el lenguaje de signos de los sordos, completamente silentes y que operan únicamente a través de gestos manuales. Sin embargo, como muestra el lenguaje de signos, mirar las palabras puede resultar, en parte, algo tan activo, dinámico y participativo como escucharlas. «La idea de que existe un vacío metafísico que divide la comunicación mediante gestos visibles de la comunicación a través de palabras audibles», afirma Jonathan Rée, «es una fantasía sin fundamento, una alucinación y no una teoría» (Rée, 1999: 323-4).

Lleva razón. Las palabras impresas no son menos móviles y activas, ni están más cosificadas, que las habladas. Es más, en tanto el movimiento de las manos deja un trazo inmediato en la página, no hay mucha diferencia entre mirar las palabras impresas y mirar las escritas. Tales observaciones se tuvieron que disipar en el momento en que se extendió la ilusión de que la visión tiene algo inherentemente materializador.[8] No es la visión la que reduce las palabras a cosas sino la desconexión entre el gesto técnicamente efectivo y el resultado gráfico que tiene lugar cuando la palabra se imprime en lugar de escribirse. Como hemos visto, leer un manuscrito es seguir la senda dejada por una mano que se une con la voz a la hora de *pronunciar* las palabras de un texto. Pero no hay senda que seguir en una página impresa. El ojo del lector, como muestro en el capítulo 3, inspecciona la página, pero no la habita. Y es justamente porque ya estamos convencidos de que en las palabras que nos encontramos

---

8. David Levin, por ejemplo, insiste en que la visión «es la más cosificante de todas nuestras modalidades perceptuales» (Levin, 1988: 65).

hay cosas, que la visión se reduce, a nuestro entender, a una facultad de pasiva topografía, apartada del más dinámico y participativo sentido del oído.

CANTAR CON (Y SIN) INSTRUMENTO

Comencé con la enigmática distinción entre discurso y canción. Mostré que no se puede resolver el enigma sin antes considerar la cambiante relación entre escritura y notación musical. Ambas implican líneas y superficies. Pero en el tránsito del manuscrito medieval al moderno texto impreso, y de los antiguos neumas a la moderna notación musical, no sólo han cambiado las formas de las líneas, también ha habido cambios sustanciales en qué se entiende por línea y en sus relaciones con la superficie, el gesto y, sobre todo, la visión y el sonido. Así pues, tras comenzar con el tema del habla y la canción, hemos llegado al tema que es objetivo de nuestra investigación: la naturaleza e historia de la línea, que nos ocupará el resto del libro. Sin embargo, antes de proceder a ello, me gustaría reafirmar mi identidad disciplinar dándome el capricho de tomar uno de los desvíos favoritos de los antropólogos sociales, a saber, la invocación de ejemplos comparativos con sociedades no occidentales. Lo hago siendo consciente de los peligros de dibujar paralelos simplistas y superficiales entre dos tradiciones de conocimiento y prácticas de una complejidad y profundidad históricas iguales a las nuestras. Sin embargo, mi intención es únicamente la de indicar que los temas que hemos tratado a la hora de examinar la historia de la notación occidental desde la Antigüedad hasta la Era Moderna no son exclusivos de esta región del mundo sino que tiene claras resonancias en el resto de lugares. Extraigo mis dos ejemplos del Japón y de la Amazonía del Perú.

La música que acompaña tradicionalmente las representaciones del teatro *noh* japonés se llama *shōga*, que literalmente significa cantar o entonar. La misma palabra puede referirse también al sonido de los instrumentos musicales o a sus notaciones gráficas. Mientras que cada instrumento tiene su *shōga* característica, lo común a todos ellos es que pueden ser cantados o recitados con la voz. En lo que sigue me voy a centrar en un instrumento particular, el *fue*, o flauta. Extraigo la información del trabajo del antropólogo Kawori Iguchi, que estudió la flauta a lo largo de su investigación etnográfica sobre la enseñanza y aprendizaje de la música tradicional en la ciudad japonesa de

Kioto (Iguchi, 1999). A cualquiera familiarizado con la moderna notación musical occidental, la *shōga* del *fue* le resultará realmente rara, y es que está escrita enteramente con caracteres extraídos del silabario *katakana* japonés. Son caracteres que se pueden leer en alto, como palabras, a modo de murmullo o susurro. Cada sílaba del *shōga* es como una vocal, una ristra de caracteres que se leen como un flujo ininterrumpido de sonido que, no obstante, experimenta continuas modulaciones debido a los cambios de posición de lengua y labios y, consecuentemente, de la forma de la cavidad bucal, lo que conlleva la pronunciación de cada una de las sucesivas sílabas. Por ejemplo, el fragmento de notación de la ilustración 1.8 se lee —de arriba abajo— como *o-hya-a-a-a-a-ra*. La esencia de la música se sostiene sobre este flujo de onomatopeya vocáli-

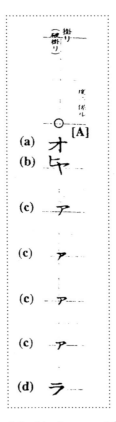

Ilustración 1.8 Fraseo de la sección *kakari* de *chu-no-mai*: (a) o, (b) hya, (c) a, (d) ra. Extraído de Iguchi (1990: 90), bajo la licencia de Kawiri Iguchi.

ca, de sonido verbal. Sin embargo, el silabario *katakana* se pronuncia del mismo modo en el habla cotidiana. Es, por tanto, imposible, como señala Iguchi, marcar una clara división entre los sonidos del habla y los sonidos musicales. Cuando se recita, hablar y cantar son una y la misma cosa (Iguchi, 1999: 108).

¿Cómo entra la flauta en todo esto? La flauta es un instrumento melódico, y la melodía es un elemento musical secundario. Es embellecimiento decorativo. La música es, por tanto, la misma se ponga o no el ejecutante la flauta en la boca. Si no lo hace, la música surge como un murmullo vocal; si lo hace, surge con el melódico sonido de la flauta. Cuando se insta a un ejecutante inexperimentado a tocar en una ocasión importante, un maestro se sienta tras él, preparado para sustituirlo murmullando la *shōga* en caso de que el ejecutante se equivoque o sea incapaz de continuar. En una representación *noh* es fundamental que la música no se interrumpa nunca, cualesquiera que fueran los accidentes que pudieran sufrir los ejecutantes. Si durante una representación alguien se chocara en el escenario con el ejecutante del *fue* haciendo que a este último se le caiga su instrumento, el instrumentista ha de continuar recitando vocalmente la *shōga* hasta lograr recuperarlo. Incluso el público murmulla el *shōga* por lo bajo mientras escucha el *fue* sonar (Iguchi, 1999: 88, 107).

Hay un asombroso parecido entre el *shōga* japonés y la *mousiké* de la Grecia antigua. Mientras que el *shōga* se escribe con caracteres *katakana* de sonidos vocálicos, la *mousiké* se escribe con letras del alfabeto, en sí mismas producto del intento de escribir los sonidos vocales del griego con caracteres tomados del alfabeto de una lengua semítica en la que las vocales eran relativamente poco importantes (Olson, 1994: 84). Tanto en el *shōga* como en la *mousiké* la esencia de la música reposa sobre la sonoridad de las sílabas verbales, mientras que los aspectos melódicos son auxiliares o incluso superfluos. Sería tentador llevar el paralelismo un poco más allá y observar que también en ambos casos el instrumento melódico principal era la flauta. Pero sería un error. El instrumento griego, el *aulós*, aunque se considera habitualmente una flauta, en realidad no lo es. Es en verdad un instrumento de lengüeta doble, más parecido a la dulzaina medieval o al moderno oboe (Barker, 1984: 14-15; West, 1992: 81). Era normal que se tocaran simultáneamente dos instrumentos, uno en cada mano. Sin embargo, como en la flauta, las distintas notas se obtienen tapando los agujeros con los dedos.

Tanto Havelock como West hablan de una vasija ateniense fechada hacia el 480 a.C. que describe una serie de lecciones de música, poesía y recitado. La ilustración 1.9 reproduce las escenas descritas en la vasija vista desde uno de sus lados. Las figuras que aparecen sentadas son claramente adultos, mientras que las que aparecen en pie, más pequeñas, son los alumnos más jóvenes. La figura sentada de la derecha podría ser un padre orgulloso (Havelock, 1982: 201-2) o un esclavo que ha llevado a los chicos a la escuela (West, 1992: 37). En la mitad, la figura sentada que sostiene lo que cualquier lector moderno identificaría inmediatamente como un ordenador portátil, parece estar escribiendo algo mientras los alumnos esperan (no puede estar corrigiendo el trabajo de los alumnos: está sujetando el estilete por su parte más afilada y no el extremo plano, que con seguridad servía para borrar). Havelock (1982: 203) baraja la posibilidad de que esté escribiendo un texto que los estudiantes han de recitar y de paso aprender de memoria. ¿Pero qué es lo que pasa entre las dos figuras de la izquierda? Parece una lección de música. Es de destacar que es el maestro, sentado, el que toca los *auloi*. El alumno, de pie, no tiene ningún ins-

Ilustración 1.9 Lecciones de recitado del *Kílix* de Dírides, c. 480 a.C. (bpk/Antikensammlung, Staatliche Museum zu Berlin). Fotografía de Johannes Laurentius. Reproducido con autorización.

trumento. Está claro que le está recitando *mousiké* a su maestro. Cámbiese el instrumento y podría representar una lección de música tradicional japonesa. En ese caso sería el flautista novato el que tendría que aprender a recitar la *shōga* antes siquiera de tocar el instrumento. Es, de hecho, común a los instrumentos melódicos del Japón tradicional, como observa Iguchi, «que se puedan cantar o recitar sus melodías con la boca» (Iguchi, 1999: 87).

Hoy día, pensamos, por lo general, que una melodía comprende una secuencia de notas, cada cual con un determinado tono. Sin embargo, la *shōga* no indica el tono. ¿Cómo sabe el flautista qué notas tocar? La respuesta está en la digitación. En el *fue*, cada digitación —que tapa una determinada combinación de agujeros— especifica una nota. La ilustración 1.10 muestra una página de *shōga* escrita para Kawori Iguchi por su profesor de flauta, Sugi Ichikazu, durante una lección introductoria. Ha de leerse de arriba abajo y de derecha a izquierda. La *shōga* está escrita con tinta negra y la digitación con roja. Ichikazu

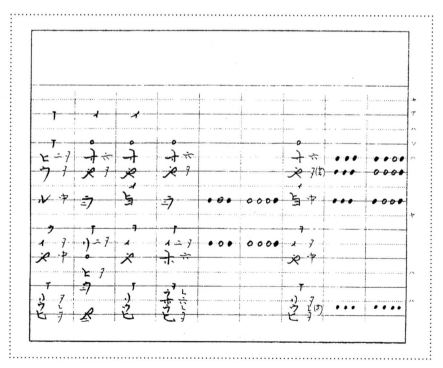

Ilustración 1.10 Primer *shōga* que le escribió a Kawori su profesor de flauta. Extraído de Iguchi (1999: 94). Bajo la licencia de Sugi Ichikazu.

añadió, además, diagramas de los agujeros de la flauta, que se muestran como círculos que se han rellenado indicando los agujeros a tapar. Nunca más volvió a dibujar estos diagramas. Es habitual que se escriba la digitación, como en este caso, con caracteres chinos, cada uno de los cuales es el nombre de una disposición concreta de los dedos, un agujero concreto de la flauta y el tono concreto que genera. Al ser el *fue* un instrumento solista, no hay necesidad de estandarizar la tonalidad. Da igual que la misma nota, en distintos instrumentos, pueda mostrar distintos registros en una escala de tono en términos absolutos. Tampoco se intenta estandarizar la digitación (Iguchi, 1999: 106). Un flautista experto podría mostrar su virtuosismo haciendo uso de elaboradas y ornamentales digitaciones. Y el efecto melódico sería muy distinto; tanto que, de hecho, los oyentes no familiarizados con el *noh* serían incapaces seguramente de reconocer la pieza según se toca con la digitación convencional. No obstante, al margen de la digitación elegida, la *shōga* básica sigue siendo idéntica.

En suma, tanto en la *shōga* como en el canto gregoriano, los matices melódicos embellecen la música sin alterarla en lo fundamental. Del mismo modo que las digitaciones —con sus tonos y agujeros asociados— son secundarias en las sílabas *katakana* escritas de la notación *shōga*, los neumas son secundarios en las palabras y letras de los cancioneros medievales. Son meras anotaciones y no forman parte de la música *como tal*. Como ya he estudiado, un pentagrama se puede anotar con digitaciones de un modo muy parecido. Como los ejecutantes japoneses de *fue*, los instrumentistas occidentales que ejecutan una partitura, pueden desarrollar distintas técnicas idiosincrásicas de digitación para encarar un pasaje idéntico (ver la ilustración 1.11). Pero existe una diferencia fundamental. Como hemos visto, en la música tradicional japonesa, tanto la digitación como la melodía que se produce son ambos aspectos contingentes de la ejecución. La esencia de la música reposa sobre el sonido verbal. En el pentagrama, por el contrario, las notas se especifican sin referencia alguna a su digitación. Así pues, mientras la digitación es contingente, la melodía no lo es. Lo propio de la música misma es la cuestión de *qué* se ejecuta, no el *cómo* se ejecuta. La técnica con la que producir música es algo ajeno a ella misma. Es la misma diferencia que se encuentra entre la música occidental de la Era Moderna y la de sus precursores medievales. Al transferirse la musicalidad de la canción del aspecto verbal al aspecto melódico, la melodía se se-

LENGUAJE, MÚSICA Y NOTACIÓN

Ilustración 1.11 Fragmento de una página de mi copia de la partitura de la sexta *suite* para celo solo de Johann Sebastian Bach en la que se muestran anotaciones de arco y digitación.

para de los gestos corporales —tanto de la destreza física como de los gestos vocales— necesarios para producirla. Del mismo modo, la notación de la melodía deja de ser una notación del gesto.

LÍNEAS DE SONIDO

Mi segundo ejemplo comparativo viene del Perú oriental y comenzará con una historia que dio a conocer y analizó el antropólogo Peter Gow (1990) tras su trabajo de campo con la comunidad piro de esa región. La historia trata sobre una persona, Sangama, célebre por ser el primer piro que pudo leer. La contó su primo más joven, Moran Zumaeta, y la grabó la misionera Esther Matteson en la década de 1940. Los hechos que narra pueden datarse alrededor de la segunda década del siglo XX. En aquella época, los piro vivían junto a sus jefes coloniales en haciendas bajo un régimen de esclavitud por deudas. Según el relato de Zumaeta, Sangama cogió un periódico que tiraron sus dueños y lo leyó. A leer sus ojos seguían las letras y su boca se movía. «Sé leer la prensa», le manifestó Sangama a su primo Zumaeta. «Habla conmigo... La prensa tiene cuerpo; lo veo, primo... Tiene unos labios rojos con los que habla.» Zumaeta relata cómo se puso él también a mirar el periódico, pero sin ver nada. Sin embargo, Sangama insistía. Incluso llegó a interpretar el comportamiento de sus jefes blancos en los mismos términos. «Cuando los blancos, nuestros patrones, ven la prensa, la cogen un día entero, y ella habla con ellos... El blanco lo hace a diario» (Gow, 1990: 92-3). Como luego explica Gow, sólo se puede entender la idea de Sangama de lo que significa leer si tenemos en cuenta dos aspectos particulares de la cultura de los piro. El primero se refiere al significado del dibujo en el control de superficies, el segundo tiene que ver con prácticas chamánicas.

La palabra para escritura en el lenguaje piro es *yona*. Sin embargo, es un término que también se usa para los intrincados diseños lineales y patrones que los piro aplican en algunas superficies, sobre todo aquéllas relacionadas estrechamente con la gente y, de entre éstas, las relacionadas con el rostro y el cuerpo. Evidentemente, para Sangama, el patrón del papel de periódico constituye, en este sentido, un diseño. Y es que percibía el papel como una superficie similar a la piel del cuerpo. Hoy día, en los rituales curativos de los piro, como en otras muchas gentes de la Amazonía, el chamán, tras beber la infusión de una enredadera alucinógena conocida como *ayahuasca*, se vuelve consciente del brillante diseño en forma de serpiente que parece cubrir todo su campo de visión. Ése es el comienzo de las terribles manifestaciones del espíritu de la enredadera. Pero cuando los efectos llegan a los labios, éstos se convierten en canciones, a través de las que el espíritu se revela con su verdadera forma, la de una bella mujer. Cuando el aire las lleva y estas canciones penetran en el cuerpo del paciente, se produce la cura. Sangama, al parecer, leía la prensa con ojos de chamán. Mientras contemplaba el patrón serpentino que formaba la letra impresa, la superficie del papel se desvanecía y aparecía en su lugar la cara de una bella mujer de labios rojos. El mismo Zumaeta insinuaba que su primo mayor pudiera haber sido poseído por poderes chamánicos en tanto decía haber nacido en un parto de gemelos, y, supuestamente, los gemelos están dotados innatamente de tales poderes.

Similares principios de diseño lineal y prácticas chamánicas a los piro se encuentran también entre los shipibo-conibo, pobladores de una región aledaña de la Amazonía del Perú. Los diseños de los shipibo-conibo se componen de líneas angulares continuas que se entrecruzan con cierta holgura formando un patrón de filigranas que cubre toda la zona. Los diseños se bordan sobre textiles o se pintan sobre superficies, tanto en vasijas de cerámica como en rostros. En el pasado también se utilizaban en la parte interior de los techos de paja, en los postes y vigas de las casas, así como en las mosquiteras, botes y remos, cocina y apeos de caza (Gebhart-Sayer, 1985: 143-4). Incluso parece que hacia el final del siglo XVIII, bajo la influencia de los misioneros franciscanos, los indios comenzaron a reproducir sus patrones sobre páginas hechas de tela de algodón en pliegos cosidos a modo de «libros» con cubiertas de hoja de palma. En una estancia en Lima en 1802, el explorador Alexander von Humboldt conoció al misionero Narcissus Gilbar, que le habló de la existencia de estos libros. Se envío un ejemplar a Lima, siendo puesto en conocimiento de Humboldt, que lo pudo inspeccionar. Sin embargo, posteriormente se perdió. Pese a todo, Humboldt publicó un informe sobre el tema que ha llevado a los estudiosos a especular con la posibilidad de que los indios (conocidos como panos) pudieron poseer alguna forma de escritura jeroglífica. Unos cien años después, Karl von den Steinen centró particularmente su atención en una información de Gilbar en la que dice que «los panos usan para decir *leer* la encantadora expresión *el papel me está hablando*» (*ibíd.*: 153-4). Desafortunadamente no ha sobrevivido ninguno de los libros originales. Con todo, durante un trabajo de campo en la comunidad shipibo-conibo de Caimito a principios de los ochenta, la antropóloga Angelika Gebhart-Sayer contaba que un anciano de una villa cercana, yerno de un chamán, guardaba un cuaderno de ejercicios de escuela cuyas páginas estaban llenas de intricados patrones rojos y negros. Una mujer recordaba cómo de niña logró coger el libro y copiar cuatro de los diseños antes de que su abuela la pillara y regañara. Aseguraba no haberlos olvidado, y era capaz de volver a dibujarlos de memoria. La ilustración 1.12 reproduce uno de sus dibujos.

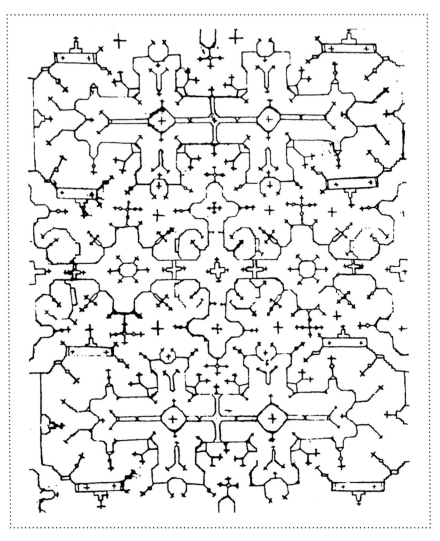

Ilustración 1.12 Uno de los diseños del libro sagrado de un chamán shipibo-conibo, dibujado de memoria por una mujer de la aldea de Caimito en 1981. Extraído de Gebhart-Sayer (1985: 158).

Como apostilla Gebhart-Sayer, von den Steinen llevaba probablemente razón al ser escéptico frente a la afirmación de que existía un sistema autóctono de escritura jeroglífica en la Amazonía del Perú. ¿Pero pudo haber habido un sistema de notación musical? En la ceremonia de sanación chamánica de los shipibo-conibo, al igual que entre los piro, los diseños que flotan ante los ojos del chamán, una vez tocan sus labios, se convierten de repente en melodiosas canciones. Hay ciertos claros paralelos entre los principios de división y simetría de los diseños y las canciones. En el pasado, las mujeres trabajaban a veces en pares decorando grandes ollas. Sentadas una frente a la otra y con la olla entre ellas, una no podía ver lo que la otra pintaba. Sin embargo, cantando mientras trabajaban eran al parecer capaces de harmonizar sus representaciones hasta tal punto que cuando se completaban las dos mitades, cada una de las caras de la olla coincidía perfectamente con la otra. Gebhart-Sayer conjetura que tal grado de coordinación tiene que requerir «una especie de código musical» (1985: 170). Sin embargo, al usar una canción para harmonizar el trabajo, los pintores shipibo-conibo estaban haciendo justo lo contrario que los coros europeos, que usaban la notación escrita para harmonizar sus cantos polifónicos. De hecho, siguiendo el argumento que he desarrollado en este capítulo, debería quedar claro que los diseños de los shipibo-conibo no son ni un escrito ni una partitura. No representan ni palabras ni conceptos en mayor grado que representan sonidos musicales. Son más bien las formas fenoménicas de la voz tal y como se presentan al ojo que escucha. Las canciones de los shipibo-conibo, como la misma Gebhart-Sayer destaca, «se pueden escuchar de modo visual... y los diseños geométricos pueden verse acústicamente» (1985: 170). Las líneas visibles de los diseños son en sí mismas líneas de sonido.

 Trataremos más adelante, en el capítulo 2, de los shipibo-conibo y sus diseños. Permítaseme ahora volver a Sangama. Corroborando el informe de Gilbar sobre los pano, Sangama creía que la prensa que leía estaba en verdad hablándole. Ahora bien, en su análisis del relato de Sangama, Gow hace mucho hincapié en el contraste entre la percepción de Sangama sobre la palabra escrita y la idea convencional occidental. Y la diferencia es claramente enorme. Para el lector moderno occidental, como hemos visto, la prensa no es más que una pantalla sobre la que se proyectan imágenes gráficas de sonidos verbales. Sin embargo, Sangama no veía imágenes sonoras: veía los sonidos hablados en sí mismos, dirigiéndose directamente hacia él. Escuchaba con los ojos, y el sonido que escuchaba era tan real como seguramente lo fue para el escribano Baruch cuando plasmó las palabras del profeta, su mentor. Del mismo modo que Baruch seguía la boca del profeta con su pluma, Sangama seguía los labios pintados de la mujer que manifestaba ver. En efecto, podía leer los labios (Ingold, 2000: 281). Y así lo hicieron, a su manera, los monjes de la Europa Medieval mientras estudiaban minuciosamente sus textos litúrgicos. Tampoco para ellos la página escrita *representaba* las voces distantes para el lector, más bien las traía a su *presencia*, de modo que pudieran interactuar con ellos directamente. No les hubiera sorprendido lo más mínimo la insistencia de Sangama en que las páginas escritas hablan, o la idea de que leer es una forma de escuchar lo que las voces de las páginas tienen que decir. La intercambiabilidad de la percepción visual y auditiva, que permite la transformación inmediata de la escritura en canción, fue fundamental en las prácticas monástica de los monjes medievales así como en las prácticas de los chamanes de la Amazonía. Moviendo boca y labios mientras sus ojos seguían las letras, Sangama rumiaba el texto igual que lo hacían los monjes medievales o, igualmente, el músico tradicional japonés que ejecuta su *shōga*.

Con todo, no han de exagerarse las similitudes. Los monjes no eran chamanes. Para éstos, la superficie de la página era un paisaje o tierra por el que podían deambular recogiendo las historias de sus pobladores. Para los chamanes, por el contrario, la superficie de la página es un rostro del cual mana el sonido del mismo modo que lo hace en el habla o la canción. La conclusión fundamental que se dibuja con esta comparación es que es en la naturaleza de las *superficies*, antes que en la naturaleza de las propias líneas, donde se encuentran las diferencias cruciales. De ello se sigue que cualquier historia de la línea ha de comenzar con las relaciones entre líneas y superficies. Es a estas relaciones a las que volveré en el siguiente capítulo.

2
Trazos, hilos y superficies

> Una sucesión continua de puntos en una fila constituye una línea. Así es que, para nosotros, una línea ha de ser un signo cuya longitud se pueda dividir en partes, si bien tan delgadas que no puedan ya dividirse... Si se juntan muchas líneas una con otra, como ocurre en las telas, se creará una superficie.
>
> Leon Battista Alberti, *De Pictura*, 1435
> (Alberti, 1972: 37-8)

¿QUÉ ES UNA LÍNEA?

En el último capítulo sostuve que una historia de la escritura ha de integrarse dentro de una historia más inclusiva de la notación. Pensando la forma que esta historia habría de tomar, lo que viene a la mente inmediatamente es que cualquier notación está compuesta de líneas. Eso significa que una historia de la notación ha de subsumirse dentro de una historia general de la línea. Pero, como quedó claro tras indagar en la historia de la escritura en el mundo occidental, y más especialmente la que abarca desde el manuscrito de la Era Medieval hasta el moderno texto impreso, lo que está en juego no es únicamente la naturaleza de las líneas y de su producción. La mayor parte de las líneas en cuestión se inscriben en un pergamino de papel. No obstante, los modos en que las entendemos dependen fundamentalmente de si la superficie se compara con un paisaje por el que se viaja, con un espacio a poblar, con la piel del cuerpo o con el espejo de la mente. De manera clara, no es suficiente considerar la superficie como un telón de fondo sobre el que se presupone que se inscriben las líneas. En tanto la historia de la escritura pertenece a la historia de la notación y la historia de la notación a la historia de la línea, no puede haber historia de la línea que no trate las cambiantes relaciones entre líneas y superficies. Este capítulo trata sobre estas relaciones y sus transformaciones.

Sin embargo, antes de comenzar han de ser formuladas varias preguntas. ¿Qué *es* una línea? ¿Para que haya líneas tiene que *haber* superficies o aquellas pueden existir sin éstas? En un bello poema, llamado sencillamente *Line* (*Línea*), Matt Donovan capta a la perfección la profusión a la vez que la confusión de asociaciones que vienen a la mente en el momento cuando uno comienza a pensar sobre qué podrían ser las líneas:

Línea

Superficie grabada de estrecho trazo, imaginario
camino entre dos puntos. Singular grosor
simple trazo, un fragmento, frase inacabada.
Límite de cualquier silueta y a la vez su entero
contorno. Arreglo melódico, declamación,
de la formación de horizontes. Pensamiento que iguala,
enreda, la disposición del cuerpo (en movimiento,
en reposo). Afín a palmas y pliegues,
a la cuerda bien sujeta a la mano, con cosas
que parecen marcas escritas. Sutura o cresta de montaña
o incisión, es este haz de luz. Hoja de cuchilla
que golpetea en un espejo o agitar
de una cinta transportadora, fricción de una máquina al ralentí.
Un conducto, un límite, un exigente
curso de pensamiento. Y la tirantez
de estacas, la tierra removida, la profundidad de una zanja.[1]

(Donovan, 2003: 333)

---

1. «Line». Surface engraved with a narrow stroke, path / imagined between two points. Of singular thickness, / a glib remark, a fragment, an unfinished phrase. / It is any one edge of a shape and its contours / in entirety. Melody arranged, a recitation, / the ways horizons are formed. Think of leveling, / snaring, the body's disposition (both in movement / & repose). It has to do with palms and creases, / with rope wound tight on someone's hand, things / resembling drawn marks: a suture or a mountain ridge, / an incision, this width of light. A razor blade / at a mirror, tapping out a dose, or the churn / of conveyor belts, the scoured, idling machines. / A conduit, a boundary, an exacting / course of thought. And here, the tautness / of tent stakes, earth shoveled, the depth of a trench. (*N. de T.*).

Como ciento cincuenta años antes, el Dr. Samuel Johnson compiló un número de diecisiete significados distintos de la palabra «línea» para su *Dictionary of the English Language* de 1755.[2] Son los siguientes:

1   Extensión longitudinal.
2   Cordón delgado.
3   Hilo que se extiende para dirigir cualesquiera operaciones.
4   Hilo que sujeta el anzuelo del pescador.
5   Lineamientos o marcas en manos o cara.
6   Delineamiento, esquema.
7   Linea de contorno.
8   Escrito de un margen a otro. Verso.
9   Hilera.
10 Levantar una construcción; trinchera.
11 Método, disposición.
12 Extensión, límite.
13 Ecuador, línea equinoccial.
14 Progenie, familia, ascendencia o descendencia.
15 Una *línea* es la décima parte de una pulgada.
16 Una carta. *Leí las líneas que me escribiste.*
17 Hebra o lino.

Aunque quizá se exprese menos poéticamente, hay mucho en común entre la lista de Johnson y la de Donovan pese al siglo largo que las separa. Además de los elementos comunes a las dos, parecen igualmente revueltas y heterogéneas. Sin embargo, consideradas en conjunto, nos ofrecen un punto de partida para nuestra investigación. Pero, ¿cómo hemos de proceder? Me ha parecido útil para comenzar esbozar una taxonomía provisional de los diferentes tipos de línea que nos podemos encontrar en nuestro día a día y poner un ejemplo de cada. Es así como voy a comenzar.

---

2. El actual *Diccionario de la Lengua Española* consigna hasta veinticinco significados. (*N. de T.*).

UNA TAXONOMÍA DE LÍNEAS

El hilo

La primera distinción que me gustaría hacer es entre las dos clases fundamentales de líneas, que llamaré hilos y trazos. Desde luego que no todas las líneas caben dentro de estas categorías, pero quizá sí la mayoría, y son las de mayor importancia para mi argumentación. Un hilo es un filamento de cualquier tipo. Puede aparecer embrollado con otros hilos o suspendido entre puntos en un espacio tridimensional. A nivel relativamente microscópico los hilos son superficies; sin embargo, no se inscriben *sobre* superficies. Unos ejemplos comunes serían los siguientes: un ovillo de lana, una madeja de hilo, un collar, el juego de las cunitas, la hamaca, una red con sus aparejos de pesca, un tendedero, una plomada, un circuito eléctrico, las líneas telefónicas, las cuerdas de un violín, la valla de alambre de púas, una cuerda de equilibrista, un puente colgante. Todos han sido creados de una u otra manera por las manos del hombre. Pero no todos los hilos son artificiales. Un atento paseo campestre nos revelaría la cantidad de hilos que quisiéramos; mas una gran parte del orden lineal de la naturaleza se encuentra oculto bajo tierra en forma de raíces, rizomas y micelios fúngicos (ilustración 2.1). Sobre la tierra, de las plantas tallos y brotes. La hoja de todo árbol caduco tiene su red lineal de venas. Cada una de las acículas de las coníferas es, en sí misma, un hilo (Kandinsky, 1982: 627-8).

También se pueden concebir los cuerpos de los animales, con su pelo y plumas, antenas y bigotes externos, y sus sistemas vascular y nervioso internos, como complejos haces de hilos conectados. En *Materia y memoria*, de 1896, el filósofo Henri Bergson dice que el sistema nervioso está «compuesto por un gran número de hilos que se extienden de la periferia al centro y del centro a la periferia» (Bergson, 1991: 45). Y si los animales están hechos de hilos, algunos incluso los fabrican; el más famoso es la araña, pero también está el gusano de seda. Con todo, la materia para fabricar tales hilos emana del cuerpo. En su mayor parte, la *elaboración* de hilos es una especialidad humana que depende de diestros movimientos de mano, a veces en conjunción con los dientes, como en el caso de los tendones usados para la costura. En la mayoría de sus usos, el

Ilustración 2.1 Micelios fúngicos dibujados por el padre del autor, el micólogo C.T. Ingold.

hilo depende del singular y preciso dominio de la mano humana, que le permite tomarlo y manipularlo entre pulgar e índice.[3]

En un ensayo publicado por primera vez en 1860, el gran historiador del arte y arquitecto Gottfried Semper sostenía que hilar, trenzar y tejer están entre las artes humanas más arcaicas y que de ellas se derivan el resto, incluidas las constructivas y textiles (Semper, 1989: 254). Incluso antes de que se construyeran casa con muros, afirmaba Semper, los hombres utilizaban cercados —vallas y corrales— hechos de palos y ramas, e incluso antes de usar vestimentas, cosían y trenzaban redes y corseletes (*ibíd.*: 218-19, 231). Aunque posteriormente denostado por la institución artística histórica, los argumentos de Semper resultan de la mayor relevancia. De hecho, me inclino a pensar que la fabricación y uso de hilos puede ser un indicativo claro de la aparición de las formas de vida característicamente humanas. Trajeron consigo innovaciones tan fundamentales como la prenda de vestir, la red y la carpa. Elizabeth Barber

---

3. En un reciente artículo, los etólogos Chris Herzfeld y Dominique Lestel (2005) señalan que nuestros primos los primates, los grandes simios, usan predominantemente fibras antes que instrumentos. Los simios saben incluso hacer nudos con manos, pies y boca. «El primate hace nudos», sin embargo, «es siempre el primate que vive en contacto cercano con humanos» (*ibíd.*: 647).

(1994: 45) va más lejos y lo llama «La Revolución de la Cuerda». Si historiadores y arqueólogos no le han prestado a los hilos la atención que merecen es, indudablemente, en parte porque están hechos de materiales orgánicos que no se conservan bien. Pero como sugiere Barber, también tiene que ver con que la manipulación de hilos está asociada, al menos en la mente de muchos prehistoriadores, con el trabajo femenino.

El más vehemente oponente de Semper fue el historiador del arte austriaco Alois Riegl. En su *Problemas de estilo* de 1893, Riegl rechazaba de plano la idea de que la línea artística tuviera su origen en el hilo. Las gentes prehistóricas, sostenían, dibujaban líneas mucho antes de familiarizarse con tejer (Riegl, 1992: 32, fn. 9). Riegl insiste en que la línea surgió en «el curso natural de un proceso esencialmente artístico» y no apoyada en materiales y técnicas. La disputa es de interés para nuestro presente en tanto gira en torno a nociones alternativas de entender la línea, no por dirimir cuál de los dos argumentarios es el válido. Para Semper el prototipo de línea era el hilo; para Riegl era el trazo «el componente básico de todo dibujo bidimensional y decoración de superficies» (1992: 32). Y esto nos lleva al otro gran grupo de nuestra taxonomía.

El trazo

En nuestros términos, un trazo es cualquier marca duradera que se deja sobre una superficie sólida a través de un movimiento continuo. La mayor parte de los trazos son de uno de estos dos tipos: aditivos o reductivos. Es aditiva la línea dibujada con carbón sobre papel o con tiza sobre pizarra, en tanto el carbón o la tiza crean una capa más que se superpone sobre el sustrato. Son reductivas las líneas que se rayan, perforan o graban en tanto, en este caso, se forman eliminando material de la misma superficie. Como los hilos, las trazos abundan en el mundo no humano. Suelen ser resultado de movimientos de animales, tomando la forma de sendas o huellas. Los caracoles dejan un trazo aditivo de baba, sin embargo, normalmente las huellas de los animales son reductivas: se forman por perforación en madera o corteza, se imprimen en la blanda superficie del lodo, la arena y la nieve o, en un terreno más duro, por el desgaste que producen la cantidad de pisadas. A veces, los trazos se fosilizan en las rocas, lo que permite a los geólogos reconstruir los movimientos de criaturas largo tiempo ya extinguidas. También los humanos dejan trazos reductivos en el paisaje al transitar con frecuencias por la misma ruta, ya sea a pie, a caballo o, más recientemente, en vehículos con ruedas. Sin embargo, algunos trazos conllevan tanto la adición como la sustracción de material. En su celebrada obra *A line made by walking*[4] (1967), el artista Richard Long pasea arriba y abajo por un campo hasta que aparece una línea en la hierba (ilustración 2.2, véase la página siguiente). Aunque casi no se ha quitado material en el transcurso a su actividad, ni tampoco se ha añadido material alguno, aparece perfilada una línea de luz que se refleja por las incontables briznas de hierba tronchadas por las pisadas (Fuchs, 1986: 43-7).

Pero, en tanto los humanos son, *par excellence*, hacedores y usuarios de hilos, también está en su ser hacer trazos con las manos. Es revelador que se use el mismo verbo, *dibujar*, para referirse a la actividad de la mano tanto cuando manipula hilos como cuando inscribe trazos. Como veremos, ambas están más íntimamente ligadas de lo que se podría suponer. Los humanos, sin ayuda alguna de herramienta o material, son capaces de hacer trazos reductivos —por ejemplo, en la arena— con sus dedos. Ayudados por un utensilio para inscribir, tipo buril o cincel, son capaces de producir trazos sobre materiales más duros como la madera, el hueso o la piedra. La palabra inglesa para escritura, *writing*, remite en origen a este grabar trazos. En inglés antiguo, el término *writan* tenía el significado concreto de «grabar letras rúnicas en piedra» (Howe, 1992: 61). Así pues, se podría *escribir* (*write*) una línea *dibujando* (*drawing*) una marca sobre una superficie. La relación entre dibujo y escritura es aquí la que hay entre el gesto (el de tirar o arrastrar el utensilio) y la línea que se traza, y no como se entiende habitualmente hoy día, entre líneas de sentido y significado fundamentalmente distintos (ver el capítulo 5). Se pueden producir más trazos aditivos mediante todo un rango de utensilios manuales que impregnan de un pigmento material la superficie como son los bolígrafos o los pinceles. En el caso de la pintura de arena no se necesita de ninguna herramienta, ya que el material puede deslizarse entre los dedos. Sin embargo, con los ejemplos antes mencionados de la tiza y el carbón, así como con los lápices y las ceras de

---

4. Una línea que se hizo caminando. (*N. de T.*).

Ilustración 2.2 «Una línea que se hizo caminando», Inglaterra, 1967, de Richard Long. Reproducido con la autorización de Richard Long.

pintar, la herramienta hace también a veces de fuente del pigmento. El material del trazo y el utensilio con que se aplica son uno y el mismo.

El corte, la grieta y el pliegue

En lo que sigue voy a centrarme en las relaciones entre hilos y trazos. Hay, sin embargo, una tercera clase de línea, que no es ni la que se crea añadiendo material ni raspando las superficies, es la que se obtiene realizando cortes sobre las mismas. He aquí que tenemos cortes, grietas y pliegues. En su ensayo de 1926, *Punto y línea sobre el plano*, Vasily Kandinsky señala que «una capacidad específica de la línea es su capacidad para *crear* superficies» (Kandinsky, 1982: 576, el subrayado es mío). Volveremos en el capítulo 6 a esta capacidad de la línea recta para crear un plano bidimensional mediante sus desplazamientos laterales. El ejemplo que usa Kandinsky es el del movimiento de la pala, cuyo canto, lineal, horada la superficie del suelo creando, como en el caso de una sección arqueológica, una nueva superficie vertical. También están, por supuesto, las líneas de los surcos de un campo arado, cortadas en la tierra con una reja, y que no sólo crean una nueva superficie sino que ésta llega a emerger. Al cortar un pliego de materia y no el mismo suelo, no crea una superficie sino que divide la misma materia. Es de este modo que el modista recorta líneas en su material con sus tijeras y el creador de puzles con su sierra. Un corte que llegó a hacérseme familiar a lo largo de mi trabajo de campo en Laponia es el que se hacia con un cuchillo en las orejas de los renos que creaba un patrón de muescas de varias formas que servía para identificar al propietario de cada animal. Los lapones describen tradicionalmente cada patrón con una palabra y la realización de la marca como un acto de escritura (ver ilustración 2.3 en la página siguiente).

Mientras que los cortes pueden ser accidentales, como en el caso obvio de una herida en el dedo, las grietas lo suelen ser siempre. Son el resultado de la fractura de superficies frágiles originada por presión, colisión o desgaste. Dado que las fuerzas que generan las grietas son irregulares y transversales a los ejes de ruptura, en vez ser paralelos a éstos, suelen ser líneas generalmente zigzagueantes en vez de curvas (Kandinsky, 1982: 602-3). Es habitual ver grietas en la naturaleza: en el hielo quebrado, en el barro secado al sol, en las rocas desgastadas, en los troncos secos o en la corteza de los árboles viejos (véase ilustración 2.4). Pero, claro está, también son comunes en los objetos, ya sean de arcilla, madera, cristal o concreto. Pese a que los arañazos son la causa última de las fracturas, las grietas no parecen respectar las trazos que éstos dejan inscritos sobre una superficie. Las grietas interrumpen los trazos como una escarpada garganta interrumpe una ruta de viaje en una meseta plana. Para cruzar es necesario construir un puente, tras lo cual el trazo se convierte en hilo. El caso más extremo sería caminar sobre una cuerda floja.

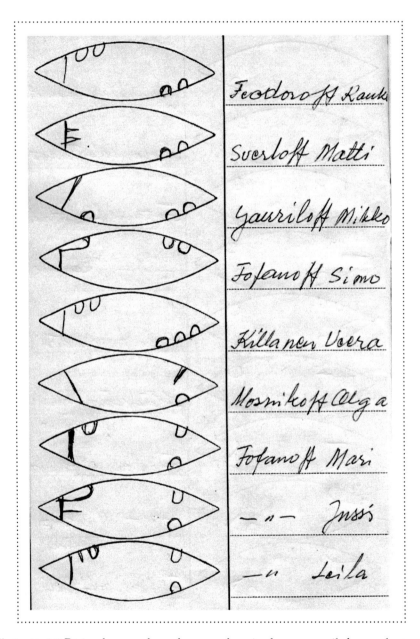

Ilustración 2.3 Página de un cuaderno de marcas de orejas de reno compiladas por el autor a lo largo de su trabajo de campo en la región de Laponia finlandesa durante 1971-72. Cada elipse representa el par de orejas de cada animal. Al lado de cada cual se anota el nombre del respectivo dueño.

Ilustración 2.4 Corteza de castaño maduro con las características grietas retorcidas diagonales. Gunnesbury Park, Londres. Fotografía de Ian Alexander. Reproducido con autorización.

Si la superficie es flexible puede que se doble sin romperse creando pliegues en vez de grietas. Las líneas de una carta que se abre tras sacarla de su sobre son pliegues, como también lo son las líneas de plisado de las cortinas, tapicerías o vestimenta. También ocurre en las líneas de la cara y manos causadas por el pliegue de la piel. Las videntes leen tradicionalmente las líneas de la palma de la mano para interpretar y anticipar las historias de vida (ilustración 2.5, página siguiente). Para los que leen las manos, como explica Elizabeth Hallam, éstas son «mapas visuales de la vida que representan el tiempo como una serie de caminos, rutas y travesías entrelazadas» (Hallam, 2002: 181). Éste es un ejemplo de particular interés por dos razones. La primera se basa en la observación de que el sentido en que el vidente «lee» estas líneas se conforma con

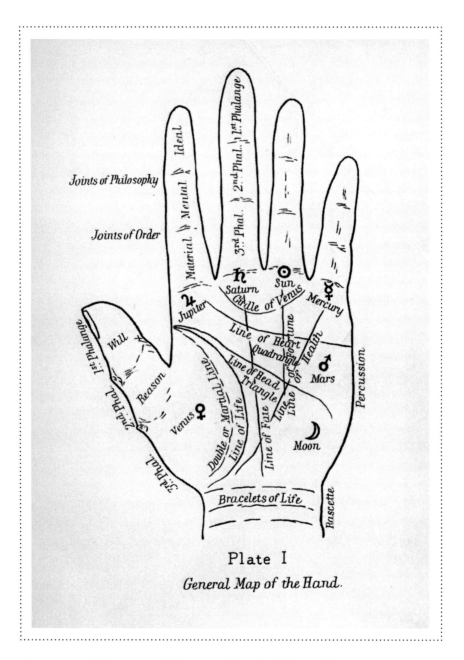

Ilustración 2.5 «Mapa general de la mano». Extraído de Louise Cotton, *Palmistry and its Practical Uses* (1896). Bajo la licencia de Historic Collections, King College, Universidad de Aberdeen.

mucha exactitud a la concepción medieval, que ya exploramos en el último capítulo, según la cual leer era, en primer lugar, hablar en alto para ofrecer consejo y explicar cosas que de otro modo permanecerían oscuras. La segunda razón se basa en la íntima relación entre el patrón de los pliegues y el gesto habitual de las manos. Es otra forma en que, además de la escritura o el dibujo, los gestos dejan su trazo preservando en la mano las mismas formas de vida que la persona se propone o lleva a cabo en sus *maniobras* por el mundo.

Líneas fantasma

Hasta ahora hemos estado hablando de líneas con una presencia fenoménica real en el entorno o en los cuerpos de los organismos que habita, incluidos los nuestros. De hecho, son nuestra preocupación principal. Sin embargo, es posible concebir la línea en un sentido más visionario o metafísico. Así pues, la línea de la geometría euclideana, en palabras de Jean-François Billeter, «no tiene cuerpo, color, textura, ni ninguna otra cualidad tangible: su naturaleza es abstracta, conceptual, racional» (Billeter, 1990: 47). Infinitamente delgada, se dibuja sobre un plano transparente y sin sustancia. Es, como apunta James Gibson en su estudio sobre ecología de la percepción visual, una especie de «fantasma» de las líneas —que en la clasificación de Gibson incluyen fisuras, palos y fibras— que percibimos realmente en el mundo que nos rodea (Gibson, 1979: 34-5).

Cuando miramos el cielo nocturno nos imaginamos que las estrellas están invisiblemente conectadas mediante líneas fantasma formando constelaciones (ilustración 2.6, página siguiente). Sólo así podemos contar historias sobre ellas (Berger, 1982: 284). Las líneas de demarcación, como las que unen los puntos de un triángulo, poseen también una naturaleza fantasmal, como la poseen las línea geodésicas de las cuadrículas de latitud y longitud o la líneas del ecuador, trópicos y círculos polares. Es *como si* hubiéramos tirado un cable tenso entre puntos o hubiéramos trazado un arco terrestre entre éstos, como de hecho se hacía en los más antiguos intentos de medir la tierra. Pueden, por supuesto, aparecer líneas de este tipo en mapas y cartografía dibujadas a lápiz o tinta, usando regla y compás. Pero no tiene su correlato en el mundo que representa estos mapas. Sin embargo, algunos tipos de líneas

Ilustración 2.6 Constelaciones del hemisferio norte celestial.

fantasma pueden tener unas consecuencias muy reales en los movimientos de la gente. Crucé una de esas líneas mientras pastoreaba renos en la frontera entre Finlandia y Rusia, hace como unos veinticinco años. La frontera estaba perfectamente delimitada por una clara banda de árboles talados en el bosque justo por encima de la línea por la que presuntamente pasaba la frontera. No tenía ninguna otra marca, salvo algún poste informativo ocasional. Pero, de haber intentado cruzarla, me hubieran disparado desde cualquiera de las muchas torres de vigilancia del lado soviético. Igualmente imaginarias pero con consecuencias son las líneas que dividen el espacio aéreo, las aguas de pesca y demarcan los husos horarios.

Si se trata de una línea real o fantasmal —en otras palabras, si es un fenómeno experimentable o una aparición— es algo que no se puede fijar unívocamente. Tengo que confesar que la distinción es claramente problemática. Por ejemplo, en la cosmología aborigen, se dice que las llamadas «vías del canto» (Chatwin, 1987) fueron trazadas a lo largo de todo el continente por ancestrales seres creadores mientras deambulaban por él durante la era de formación conocida como el Sueño, dejando sus marcas en figuras del paisaje como colinas, peñascos, pozas y barrancos. Sin embargo, estos trazos, que para los aborígenes son constitutivos del mismo paisaje, son para los observadores occidentales parte de una construcción imaginaria que se superpone sobre éste (Wilson, 1988: 50). Del mismo modo, en lo que respecta a la medicina occidental, los meridianos que según los principios de la acupuntura corren como venas por el cuerpo conduciendo sus fuerzas vitales y haciéndolas aflorar, son una completa ficción. Pero para los profesionales de la medicina china tradicional se trata de hilos completamente reales. En manos del calígrafo, según los profesionales, la energía que se conduce a través de estos hilos se transmite a través de la danza del pincel hasta el papel absorbente, donde se manifiesta en los igualmente energéticos trazos de la escritura manual (Yen, 2005: 78).

Líneas que no cuadran

Tengo que admitir que esta taxonomía de la línea está lejos de resultar satisfactoria. El mundo en que vivimos está lleno de líneas que son virtualmente imposibles de acomodar a ningún sistema de orden claro. De hecho, está en la misma naturaleza de las líneas el escaparse a toda clasificación que se les pudiera intentar imponer. En cualquiera de ellas siempre quedan flecos por cortar. No es difícil pensar en ejemplos que no se adecuan a las categorías que he indicado. ¿Dónde situaríamos la estela de vapor dejada por un avión en vuelo o por una partícula subatómica en una cámara de niebla experimental? ¿Y los relámpagos? ¿Y los rastros de aroma? Sin duda son un tipo de trazos, sin embargo, en tanto no se inscriben sobre superficies sólidas tienen la apariencia de hilos. Los aborígenes yarralin, al norte de Australia, según la etnóloga Deborah Bird Rose, describen los relámpagos y grandes rayos que en ocasiones irrumpen a la caída del sol como «cuerdas» por las que los temidos *kaya*, mediadores entre el cielo y la tierra y entre la vida y la muerte, bajan a la tierra o se llevan de ella a la gente. Las cuerdas del cosmos aborigen incluyen, al mismo tiempo, las huellas del ancestral Sueño sobre la superficie de la tierra (Rose, 2000: 52-6, 92-5). Así pues, las cuerdas, para los yarralin, son hilos a la vez que trazos, o bien no son ni uno ni otro. Asimismo les pasa a los cazadores joisán del Kalahari según el antropólogo Chris Low. Seguirle el trazo a un animal no es sólo seguir sus trazas en el suelo sino también los rastros de su olor llevados por el viento. Es como si cazador y presa estuvieran unidos por una cuerda que marca a la vez una senda terrestre y aérea (Low, 2007). Tom Brown, un trampero estadounidense enseñado por un viejo explorador apache, se hace eco de esta idea joisán: «La primera huella», escribe, «es el extremo de una cuerda» (Brown, 1978: 1).

En la misma situación se encuentran, como hemos visto, las líneas energéticas de la medicina tradicional china, que a la vez pueden considerarse hilos a modo de venas que recorren el cuerpo y trazos de tintas sobre la superficie del papel. ¿No es posible que las líneas sean, como las venas, *tubos* a través de los que fluye material, como ocurre en el caso de los conductos del gas, agua y petroleo o en el de las probóscides de insectos y elefantes? ¿No es posible que necesitemos una categoría aparte para las *varas*, para denotar las línea en el espacio tridimensional cuya rigidez permite la creación de estructuras estables? Además del evidente ejemplo de la pesca, la combinación de vara y línea es la base de la construcción de las carpas. Kandinsky señala la Torre Eiffel como «un precoz intento de crear un edificio de singular altura mediante líneas en el que la línea se impone a la superficie» (1982: 621). La cúpula geodésica de Buckminster Fuller es una aplicación más reciente del mismo principio arquitectónico, conocido como tensegridad, por el cual la estabilidad de una estructura se logra distribuyendo y compensando las fuerzas contrapuestas de compresión y tensión a lo largo de las líneas que la componen. La tensegridad es común a artefactos y organismos vivientes. En estos últimos se encuentran en todos los niveles, desde la arquitectura citesquelética de la célula hasta huesos, músculos, tendones y ligamentos de todo el cuerpo (Ingber, 1998). De hecho todo está lleno de líneas, y nos arrojan más preguntas de las que es posible responder aquí.

TRAZOS, HILOS Y SUPERFICIES

DE LOS TRAZOS A LOS HILOS Y VICEVERSA

Sin embargo, mi interés es, ahora mismo, más limitado, y se centra en desarrollar el problema de la relación entre líneas y superficies. Quizá pueda presentarlo con una pequeña escena. Hace poco tiempo, cruzando en ferry de Noruega a Suecia, vi a tres señoras sentadas alrededor de una mesa en el salón del barco. Una estaba escribiendo una carta con una pluma estilográfica, la segunda estaba haciendo punto y la tercera bordaba con agua e hilo sobre un paño de tela blanco un diseño de un libro de patrones. Mientras trabajaban hablaban entre ellas. Lo que me chocó de la escena fue que mientras las historias de vida de las tres mujeres se entrelazaban momentáneamente en su conversación, la actividad que ocupaba a cada una de ellas requería un distinto uso de la línea y una distinta relación entre línea y superficie. Mientras escribía, la primera estaba inscribiendo un trazo aditivo sobre la superficie de la página. La segunda tenía delante un ovillo de lana, pero mientras hilaba la lana con los dedos y enganchaba los bucles con su aguja estaba convirtiendo el hilo en una superficie de textura uniforme. La tercera, la bordadora, contaba con una superficie prefabricada, de igual manera que ocurría con su amiga, la escritora de cartas. Sin embargo, como la tejedora, estaba enhebrando las líneas y no trazándolas.

Viendo trabajar a estas mujeres, comencé a reflexionar sobre los parecidos y diferencias entre escribir, tejer y bordar. Se me ocurrió que, a la vez que la escritura —en tanto es un modo de hacer y dejar trazos— se opone tanto a bordar como a tejer —en tanto ambos son trabajos relacionados con los hilos— estas últimas se oponen también entre sí. La tejedora une las líneas formando una superficie sobre la que los hilos originales aparecen ahora como trazos, concretamente con el patrón que forma su entrelazamiento. La bordadora, por el contrario, comienza con trazos sobre una superficie, la de las páginas de su libro de patrones, pero a lo largo de su actividad con la aguja traduce esos trazos en hilos. Es más, haciéndolo logra hacer desaparecer la superficie del paño. Cuando nos fijamos en el vestido bordado vemos que las líneas son hilos, no trazos; casi como si el vestido mismo se hubiera vuelto transparente. «De hecho, un bordado es», como dice Semper, «*una especie de mosaico de hilos*» (1989: 228).

En este sentido imita las labores de encaje, y no es de extrañar que bordado y encaje suelan aparecer juntas, la primera en el área principal y la segunda en los bordes de cualquier bufanda, pañuelo o hule de cuidada factura. En su forma más antigua, el encaje de aguja, el más famoso de los cuales es el que se hace en la ciudad de Venecia, se ha descubierto que los patrones primero se trazaban en una hoja de pergamino sobre la que después se cosían los hilos. Cuando se acababa el trabajo, se separaba y desechaba la hoja dejando sólo la figura de hilo (Semper, 1989: 222-3). En su estudio sobre la labor de encaje en la isla veneciana de Burano, Lidia Sciama explica el modo en que hoy día se toman los patrones con aguja e hilo sobre un forro de algodón siguiendo un bosquejo trazado en papel para, posteriormente, quitar tanto el algodón como el papel dejando lo que se llama *punto in aria*, «costura al aire» (Sciama, 2003: 156). Contrariando la historia oficial, que sostiene que el bordado de encaje se deriva del bordado, las mujeres de Burano insisten en que se hizo a imitación de las técnicas usadas por los hombres de la comunidad para hacer redes de pesca. Tanto la postura del cuerpo como las técnicas utilizadas son muy similares entre sí (*ibíd*.: 188).

Aunque comencé presentando hilos y trazos como categorialmente diferentes, los ejemplos de las labores de costura, bordado y bordado de encaje sugieren que unas son transformaciones de las otras. Los hilos se pueden transformar en trazos y los trazos en hilos. Es más, mantengo que es gracias a la transformación de hilos en trazos que nacen las superficies. Y, al contrario: que es gracias a la transformación de los trazos en hilos que las superficies se disuelven. En lo que sigue presentaré ejemplos que ilustran ambas direcciones de transformación. Primero me ocuparé de la última para después proseguir con la primera.

DE TRAZOS A HUELLAS: DÉDALOS, BUCLES Y DIBUJOS

Dédalos y laberintos[5]

Comencé con el uso quizá más arquetípico del hilo que se puede encontrar no sólo en la historia de la civilización occidental sino en todo el mundo. A

---

5. En el original *mazes and labyrinths*. Si ya en inglés se trata de dos sinónimos casi totales (acaso *maze* remita más claramente a embrollo o maraña debido a que en origen significó también asombro o aturdimiento) en castellano la traducción única para los dos es laberinto. Hemos hecho uso del término dédalo para traducir *mazle* únicamente para poderlo diferenciar de alguna manera. (*N. de T.*).

todos nos resulta familiar la historia de cómo el héroe ateniense Teseo, confinado por el rey de Creta, Minos, al laberinto de Cnosos, logró salir de él tras haber matado al temible Minotauro situado en su centro. Y lo logró, cómo no, gracias a un hilo que le regaló la hija de Minos, Ariadna. El caso es que el gran artífice Dedalus, diseñador del laberinto, lo hizo, supuestamente, a imitación del dédalo que conduce al averno. Muchos autores clásicos llegaron a identificar el laberinto original con alguno de los muchos sistemas de cuevas naturales que atraviesan las laderas de Creta (ilustración 2.7; ver Matthews, 1922: 23-8). Sea como fuere, el laberinto o dédalo sigue siendo una potente imagen de movimiento e itinerancia en el mundo de la muerte, que se cree que subyace bajo la superficie del mundo que experimentamos cotidianamente.

Como indicador de la generalidad de esta imagen reproduzco un boceto (véase la ilustración 2.8) de una clásica monografía de Waldemar Bogoras sobre los chucotos del Noreste de Siberia. Representa los senderos hasta el inframundo de los muertos, según dijo haberlos visto durante un profundo éxtasis el hombre que los dibujó. Se dice que es un mundo lleno de intrincados pasajes que al parecer confunden a los recién llegados. Los círculos representan los orificios de entrada. Parece que tales vías no se imaginan como huellas grabadas en el terreno sino como angostos pasajes que se alargan penetrando desde la superficie. El fantasmal caminante, a diferencia de su homólogo viviente, no tiene la percepción de caminar sobre suelo sólido, con la tierra bajo sus pies y el cielo sobre su cabeza, ni tiene la ventaja de una visión y escucha integral. No está, diríamos, «al aire libre». Al contrario, está completamente encerrado en la tierra, en silencio y en un medio que únicamente permite movimientos a lo largo de grietas y fisuras que le aíslan del contacto sensorial con su entorno. Incapaz de ver a dónde va, no sabe qué camino coger cuando éste se bifurca. En resumen: mientras que cuando los vivos transitan por el mundo siguen los trazos dejados por sus predecesores *sobre* la superficie de la tierra, los muertos tiene que hilar un camino *a través* de los intersticios.

Durante muchas décadas, y pese a su resonancia intercultural, se ha desatendido el tema de los dédalos en antropología. Sin embargo, recientemente el trabajo de Alfred Gell ha revivido el interés por los mismos. En su

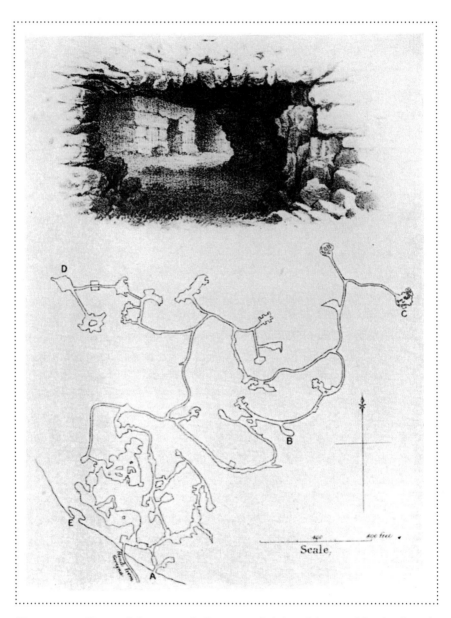

Ilustración 2.7 Boceto de las cuevas de Gortina, en la ladera del monte Ida, al sudeste de Creta, consideradas por algunos como el «Laberinto del Minotauro» original. El boceto fue realizado por el viajero y artista F.W. Sieber en 1817. Según se dice tardó tres días en hacerlo. Extraído de Mattews (1992: pág. 28 *recto*). Bajo la licencia de Historic Collections, King's College, Universidad de Aberdeen.

Ilustración 2.8 Boceto chucoto que representa los senderos del mundo de los muertos. Extraído de Bogoras (1904-09: 335).

influyente libro *Art and Agency*,[6] Gells considera el dédalo como un ejemplo fundamental de lo que llama «el uso apotropaico de los patrones» (Gell, 1998: 83-90). Con ello hace referencia a la práctica de inscribir complejos y visualmente desconcertantes dibujos sobre superficies con la función de proteger a

---

6. Arte e institución. (*N. de T.*).

los que se cobijan tras ellos de los ataques de demonios o espíritus malignos. La idea es que los demonios se sientan atraídos hacia la superficie, fascinados por los patrones, pero que queden tan intrigados por ellos que no se atrevan a pasar hasta lograr antes resolver el rompecabezas que se les presenta. Así que se quedan parados ante ellos, fracasando una y otra en su intento de dar con una solución que les permita cruzar al otro lado. Gell indica que los patrones apotropaicos funcionan como «demoníacas moscas de papel» (*ibíd.*: 84). La idea resulta atractiva, e incluso resulta factible que algunos tipos de patrones sean usados de tal modo. Uno de los ejemplos que aduce Gell proviene de los patrones de los nudos celtas, en los que se traza una línea continua de tal modo que, aunque esté hecha sobre una superficie plana, parece como si se enlazara formando un apretado tejido que cubre toda la superficie. Otro ejemplo es del diseño que, conocido como *kōlam*, realizan las mujeres de Tamil Nadu, en India del Sur, sobre los umbrales de casas y templos. Éstos consisten, igualmente, en una o varias líneas que serpentean por un entramado de puntos separados que se cruzan consigo mismas y entre sí para finalmente volver al punto desde donde comenzaron, de tal modo que cada una acaba formando un bucle cerrado (ilustración 2.9). En ambos casos, las evidencias etnográficas señalan la relevancia de los patrones con respecto a la protección contra ataques demoníacos (*ibíd.*: 84-6).

Pero Gell sugiere que se trata de una explicación errónea para entender el laberinto, y es que se da por supuesto desde el principio, una especie de «punto de vista del demonio», una perspectiva aérea desde la que el diseño general del dédalo se puede reconocer y representar en forma de patrón. Sin embargo, tal perspectiva no es posible para el viajero pedestre, inmerso ya en una travesía por la superficie de la tierra, travesía que equivale a la misma vida. La entrada al dédalo marca el punto en el se *penetra en el inframundo*, no en el que se aterriza en la superficie. Visto como una interfaz entre tierra y aire, el suelo es una especie de superficie visible desde arriba, pero no desde abajo. No tiene dos caras. Por eso, en el mismo momento en que se desciende a bajo tierra, en el que se entra en el laberinto, la superficie desaparece de la vista. Parece disolverse. Este momento marca la transición de la vida a la muerte. A partir de ese momento —y de un modo bastante distinto al del demonio de Gell que, cautivo en la contemplación de un patrón apotropaico, se queda ad-

TRAZOS, HILOS Y SUPERFICIES

Ilustración 2.9 Arriba: diseño *kōlam* de Tamil Nadu, India del Sur, dibujados a partir de una fotografía de Amar Mall. El de la izquierda es un *kampi kōlam* (Mall, 2007). Abajo: nudo en espiral céltico de la cabeza de un alfiler, Tara Broch, reproducido, siguiendo las adecuadas indicaciones de la creadora, en Meehan (1991: 111).

herido a la superficie— el viajero fantasma se encuentra en un mundo sin superficie. Todo sendero es ahora hilo y no trazo. Sólo los pocos que han visitado el mundo de los muertos y han logrado volver —como el héroe Teseo o el chamán chucoto que hizo los bocetos para Bogoras— pueden reconstruir la maraña de pasajes, nunca visibles en su totalidad.

De hecho, puede que sea esta transformación de trazos en hilos, y la consiguiente disolución de la superficie, la clave de las funciones protectoras de los nudos célticos y los *kōlam* de India del Sur. En un estudio reciente, Amar Mall (2007) ha mostrado que, en verdad, los *kōlam* aparecen en dos formas. En una, las líneas del patrón se unen con los puntos del entramado sobre los que se dibuja; en la otra forman bucles a su alrededor (ilustración 2.9). Las líneas de la última, conocidas como *kampi*, se distinguen claramente de las primeras, y es sólo a los *kampi kōlam* a los que se atribuyen funciones protectoras. Las líneas que unen los puntos marcan el esquema general de un mosaico de figuras. Tales líneas no sólo se dibujan sobre una superficie, sino que, de hecho, *definen* la misma superficie como un plano geométrico, como anotó en sus cuadernos el pintor Paul Klee (Klee, 1961: 109). Pero la línea *kampi*, defiende Mall, «tiene precisamente el efecto opuesto: el de disolver la superficie en la que se dibuja para que surja una laberíntica malla de trazos sobre la que forzosamente ha de pasar toda vida y existencia» (Mall, 2007: 76). Gell apunta que los *kampi kōlam* no son emboscadas de hipotéticos insolubles acertijos que paralizan a los demonios en su intento por descifrar el principio de construcción del patrón integral. Los *kampi kōlam* ponen en funcionamiento sus funciones protectoras encerrando a éstos en un laberinto del que, cuan fantasmas en el mundo de los muertos, no pueden escapar. En el mismo instante en el que el demonio se posa sobre la superficie, ésta deja de ser tal superficie, y las líneas aparentemente dibujadas en ella se transforman en trazos que atrapan al demonio como si fueran telarañas. Quizá los nudos célticos funcionen del mismo modo a la hora de proteger del demonio.

Bucles y calados

Mi segundo ejemplo del modo en que se disuelven las superficies mediante la transformación de los trazos en hilos se ha extraído de un estudio de Brigitta Hauser-Schäublin sobre las artes decorativas de los abelam, una comunidad de la provincia de Sepik, al este de Papúa Nueva Guinea (Hauser-Schäublin, 1996). Las decoraciones de los abelam consisten en ensamblajes de cuerdas, cintas y fronda, mayormente extraídas de plantas, que forman una malla abierta de líneas que ondulan o se entrelazan. Tal acercamiento a la decoración, que los abelam tienen en común con la mayor parte de los pueblos de la Melanesia, es radicalmente diferente de las «culturas de la tela» de Polinesia e Indonesia, que hacen uso de tejidos, esterillas trenzadas o tela de corteza para cubrir cosas de modo que puedan ser, según convenga, ocultadas o mostradas. El foco estético de los abelam no está en la superficie sino en la línea. «Todos los patrones», según Hauser-Schäublin, «se perciben desde la perspectiva de la línea o *calado visual*, no desde el plano homogéneo que se manifiesta y representa en la tela» (1996: 82). Con todo, además de fabricar objetos con ramas y cuerdas, los abelam también pintan. Utilizan para ello las espatas de la palma del sagú pintadas en barro gris o negro. Se comienza pintando una línea en la espata con una hoja impregnada en pigmento blanco. Se trata de la línea más importante: funciona como plantilla para el resto del patrón. Una vez hecha, el resto de líneas se añaden en rojo, amarillo y negro. En las pinturas más grandes y complejas, como las que se hacen para las fachadas de las casas ceremoniales, los pintores comienzan desde arriba y trabajan por filas. Sin embargo, siempre dejan una línea blanca colgando como una cuerda de la parte inferior del dibujo de cada fila, de modo que pueden retomarla en cualquier momento y usarla para comenzar la siguiente (ilustración 2.10 en página siguiente). El resultado es que todas las filas del trabajo están conectadas entre sí por una línea blanca continua llamada *maindshe*. Las líneas de otros colores, por el contrario, son discontinuas y únicamente sirven para destacar la *maindshe* (*ibíd.*: 89).

Lo que resulta destacable de todo esto es que hacen uso de exactamente el mismo principio para fabricar los bolsos de malla o *bilum*, uno de los accesorios más comunes y con los más varios usos entre la gente del interior de la Melanesia. La cuerda del *bilum*, hecha con el líber de varios árboles y arbustos, suele ser de color beis, pero se considera que es blanca. Igual que en las pinturas, donde el artista retoma los «extremos sueltos» del *maindshe* de la fila precedente cuando se dispone a comenzar la siguiente, a la hora de fabricar bolsos todo fragmento de cuerda que se añade se cose al anterior empalmándose de modo que formen una línea continua desde la cual se va elaborando el bolso. Tal línea se conoce con el mismo nombre de *maindshe*. Aunque nos inclinaríamos a decir que los diseños de color destacan sobre el fondo blanco, para el abelam es al revés, como en sus pinturas. De hecho, los abelam dicen que los dibujos que pintan en las fachadas de sus casas ceremoniales tienen su origen en los patrones de los bolsos de malla de las mujeres. Queda claro que, aunque formado mediante trazos aditivos sobre una superficie opaca, se le da el mismo trato al *maindshe* de la pintura que al de los bolsos. Y, como en la transformación de la línea pintada en un hilo en bucle la superficie parece esfumarse, la pintura tiene la misma textura de calado tan característico del arte abelam. Otro modo de disolver una superficie es, evidentemente, cortarla. Eso es exac-

Ilustración 2.10 Abelam trabajando en una pintura. Los pintores retoman las líneas blancas que dejaron en la anterior fila para comenzar a trabajar en la siguiente. Fotografía de Jörg Hauser. Reproducida con la autorización de Jörg Hauser y Brigitta Hauser-Schäublin.

tamente lo que ocurrió cuando Hauser-Schäublin, a petición de varias mujeres abelam, trajo telas negras y rojas lisas aprovechando un viaje para hacer compras en una localidad cercana. En lugar de usarlas como telas, las cortaron en tiras y procedieron a desenredar las tiras hasta obtener hilos individuales. Después los empalmaron y enrollaron hasta formar cuerdas, con las que confeccionaron coloridos motivos para los bolsos (*ibíd.*: 96).

Dibujos para el cuerpo

Como tercer ejemplo de transformación de trazos en hilos vuelvo al estudio de Angelika Gebhart-Sayer (1985) sobre los indios shipibo-conibo de la Amazonía del Perú, ya presentados en el capítulo anterior. Hasta hace dos siglos, según Gebhart-Sayer, las poblaciones de los shipibo-conibo estaban cubiertas de líneas continuas en zigzag. Éstas se propagaban incluso por las superficies interiores de las casas, sobre las superficies externas de las cerámicas, sobre los botes, utensilios de caza y cocina, sobre las prendas de algodón y sobre las caras, manos y piernas de sus portadores. Hoy día, continúa esta preocupación por las líneas en el bordado de las telas, en las pinturas de la cerámica, en los motivos de los abalorios y en esporádicas marcas faciales (Gebhart-Sayer, 1985: 143-4). La creación de líneas es competencia exclusiva de las mujeres y éstas la perciben como una cuestión de trazar líneas visibles a través de superficies opacas. La pintora o bordadora comienza dibujando las líneas fundamentales básicas. Son relativamente gruesas, pero giran y se retuercen como serpientes sin una dirección clara. Después se dibujan líneas secundarias paralelas a cada lado de las líneas fundamentales. El espacio sobrante se rellena con líneas de tercer orden que aseguran que se cubre por completo la superficie (*ibíd.*: 147). La repetición regular de las líneas fundamentales le da al patrón cierta simetría (ilustración 2.11 en la página siguiente).

Sin embargo, los patrones de la superficie son sólo las manifestaciones visibles del dibujo. Asimismo, los shipibo-conibo mantienen que todo individuo está marcado invisiblemente con dibujos que se les otorgan, desde la primera infancia, en el curso de sesiones de curación chamánica. Se considera que tales dibujos son permanentes y perméan y saturan por completo el cuerpo del vivo continuando tras la muerte en el espíritu de la persona (*ibíd.*: 144-5). En las ceremonias de cura, el chamán —que, aunque no invariablemente, suele ser un hombre— «canta» el dibujo, pero conforme el sonido vocal comienza a vagar por el aire, parece transformarse en un patrón que *se hunde* en el cuerpo del paciente. Sin embargo, se trata de una transformación sólo visible para el ojo del chamán. Durante la visión se ve cómo los espíritus de colibrí, Pino, retuercen las líneas. Revoloteando alrededor del enfermo, el espíritu se agita y zumba profusamente en rápidos e imperceptibles movimientos. Aunque se

Ilustración 2.11 Manto (*racoti*) de mujeres shipibo-conibo. Extraído de Tessmann (1928: ilustración II, pág. 40 recto) con la autorización de la Biblioteca Bodleiana, Universidad de Oxford, signatura 247236 d.13.

describa a Pino como «escritor» o «secretario» de los espíritus, es evidente que las líneas que emite incansablemente su cuerpo son hilos y no trazos. Los patrones que escribe, lejos de inscribirse a lo largo de la superficie del cuerpo del enfermo, se despliegan y penetran en el mismo (*ibíd.*: 162-4). Así pues, en tanto, a ojos del chamán, los trazos se transforman en hilos, es la misma superficie del cuerpo la que se disuelve, permitiendo a las líneas penetrar en su interior, donde la cura se hace efectiva.

DE LOS HILOS A LOS TRAZOS: ANUDADO, TEJIDO, BROCADO, TEXTO

En los ejemplos presentados —el del laberíntico inframundo del chucoto siberiano, las pinturas de las fachadas de las casas de ceremonias de los abelam de Nueva Guinea y la curación chamánica de los indios shipibo-conibo del este del Perú— hemos visto cómo las transformaciones de los trazos en hilos disuelven las superficies de la tierra, la casa y el cuerpo respectivamente. Es momento ahora de volver a la transformación inversa: la que yendo de los hilos a los trazos crea superficies. La etimología de la palabra inglesa *line* ofrece en sí misma un ejemplo perfecto de esta transformación. Como nos recuerda Samuel Johnson en su *Dictionary*, uno de los significados de la palabra (el decimoséptimo y último de su lista) es *lint or flax*, hebra o lino. *Lint* se deriva del latín *linea*, que originalmente tiene el significado de hilo hecho de lino, *linum*. Estos hilos se tejían formando una tela que ahora llamamos *linen*, de lino, que puede utilizarse para forrar (*line*, en inglés) prendas de vestir, proveyéndola de una capa adicional de calor. Y si la «línea» comienza como hilo y no como trazo, el «texto» comienza pues como una malla de hilos entretejidos más que como la inscripción de unos trazos. El verbo *to weave*, tejer, es en latín *textere*, del que se derivan nuestros «textile» y, a través del francés *tistre*, «tissue», con el significado de delicado tejido compuesto de una miríada de hilos entrelazados.

Los anatomistas adoptarían esta metáfora compositiva para describir los órganos del cuerpo diciendo que éste está compuesto de tejidos: epiteliales, conectivos, musculares y nerviosos. Escribirían sobre el modo en que las superficies de estos órganos, iluminados por las imágenes anatómicas profesionales, se vuelven transparentes y revelan su estructura linear subyacente. En su *Introduction to Science* de 1911, J. Arthur Johnson escribe:

> Cuando se trabaja intensamente sobre algo y se lo llega a conocer de arriba abajo, por dentro y por fuera, de un lado a otro, el objeto se vuelve extraordinariamente translúcido. El botánico puede ver a través de su árbol, ve el tronco, el líber... El zoólogo puede, del mismo modo, ver el caracol sobre la espina,[7] ver, como si su modelo fuera de vidrio, los centros nerviosos, los músculos, el estómago, el corazón que late, la circulación de la sangre y el riñón filtrando. El cuerpo humano se vuelve transparente para el anatomista experto... (Thomson, 1911: 27-8).[8]

---

7. «The snail on the thorn». Conocido verso del poema de Robert Browning *Pipa Passes*. (*N. de T.*).

8. Estoy en deuda con Elizabeth Hallam por llamarme la atención hacia este bello pasaje.

Así pues, la mirada anatómica, de manera no muy diferente a la del chamán, disuelve las superficies corporales en sus hilos constituyentes. Pero mientras el chamán cura introduciendo líneas en el cuerpo, el cirujano procede en dirección opuesta: sutura las líneas que ya se encuentran en éste y cuya rotura son la causa del mal reconstituyendo las superficies en su totalidad.

Anudar y tejer

Como indica nuestra pequeña digresión sobre la deriva etimológica de la línea y los tejidos, es quizá en la costura y la confección donde encontramos los ejemplos más evidentes de cómo las superficies se crean desde hilos y cómo se generan los trazos en ese mismo proceso. En esencia, señala Semper (1989: 219), una puntada es un nudo a través de cuya interacción —como en el tejido de punto o en el ganchillo— se puede formar una superficie ininterrumpida a partir de una línea continua de hebra. La superficie anudada es, en cierto sentido, el anverso del calado de comunidades como la abelam, antes descrita. Mientras que el bucle destruye superficies, el nudo crea superficies. Sin embargo, la superficie que percibimos no es el nudo sino el espacio tomado por éste. Todo es visible, como explica Susanne Küchler, «menos el nudo. El nudo subyace dentro o tras las superficies visibles al ojo» (Küchler, 2001: 65). Cuanto más firmes son los nudos, más impenetrable parece ser la superficie. En Tahit, por ejemplo, unas varas especiales de madera conocidas como *to'o*, portadoras del poder divino, se anudan fuertemente con cordaje tipo *sennit* para ocultarlas de la vista. Las *to'o* sólo pueden mostrarse en los rituales periódicos de «ofrenda a los dioses», e incluso entonces sólo a personas con cierto rango. Tal era su poder que cualquier otra persona que la viera acabaría muriendo fulminantemente (*ibíd.*: 66-7; Gell, 1998: 111). La superficie queda completamente sellada; no obstante, su constitución de hilos original continúa siendo evidente en su tracería de irregular textura (ilustración 2.12). La textura, en pocas palabras, deja ver que la superficie no es sólo un contenedor pasivo del divino poder sino su activa *encuadernación*.

Si volvemos la vista ahora de los nudos a la confección, vemos que el tejedor no comienza con una única línea continua de hebra sino con un conjunto de líneas paralelas, la urdimbre, ensartadas longitudinalmente, a través de la

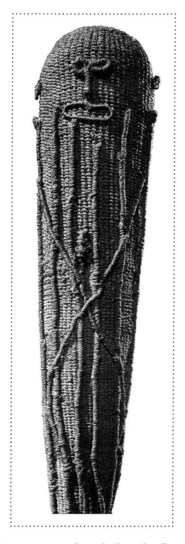

Ilustración 2.12 *To'o* taihitiano con encuadernado de nudos. Reproducido con la autorización del Museum of Archeology and Anthropology de la Universidad de Cambridge, signatura E 1907.342 (z 6067).

cual otra línea, la trama, se enrosca en sentido transversal alternativamente por encima y por abajo de la urdimbre. Si la trama es de un solo color, el color final se verá como una superficie ininterrumpida, homogénea. Sin embargo, si se introducen tramas de varios colores, es fácil generar rayas rectas transversales del grosor deseado. A distancia, parecen líneas dibujadas por todo el material. Así que mientras los tejidos se crean mediante un proceso de confección, los hilos tintados de las tramas toman gradualmente la apariencia de trazos sobre su superficie. La producción de líneas diagonales o longitudinales es más compleja. En su clásico relato sobre cómo se tejen las mantas de los navajos, Gladys Reichard muestra que se pueden conseguir diagonales de 40 ó 52,5 grados de inclinación transversal desplazando la trama de color base una línea más allá, ya sea en todas las filas, ya sea cada dos filas, haciendo que el color de contraste, que viene desde el otro lado, pierda correspondientemente una urdimbre (Reichard, 1936: 89-94) (ilustración 2.13). El punto en el que se unen los dos colores, conocido como el cerrojo, se traslada en consecuencia de línea

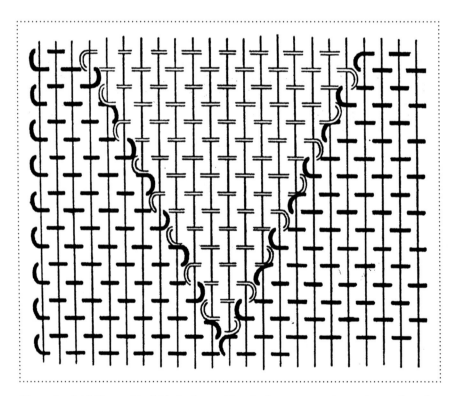

Ilustración 2.13 Formación del lado de un triángulo de una manta de navajo con dos colores. El primero (negro) gana una urdimbre más a cada fila y el segundo (blanco) pierde una urdimbre. El efecto producido es una suave línea de una inclinación de 40 grados. Extraído de Reichard (1936: 90).

a línea en intervalos regulares. Para producir rayas longitudinales, ambos colores de la trama, venidos de lados opuestos, se trenzan de nuevo en bucle alrededor de los mismos hilos de la urdimbre de manera que la posición transversal de la cerradura permanece constante.

Lo más impresionante de las mantas de los navajos es, sin embargo, que, mientras los dibujos a color de su superficie son marcadamente lineales, tales líneas no son en sí mismas hilos. Tampoco son realmente trazos. De hecho, cuando buscamos la línea en la manta, por atentamente que lo hagamos, sólo encontramos diferencias. A saber: variaciones en el color de los hilos y desplazamientos de fila a fila en la posición de bloqueo de la trama de cada color. Se podría decir que la línea de la manta no existe en tanto composición de los hilos con los que está hecha sino como un sistema ordenado de diferencias entre ellos. Visto, sin embargo, en conjunto, estas diferencias se suman generando un efecto positivo: la percepción de una línea continua de superficie consistente. Esta percepción es la que le da a la línea la apariencia de trazo. De cualquier modo, la línea que se forma en una superficie de urdimbre construida con hilos es en realidad muy diferente de una línea dibujada sobre una superficie ya existente. La diferencia puede destacarse contrastando la manta con otro importante objeto de atención de la práctica artística de los navajos, la pintura de arena. Ésta se realiza aplicando un fino chorro de arena teñida, primero de un color y luego de otro, hasta formar un dibujo lineal sobre la arena color tierra de un suelo previamente alisado. La arena se deja caer entre los dedos índice y medio mientras el pulgar controla la intensidad del chorro. En este caso se trata de una línea claramente aditiva: es una cristalización de los movimientos y gestos exactos que se realizan al producirla. Algunos tejedores navajos, bajo la presión de crear dibujos «auténticamente navajos» para el mercado turístico, han decidido copiar los dibujos de las pinturas de arena para aplicarlos en sus mantas. Pero, como nos cuenta Reichard, el resultado no suele ser satisfactorio, no sólo porque es virtualmente imposible lograr los colores adecuados, sino también porque la técnica de confección de tejidos no es apropiada para crear dibujos de ese tipo. Son demasiado intricados (Reichard, 1936: 156).

En suma, mientras que la línea de una superficie preexistente —como la de las pinturas de arena— es el trazo que deja un movimiento, la línea de una superficie que se crea tejiendo hilos —como en el caso de las mantas— crece orgánicamente, en una dirección, a través de la acumulación de transversales y movimientos de atrás adelante en la otra. Esta distinción, a su vez, nos ofrece la clave para entender la relación entre tejer y escribir. La común raíz antes señalada de la palabras «text» y «textile»: *texere*, tejer, señala la importancia de esta relación. ¿Cómo ha llegado la escritura, que generalmente se relaciona con la inscripción de trazos sobre una superficie, a configurarse como tejido, lo que conlleva la participación de hilos? ¿Cómo se transformó el hilo de tejedor en el trazo del escritor? El filósofo chino Liu Hsieh, del siglo V d.C., situó esta cuestión en el origen mismo de la escritura con un intrigante y enigmático comentario: «La escritura apareció cuando las marcas de los pájaros sustituyeron a las cuerdas anudadas».[9] Lo que parece que tenía en mente era la sustitución de un sistema de notación basado en nudos y bucles de hilos o cuerdas por uno de trazos inscritos análogo a las huellas de pájaros y animales.

De las cuerdas anudadas a las letras brocadas

En resumidas cuentas, no todo lo que aparece en una notación está compuesto necesariamente de trazos. Por ejemplo, entre los kandingei de la rivera del río Sepik, en Papua Nueva Guinea, el hombre más importante de cada grupo lleva un cordel con nudos —de seis a ocho metros de largo y unos tres centímetros de grosor— que se dice que representa la migración originaria, que el fundador del clan realizó siguiendo la senda dejada por un cocodrilo (ilustración 2.14). Cada uno de los nudos grandes del cordel, sobre los que se cose una pieza seca de cáscara de nuez de areca, representa el lugar originario, mientras que los pequeños nudos que le preceden son un símbolo de los nombres secretos del tótem que mora en ese lugar. En las ceremonias de importancia, el portador del cordel lo comienza a deslizar entre los dedos, casi como si se tratara de un rosario, «cantando» cada lugar y a sus tótems asociados. El movimiento de deslizar la cuerda a través de los dedos se corresponde con el mo-

---

9. Encontré esta afirmación de Liu Hsieh en un reciente texto de Florian Coulmas (2003: 4), donde se presenta como sigue: «El escrito se originó cuando la escritura del trazo del pájaro reemplazó al hilo de tejer». Sin embargo, yo sería más prudente y me mantendría en la fraseología de la traducción original a la que se refiere (Liu Hsieh, 1983: 17).

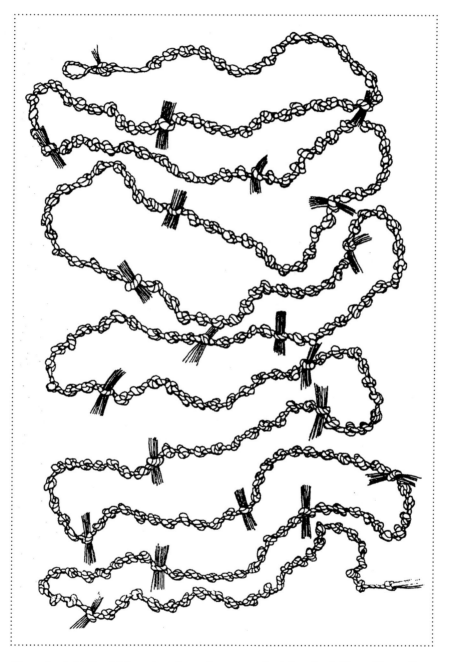

Ilustración 2.14 Cordel de nudo palingawi, cauce medio del río Sepik, Papua Nueva Guinea. Extraído de Wassmann (1991: 71).

vimiento del fundador del clan en su travesía hacia un nuevo asentamiento. En las ceremonias funerarias también se corresponde con el movimiento de los fantasmas en su viaje hacia la tierra de los muertos, que, llevados a una isla de hierba, cambian, sin embargo, de escenario a lo largo del mismo camino (Wassmann, 1991: 51-60, 70-71, 103-5, 114; para los cercanos iatmul ver también Silverman, 1998: 429).

El ejemplo más conocido de recurso de notación consistente únicamente en hilos es, por supuesto, el *quipu* inca. El *quipu* se compone de un cordel de hebras al que se le añaden otros cordeles atados con nudos (ilustración 2.15). Unos cordeles terciarios se pueden anudar a los anteriores, unos de cuarto orden a los de tercer orden, de quinto orden a los de cuarto orden, etcétera. Los estudiosos siguen discutiendo sobre la función del *quipu*, de si sirve para ayudar a la memoria o para registrar información, y —en el último caso— de si se trata de información únicamente numérica o de si incluye elemento narrativos (Quilter y Urton, 2002). Parece más allá de toda duda, sin embargo, que prácticamente todos los elementos que los constituyen llevan aparejado un sentido, incluyendo los tipos de nudos, su emplazamiento en los cordeles, el modo en que se hilan éstos y hasta las combinaciones de color usadas. Más bien un tipo de tejido, los *quipu* se crean siguiendo el mismo principio, que requiere de la combinación de una línea en suspensión con líneas colgantes, del mismo modo que otros muchos tejidos incas, incluyendo collares, cintas para la cabeza y, por supuesto, a mayor escala, los puentes colgantes. Pero aunque la confección textil estaba altamente desarrollada entre los incas, el *quipu* no está tejido, no es un tejido. No tiene más superficie que las de los cordeles con los que está hecho.

Para encontrar un ejemplo de escritura que es realmente confección de tejidos nos podemos trasladar de los Andes a Mesoamérica, a los mayas de Guatemala. En el *Popol Vuh*, una crónica de la creación del hombre, las acciones de los dioses, los orígenes y la historia de los quechuas y la cronología de sus reyes, escrito en el siglo XVI en su lengua autóctona, el quechua, pero con caracteres españoles, se habla de dioses monos entre los que había «flautistas, cantantes y escritores; también grabadores, joyeros y forjadores» (Tedlock y Tedlock, 1985: 123). Al escritor de este pasaje se le llama *ajtz'ib*, nombre que proviene de la palabra para carácter escrito, *tz'ib*. Pero según Barbara y Dennis

Ilustración 2.15 Quipukamayoc, o «guardián de los quipu», representada por Felipe Guaman Poma de Ayala hacia el final del siglo XVII. Le muestra portando el *quipu*. En la esquina inferior de la izquierda se representa una *taptana*, una piedra usada para calcular. Extraído de Guaman Poma de Ayala (1987: 365).

Tedlock, en cuya autorizado trabajo me apoyo, *tz'ib* también puede referirse a «figuras, diseños y diagramas en general, ya sean dibujados, pintados, grabados, bordados o tejidos» (*ibíd.*: 124). Las bufandas tejidas por los quechuas maya en tiempos recientes incluyen brocados con figuras zoomórficas junto a dibujos adicionales que indican la identidad del tejedor. Todos ellos son *tz'ib* (mientras que las bandas de color vertical que recorren los textiles no lo son). Se muestra un ejemplo en la ilustración 2.16. Esta bufanda en particular lleva el nombre de su propietario bordado en letras capitales. Aunque a nosotros nos pueda parecer incongruente, la yuxtaposición de letras y dibujos no tiene nada de especial para los actuales quechuas ya que ambos son ejemplos de *tz'ib*. Resulta, sin embargo, fundamental que mientras las letras bordadas se añadieron una vez se completó la confección, los dibujos del brocado se incorporaron durante el mismo proceso de confección, mediante la adición de tramas suplementarias. Así, aunque parezcan trazos sobre la superficie de la bufanda,

Ilustración 2.16 Bufanda tejida de los quechuas maya. Fotografía de Barbara y Dennis Tedlock reproducida con su autorización.

estos *tz'ib* fueron, en verdad, junto a la misma superficie, acumulaciones de hilos. En la técnica del brocado, tejer y escribir llegan a ser una y la misma cosa.

El texto tejido

Paso finalmente a los tipos de texto que nos han llegado de la tradición occidental. La idea del texto como un tapiz tejido puede resultar extraño para los lectores modernos, acostumbrados a ver las letras y las palabras impresas. Por razones que se harán evidentes en el siguiente capítulo, tienden más a tratar la metáfora en un sentido más laxo, hablando del «tejido» narrativo en relación con un texto, pero menos pensando en las líneas escritas en si sobre la página. En cambio, para los ciudadanos de la antigua Grecia y Roma hubiera resultado perfectamente natural en tanto, gracias a la introducción del papiro egipcio y las plumas de caña y tinta como instrumentos de escritura, comenzaron a hacer uso de la escritura cursiva. Hasta entonces, las letras sólo podían ser rayadas o grabadas sobre superficies duras con rústicos trazos separados (recordemos que en inglés antiguo *writan* se refería específicamente a las incisiones de este tipo). Sin embargo, con la pluma sobre el papiro fue posible producir una línea continua. La posterior introducción de los más duraderos y lisos pergamino y vitela en los siglos IV y V d.C., permitió que esta línea, ahora hecha con pluma de ave, tuviera incluso más fluidez. La ilustración 2.17 muestra el ejemplo de un manuscrito del siglo IX. Proviene de unos fueros escritos por Walto, notario del emperador fráncico Charls el Gordo.

Basta con echar un vistazo al ejemplo para percatarse de la fuerza de la analogía entre escribir y tejer. Del mismo modo que la lanzadera de la tejedora se mueve adelante y atrás mientras dispone la trama, el escritor mueve su pluma arriba y abajo, dejando un trazo de tinta tras de sí. Pero este trazo, la línea de letras, ya no es igual a la línea de texto, como la línea de un tapiz no es igual a las líneas de los hilos que los constituyen. Como nos ocurre con el tapiz, cuando buscamos la línea de letras no la encontramos. No existe ni como trazo visible ni como hilo. Más bien aparece tras un proceso progerioso de desplazamiento longitudinal de la línea de letras en su oscilación de arriba a abajo dentro de un «ancho de banda» determinado (aunque con muchos extremos sueltos), de un modo muy similar a cómo la raya tejida se acumula a lo largo del

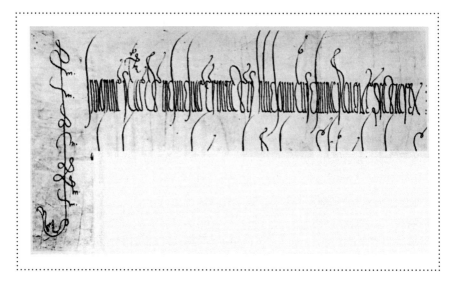

Ilustración 2.17 Manuscrito de un fuero del siglo IX. Extraído de Gray (1971: 19) con la autorización de Oxford University Press.

desplazamiento longitudinal de la trama mientras oscila transversalmente entre una urdimbre de líneas dada. Con la escritura libraria gótica[10] del siglo XV conocida como *textura* este paralelo se dibujó de modo muy explícito: la mano se llamaba así teniendo en cuenta el parecido de la página escrita con la textura de una manta tejida. Al igual que la línea de letras tenía su fuente figurativa en el hilo del tejedor —como veremos en el capítulo 6— el prototipo para las líneas rectas y normativizadas del manuscrito, entre las que se ordenaban las letras, reposa en la tensa cadena de urdimbre del telar. Originalmente, estas líneas normativizadas se marcaban y —como ocurría con la urdimbre— eran débiles o invisibles. Cuando Gutenberg eligió la *textura* como su primer tipo impreso, las líneas desaparecieron completamente. Lo que comenzó con el entretejimiento de urdimbre y trama acabó con la impresión de tipos prestablecidos sobre una superficie preparada (ilustración 2.18). Desde ese momento, el texto ya no se cosía sino que se ensamblaba juntando piezas de elementos gráficos discretos. Se había completado la transformación. En el siguiente capítulo exploraremos algunas de sus consecuencias.

---

10. En inglés *Gothic book-hand*, de ahí el posterior juego de palabras. (*N. de T.*).

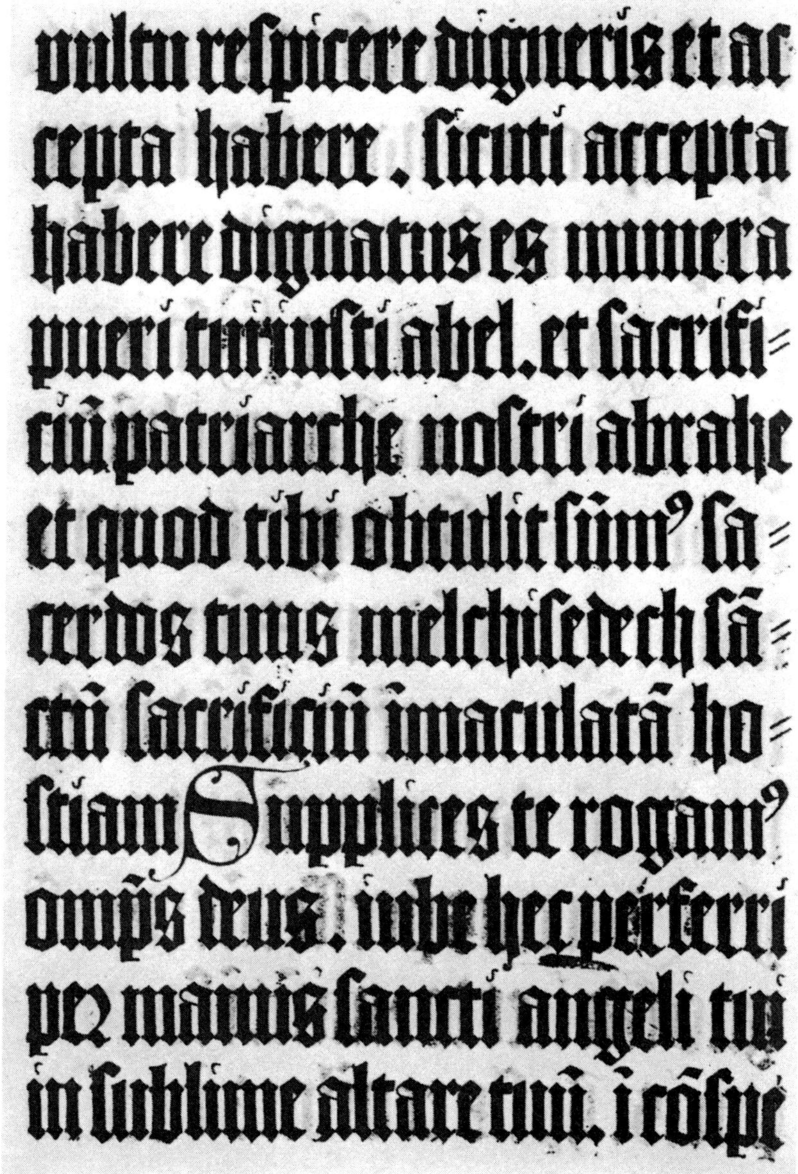
vultu reſpicere digneris et ac
cepta habere. ſicuti accepta
habere dignatus es munera
pueri tui iuſti abel. et ſacrificiũ patriarche noſtri abrahe
et quod tibi obtulit ſũm⁹ ſa-
cerdos tuus melchiſedech ſã-
ctũ ſacrificiũ imaculatã ho-
ſtiam. Supplices te rogam⁹
omp̃s deus. iube hec perferri
per manus ſancti angeli tui
in ſublime altare tuũ. i cõſpe

Ilustración 2.18 Tipografía *textura*, de Johan Sensenschmidt, 1481. Extraído de Kapr (1983: 80).

3
Sobre, a través y a lo largo

EL TRAZO Y EL CONECTOR

«Mientras uno es un hombre libre», exclamó el cabo haciendo una floritura con su vara.

He aquí la línea trazada en el aire por el cabo según se describe en la narración de Laurence Sterne de 1762, *Vida y opiniones del caballero Tristam Shandy*:

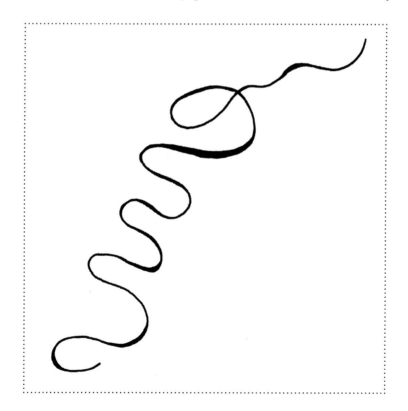

Al igual que cualquier otro gesto, la floritura del cabo comprende cierta duración. La línea que aparece es, por tanto, intrínsecamente dinámica y temporal. Cuando, pluma en mano, Sterne reproduce la floritura sobre la página, su gesto deja un trazo duradero que todavía nosotros podemos leer (Sterne, 1978: 743). El artista Paul Klee describe este tipo de líneas como el más activo y auténtico. Ya se trace en el aire o sobre papel, ya con la punta de una vara o una pluma, el movimiento surge desde un punto que —como pretendía el cabo— es libre de ir donde quiera por mor del movimiento mismo. Como apunta de manera memorable Klee, la línea que se desarrolla libremente, y a su propio ritmo, «sale a dar un paseo» (1961: 105). Los ojos que la leen siguen la misma senda que dejó la mano que la dibujó.

Sin embargo, hay otro tipo de línea que anda con prisas. Quiere llegar de una ubicación a otra y luego a otra, pero tiene poco tiempo para lograrlo. Esta línea, dice Klee, «parece más bien comprometida por una concatenación de citas que de paseo». Va de punto a punto lo más rápido que puede y, en teoría sin tiempo, cada sucesivo destino está ya fijado de antemano así como cada segmento de la línea está predeterminado por los puntos que conecta. Mientras que la línea activa de un paseo es dinámica, la línea que conecta puntos adyacentes en series es, según Klee, «la quintaesencia de lo estático» (*ibíd.*: 109). La primera nos lleva a una travesía en la que no hay un claro principio ni fin, la última nos muestra una colección de destinos interconectados que puede verse, como en un mapa de rutas, de una sola vez.

Al volver a trazar el gesto que describió la vara del cabo, Sterne saca claramente a su línea a pasear. Pero permítaseme ahora proponer un sencillo experimento. Tómese esta línea y córtese en pequeños fragmentos de aproximadamente la misma longitud. Imagínese ahora que cada segmento se puede embobinar como un hilo y confinar dentro de un punto situado en el punto medio del segmento original. El resultado sería un grupo de puntos dispersos tal y como se muestra a continuación:

SOBRE, A TRAVÉS Y A LO LARGO

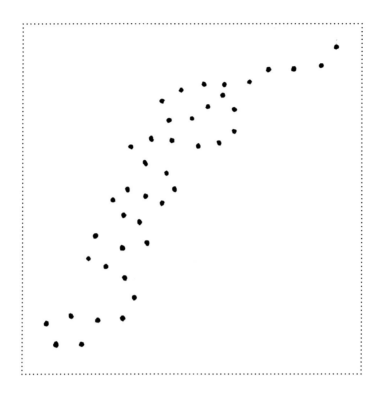

He dibujado a mano cada punto. Para hacerlo he tenido que poner la punta de mi lápiz en contacto con el papel en un punto predeterminado y pivotar con el lápiz al modo de una peonza sobre el punto hasta formar un punto visible más gordo. Toda la energía y todo el movimiento se centró ahí casi como si estuviera perforando un agujero. En los espacios entre puntos no queda, sin embargo, ya traza alguna del movimiento. Aunque los puntos se localicen en el sendero del gesto original, no los conecta su trazo en tanto lo que queda del trazo y del movimiento que lo originó está embobinado en los puntos. Cada uno de ellos parece un momento aislado y comprimido, separado de los precedentes y los siguientes. Efectivamente, para ir de la ejecución de un punto a otro he tenido que levantar mi lápiz y mover un poco la mano antes de volver a tocar la superficie del papel. Pero tal movimiento transversal no es parte del proceso de inscripción que, como hemos visto, se reduce totalmente a dibujar los puntos. Si hubiera querido hubiera podido levantar la mano y dejado el lápiz y retomar la tarea más tarde.

¿Dónde esta pues la línea en esta sucesión de puntos? Sólo existe en tanto cadena que conecta puntos fijos. Para recuperar la trayectoria original de la vara del cabo tenemos que *unirlos*. Eso es lo que he hecho más abajo:

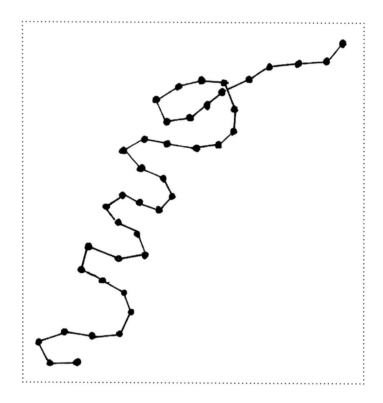

Aunque la conexión de líneas tiene que realizarse según una determinada secuencia, el patrón que forman —como si se tratara de un juego de niños— se muestra desde fuera como un objeto virtual. Para completar el patrón no hay que sacar a pasear a la línea sino implicarla en un proceso de construcción o ensamblaje en que cada segmento lineal sirve de unión, y suelda entre sí los elementos del patrón generando un orden superior. Una vez completada la construcción, la línea no tiene más lugar adonde ir. Ya no vemos el trazo de un gesto sino el ensamblaje de *conectores de punto a punto*. La composición queda como un objeto acabado, un artefacto. Las líneas que lo constituyen unen cosas pero no crecen ni se desarrollan.

La distinción entre el *paseo* y el *ensamblaje* es la clave de la argumentación de este capítulo. Quiero mostrar cómo, a lo largo de la historia, la línea se ha ido escindiendo del movimiento que la originaba. En otro tiempo fue el trazo de un gesto continuo pero ahora, bajo el influjo de la modernidad, la línea se ha disuelto en una sucesión de puntos. Tal fragmentación, como me dispongo a explicar, tuvo lugar en los terrenos del *viaje*, donde el deambular fue reemplazado por el transporte con destino fijado; del *mapeo*, donde el esquema dibujado se reemplaza por la ruta planeada, y de *lo textual*, donde el cuentacuentos se reemplaza por el guión escrito. Todo esto también ha transformado nuestra idea de *lugar*: antes un nudo de muchas hebras entrelazadas que crecían y desarrollaban es ahora un nódulo estático dentro de una red de conectores. En cada vez mayor medida, la gente de las modernas sociedades metropolitanas se encuentra en entornos construidos mediante conjuntos de elementos conectados. Sin embargo, en la práctica continúan tramando sus propias vías a lo largo de estos entornos, trazando senderos a su paso. Creo que para entender cómo hace la gente para *poblar* y no sólo ocupar los entornos en los que mora, es mejor volver del paradigma del ensamblaje al del paseo.

SENDAS Y RUTAS

En su meditación sobre el Ártico, *Playing dead* (1989), el escritor canadiense Rudy Wiebe compara el modo en que los esquimales entienden el movimiento y los viajes por tierra o hielo con los que poseía la Marina Real Británica en su búsqueda de un modo de evitar el paso del Noroeste hacia el Oriente. Para los esquimales, *cuando una persona se mueve se convierte en una línea*. Para cazar un animal, o encontrar a una persona perdida, se deja una línea de huellas por toda la extensión mientras se busca señales de otras líneas que puedan conducir a la presa. Es así que el país se concibe como un entramado de líneas que se entretejen y no como una superficie continua.[1] Sin

---

1. La observación la confirma Beatrice Collingnon (1996: 98) cuando señala que los esquimales perciben su territorio con un conjunto de itinerarios «organizado según una red de líneas a través de las que la gente y la caza se mueven» (citado en Aporta, 2004: 12).

embargo, los británicos «acostumbrados a una mar dinámica sobre la que no se deja huella, se mueven en términos de área» (*ibíd.*: 16). El buque, abastecido para el viaje antes de levantar la vela, es para sus comandantes navales una embarcación móvil que puede llevar a su tripulación a través de los mares, en un rumbo fijado por la latitud y longitud de sucesivos puntos *en route* hasta el destino previsto. En resumen, mientras el esquimal se mueve por el mundo *a lo largo* de senderos de viaje, el británico navega *a través* de lo que él considera la superficie del globo. Podemos considerar que ambos tipos de movimiento, a lo largo y a través, son líneas, pero son líneas de muy distinto tipo. La línea que avanza *a lo largo de*, en términos de Klee, sale a pasear. Por el contrario, la línea que *cruza a través* es un conector que enlaza una serie de puntos ordenados en el espacio bidimensional. En lo que sigue vincularé tales diferencias con las que hay entre dos modalidades de viaje, a las que llamaré, respectivamente, *deambular* y *transportar*.

El deambulador está continuamente en movimiento. Más exactamente, él es su propio movimiento. Como el esquimal del ejemplo anterior, el deambulador ilustra la idea de mundo como línea de viaje. Claudio Aporta, que llevó a cabo trabajos de campo etnográficos en la comunidad iglulik, informa de lo que es para los esquimales, «viajar... no es una actividad de transición entre un lugar y otro, sino un modo de ser... Viajar de un lugar o hacia un lugar juega un papel importante en la definición del mismo viajero» (Aporta, 2004: 13). El viajero y su línea son, en este caso, una y la misma cosa: una línea que avanza desde una punta en un proceso ininterrumpido de crecimiento y desarrollo, o constante renovación de sí mismo. Un ejemplo extraído del otro lado del mundo nos puede ayudar a ratificar el punto anterior. Las mujeres batek de Pahang, Malasia, según Tuck Po Lye (1997: 159), dicen que las raíces de los tubérculos salvajes que recogen como alimento «andan» como lo hacen los humanos y otros animales. Si nos resulta una idea rara es sólo porque tendemos a reducir la actividad de andar a la mecánica de la locomoción, como si el paseante fuera un pasajero de su propio cuerpo al que llevaran sus piernas de un punto a otro. Sin embargo, para los batek, cuando se anda se va dejando un rastro mientras se avanza. Y eso es justo lo que hacen las raíces cuando generan líneas de crecimiento mientras hilan un camino a través del suelo. Ambos ejemplifican el *dictum* de Klee de que es la línea misma la que «sale a pasear».

Sin embargo, mientras anda, el deambulador tiene que apoyarse sobre sí mismo, tanto perceptiva como materialmente, en colaboración activa con el campo que se le abre a su paso. «Mientras andan por un sendero», observa Lye, «los batek lo inspeccionan activamente» en busca de plantas útiles que colectar y un rastro o trazas de animales (Lye, 2004: 64). Del mismo modo, entre los foi de Papúa Nueva Guinea, según James Weiner, viajar a pie «no es únicamente una manera de llegar de un punto a otro». Siempre buscando árboles frutales, rotas de calidad o larvas de insectos comestibles, los foi *trabajan* sus senderos hasta convertirlos en «vías de actividad inscrita» (Weiner, 1991: 38). Para los profanos, estos senderos, por muy habituales que sea, apenas resultan perceptibles. En estos bosques tropicales, la vegetación se cierra de tal manera tras el viajero que parece que éste nunca hubiera estado. En la tundra o mar de hielo del Ártico, la nieve puede borrar rápidamente las trazas. Cuando la nieve se derrite y los esquimales cogen sus *kayaks* o barcas balleneras, las huellas que dejan se borran instantáneamente en el medio acuoso. Al margen de lo efímero de estos trazos sobre la tierra o el agua, los senderos se graban en la memoria de aquellos que los siguen (Aporta, 2004: 15). Para los esquimales, como observa Aporta, «la vida transcurre mientras se viaja. Se conoce a otros viajeros, nacen los niños, se caza, se pesca y se realizan otras actividades para subsistir» (*ibíd*.: 13).

También los navegantes hacen su camino por líneas invisibles. Siempre atentos al viento y al tiempo, a las mareas y mar de fondo, al vuelo de los pájaros y otra cantidad de signos, el marino experimentado puede guiar su barco a través de las aguas más profundas sin hacer uso de cartas o instrumentos de ningún tipo.

Samuel Johnson ilustra el tercero de sus diecisiete sentidos para la palabra línea («hilo que se extiende para dirigir cualesquiera operaciones»), al que ya me referí en el último capítulo, con un verso del histórico poema *Annus Mirabilis* (1666) de John Dryden, en el que el poeta interrumpe una vívida narración de una batalla entre ingleses y alemanes con un excurso sobre historia de la navegación:

La bajamar y su misterioso flujo,
Habremos nosotros, sujetos de artificio, de entender.

Los senderos de esas líneas que van y viene por el océano,
nos habrán de ser tan familiares como la tierra.[2]
(Dryden, 1958: 81)[3]

Lo que conmemora aquí Dryden es la capacidad sin par de los navegantes ingleses para orientarse en mar abierto, sin tener que ir pegados a la costa, como hacían sus predecesores. Pero mientras que hay cierto paralelo bajo este punto de vista entre el deambulador y el navegante, hay todo un mundo de diferencias entre la experiencia de un marinero, en tanto la navegación es para él un modo de vida, y la perspectiva de un alto mando naval cuyo objetivo sea enlazar los puertos de origen con los dominios de ultramar facilitando así la expansión global del comercio, de nuevos asentamientos y del imperio. Por decirlo así, la distinción clave es entre líneas de navegación y líneas de comercio naval, es decir, entre la vida *en* el mar y el tráfico marítimo que lo *atraviesa*. Llevada por una ambición imperial, la Marina Real Británica trataba de enviar sus barcos a destinos fijados en un sistema global de coordenadas, marginando las tradicionales pericias marítimas en favor del cálculo instrumental que ofrece la navegación de punto a punto. Desde el punto de vista del mando, el barco era un vehículo de transporte y no un órgano de vida marítima.

A diferencia de cuando se deambula o se navega, cuando se transporta, el movimiento está dirigido a un destino concreto. No se trata tanto de un desarrollo *a lo largo* de un modo de vida como de un transporte *a través* de gente o bienes de tal modo que su naturaleza básica quede intacta. Por supuesto, incluso el deambulador va de un sitio a otro, como lo hace el marinero de puerto a puerto. Cada cierto tiempo tiene que parar para descansar, necesitando incluso volver para ello a una misma morada o refugio. Sin embargo, cada pausa es un momento de tensión que —como cuando se contiene la respiración— cuanto

---

2. «The Ebbs of Tydes, and their mysterious flow, / We, as Arts Elements shall understand: / And as by Line upon the Ocean go, / Whose paths shall be as familiar as the Land.» (*N. de T.*).

3. En su *Dictionary*, Johnson reproduce sólo las últimas dos líneas de estos versos, y los cita ligeramente distinto: «We as by *line* upon the ocean go / Whose paths shall be as familiar as the land».

más largo se hace más intenso e insostenible se vuelve. De hecho, ni el deambulador ni el navegante tienen un destino final. Da igual donde estén, siempre y cuando la vida siga, habrá otro lugar al que poder ir. Para el viajero al que transportan y su equipaje, por el contrario, cada destino es un término, cada puerto un punto de reincorporación a un mundo del que había sido temporalmente exiliado mientras duraba el tránsito. El punto marca un momento no de tensión sino final. He aquí un ejemplo más que ilustra el contraste a la vez que muestra cómo ambas modalidades pueden operar juntas en un frágil equilibrio.

Los oroch del centro-norte de Sajalín, en el extremo oriente de Rusia, hacen de la caza del reno salvaje su medio de vida. Incluso salen de caza montados en animales domésticos ensillados de la misma especie y amontonan sus presas sobre trineos decorados con motivos de reno. El sendero que sigue el jinete en reno, según el antropólogo Heonik Kwon, está «lleno de abruptos giros y desvíos». Mientras avanzan, los cazadores están siempre atentos al paisaje que se abre a lo largo del sendero y a los animales que lo pueblan. De tanto en tanto se mata algún animal. Pero cada presa se deja allá donde se mata, para después recuperarla, y se sigue el sinuoso sendero, volviendo finalmente de vuelta al campamento, también por caminos retorcidos. Sin embargo, cuando el cazador vuelve posteriormente a por su presa, dirige su trineo directamente al lugar en dónde se oculta el cuerpo. El sendero del trineo, informa Kwon, «es aproximadamente una línea recta; recorre la distancia más corta entre el campamento y el destino» (1998: 118). No es sólo que se distingan claramente el sendero del trineo del sendero del jinete montado, sino incluso que ambos caminos parten de lugares opuestos del campamento y nunca se cruzan. La vida se vive a lo largo del sendero que hace el jinete: éste no tiene principio ni fin sino que prosigue indefinidamente. Este sendero es una línea deambuladora. Por el contrario, el sendero del trineo es una línea de transporte. Tiene punto de salida, punto final y conecta ambos. Sobre el trineo el cuerpo del animal muerto se lleva de un sitio a otro: desde el lugar donde fue matado hasta donde será distribuido y consumido. Finalmente, será también el trineo el que porte el cuerpo del cazador muerto, en el momento en que esto ocurra, hasta el lugar del bosque en donde será enterrado.

Como sugiere el anterior ejemplo, no se trata sólo de explotar las fuentes de energía del cuerpo humano que convierten el deambular en transportar. El cazador orch no deja de ser un deambulador cuando monta su ciervo. Tampoco deja el marino europeo de ser un navegante cuando iza la velas. Aunque el primero depende de la potencia del animal y el último del viento, en ambos casos, el movimiento del viajero —su orientación y ritmo— depende continuamente de su control perceptual del entorno que va apareciendo a lo largo del camino. Mira, escucha y siente mientras avanza, todo su ser está alerta del sin fin de pistas que, a cada paso, exigen sutiles ajustes en la orientación. Hoy día, el deambulador puede incluso pilotar máquinas como una motocicleta, un todoterreno o motonieve, como hacen los pastores sami cuando pastorean sus renos. Los aborígenes del desierto oeste australiano han convertido el coche en un sistema de deambulaje. En las zonas de arbustos, como explica Diana Young, los coches se conducen *gestualmente*. El conductor maniobra hábilmente entre rocas, tocones y madrigueras dejando marcas de llantas que se interpretan del mismo modo que se hace con las pisadas de los viajeros a pie. «Las marcas que el paso de vehículos hace en la tierra se entienden como gestos del conductor» (Young, 2001: 45).

Así que el transporte no se distingue por el uso de medios mecánicos sino por la disolución del lazo íntimo que une en el deambular la locomoción de la percepción. El viajero transportado se vuelve pasajero: no *se mueve* sino que *es movido* de un lugar a otro. Las visiones, sonidos y sentimientos que le abordan durante el trayecto no guardan relación alguna con el movimiento que le lleva. Para el soldado que desfila con la mirada vuelta a la derecha y las piernas oscilando a ritmo metronómicamente regular, la marcha es transporte. Al comparar la marcha militar con el paseo peripatético, el geógrafo histórico Kenneth Olwig sostiene que la marcha presupone un espacio «abierto» sin lugar: una *utopía*. Ésta olvida los lugares que va dejando atrás. Por el contrario, el paseo peripatético es *tópico*. «No marcha al ritmo lineal y constante que marcan los tambores. Como la espiral de una progresión harmónica, nos permite regresar, y regenerar, los lugares que nos ofrecen sustento» (Olwig, 2002: 23). Como modo de transporte a pie, la marcha militar implica un sentido de progreso que no va de un *lugar* a otro sino que avanza de una *etapa* a otra (*ibíd*.: 41-2). El mismo sentido de progreso, de uso extendido durante el siglo XVII, se aplica al viaje en diligencia. Mientras está en carretera, el viajero, amparado por su carruaje, puede subsistir con sus propias provisiones y hacer cuanto pueda para protegerse del contacto directo con transeúntes o sus lugares de residencia. No emprende el viaje por sí mismo, ni por la experiencia que le puede aportar, sino con el único propósito de ser testigo de aquello que le espera a la llegada a su destino (Wallace, 1993: 39). Una ruta turística consiste en una serie de tales destinos. Sólo cuando se llega a cada parada, y cuando su medio de transporte se detiene, comienza el turista a moverse.

Los lugares en los que el deambulador se para a descansar son, para el pasajero transportado, emplazamientos donde tiene lugar la actividad. Pero tal actividad, confinada a ese lugar, se concentra en un punto. Entre destinos apenas sí toca la superficie del mundo, si es que no la evita por completo, ni deja huella de haber pasado por ella siquiera en forma de recuerdo del viaje. De hecho, se aconseja al turista que suprima de su memoria la experiencia del trayecto, por arduo o accidentado que éste fuera, para que no prejuzgue o se distraiga de lo que ha venido a ver. En efecto, la práctica del transporte convierte toda ruta en su línea de puntos equivalente. Del mismo modo que cuando dibujo una línea de puntos acerco el lápiz al papel y hago pequeños círculos sucesivos con la punta para producir los puntos, el turista se baja en cada destino de su itinerario e inspecciona la zona en la que se ha bajado antes de partir hacia el siguiente destino. Las líneas que unen los sucesivos destinos, como las que unen los puntos, no son trazos de movimiento sino conectores de un punto a otro. Son líneas de transporte, y se diferencian de las líneas del deambulaje exactamente del mismo modo que el conector se diferencia del trazo gestual. No son sendas, son rutas.

Cuando dibujo a mano alzada saco a mi línea a dar un paseo. Igualmente, el deambulador, mientras deambula, deja una senda sobre el suelo en forma de pisada, sendero o huella. Escribiendo sobre los walbiri, un pueblo aborigen del desierto central australiano, Roy Wagner señala que «la vida de una persona es la suma de sus huellas, la inscripción total de sus movimientos, es algo que se puede trazar a lo largo de la tierra» (Wagner, 1986: 21). No cambia nada cuando se viaja en coche, según descubre Young entre sus vecinos pitjantjatjara. Se puede conocer y reconocer a un cazador por sus caminos, y la historia de un camino sólo se podría contar «*siguiéndolo*» (Young, 2001: 46, cursiva en el original). Sin embargo, seguirlo es hacer camino *a través* del mundo y no encontrar una ruta de punto a punto a través de su superficie. Por supuesto, se encuentran superficies de diversos tipos: suelo sólido, agua, vegetación y demás. De hecho, es en gran parte debido al modo en que estas superficies reaccionan a la luz, al sonido y a la presión del tacto, que se percibe el mundo tal y como se percibe. Son superficies que *están en* el mundo y no *son del* mundo (Ingold, 2000: 241). Las líneas de crecimiento y desarrollo de sus pobladores están tejidas de estas mismas texturas, y con ellas a su vez el país mismo. Cada una de esas líneas es equivalente a un itinerario vital.

Los aborígenes australianos, según escribe Bruce Chatwin, no imaginan su país como un área que se puede dividir en bloques sino como una red de líneas «que se entrecruzan» o «caminos que lo atraviesan a lo largo». «Nuestras palabras para hablar de *país*», le dice a Chatwin su interlocutor aborigen, «son las mismas que utilizamos para hablar de líneas» (Chatwin, 1987: 62). Se trata de las líneas que los seres ancestrales cantaron para crear el mundo durante el Sueño, líneas que se vuelven a trazar en las idas y venidas, también en las canciones y cuentacuentos, de sus reencarnaciones contemporáneas. En conjunto, forman una maraña de cuerdas entretejidas y complejamente anudadas. ¿Pero es esta maraña realmente una *red*, como afirma Chatwin? Sí lo es en su sentido original de calado hecho de un entramado de hilos o cuerdas. Es en este sentido, por ejemplo, que Gottfried Semper, en su ensayo de 1860 al que me referí en el último capítulo, escribió sobre «la invención de la red» entre los primitivos, fabricada y usada para la pesca y la caza (Semper, 1989: 218). Pero en su extensión metafórica hacia los dominios del transporte y comunicación modernos, especialmente hacia la tecnología de la información, el sentido de «red» ha cambiado. Nos inclinamos más a concebirla ahora como un complejo de puntos interconectados que como líneas entrelazadas. Es por esa razón que me parece que la descripción de Chatwin del país aborigen es ligeramente errónea. Se trata más de una malla que de una red.

Tomo el término malla del filósofo Henri Lefebvre cuando habla de «los patrones reticulares que dejan tanto animales domésticos y salvajes como personas (tanto dentro y alrededor de las casas de pueblos o pequeñas ciudades, como en las inmediaciones de la ciudad)» cuyos movimientos tejen un entorno más «arquitextural» que arquitectónico (Lefebvre, 1991: 118-119). Benjamin Orlove, en su estudio sobre la vida y el territorio que circunda el lago Titicaca de los andes peruanos, ofrece una vívida descripción de estas mallas architexturales como una «telaraña de líneas sobre el terreno» que cubre el altiplano. La mayor parte de estas líneas, informa Orlove,

> son apenas de un metro de ancho, golpeadas o pisadas por los pies de animales, mujeres y hombres, también por niños que, a la edad de tres o cuatro años, corretean sin rechistar junto a los adultos, ya sea durante un pequeño paseo hacia la casa o campo de un familiar ya en una larga caminata a un pasto o mercado lejano. Los trabajadores locales dibujan literalmente algunas de estas líneas sobre la tierra con picos y palas. Algunas de ellas son más amplias, unos cinco metros, y acogen el paso ocasional de coches o tractores (Orlove, 2002: 210).

Las líneas de un red, en su sentido contemporáneo, unen puntos. Son conectores. Sin embargo, las líneas que describe Orlove en este pasaje forman una malla de senderos entrelazados y no una red de rutas que interseccionan. Las líneas de la malla son sendas *a lo largo* de las que se vive la vida. Como muestro esquemáticamente en la ilustración 3.1 de la página siguiente, la malla está constituida por un embrollo de líneas y no por una conexión de puntos.

Pienso que deambular es el modo fundamental en que los seres vivos, tanto animales como humanos, pueblan la tierra. Y por poblar no me refiero a tomar un lugar en el mundo ya preparado de antemano por los que llegaron para residir allí. El poblador es más bien quien participa desde dentro en el proceso continuo de venir al mundo y quien, dejando un itinerario vital, contribuye a su trama y textura. Se trata de líneas normalmente sinuosas e irregulares pero firmemente enredadas en un firme tejido. «Cuando describen sus vidas pasadas», escribe el antropólogo Renato Rosaldo de los ilongotes de Filipinas, «hablan de caminar por senderos que serpentean, del mismo modo que lo hacen los cursos de las corrientes que siguen, de un modo imposible de prever» (Rosaldo, 1993: 257). No tienen destino último ni punto final con el que busquen reunirse. Esto no niega que los pobladores realicen tareas de transporte, como muestra el ejemplo de los cazadores de renos oroch. Pero las líneas de transporte, en este caso y en otros comparables, unen puntos constituidos por los movimientos de un deambular. Los senderos de los trineos oroch se sitúan sobre una malla, y jamás se cruzan con los caminos de vida que trazan los jinetes montados.

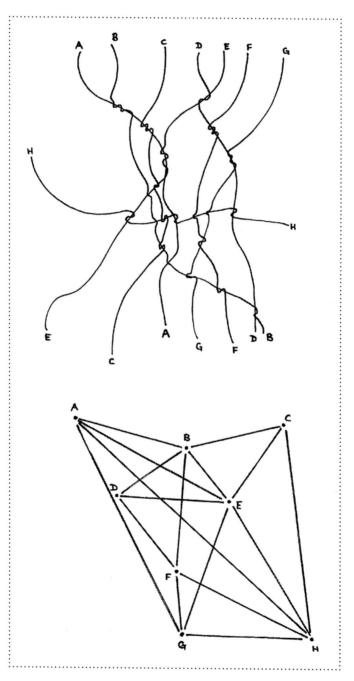

Ilustración 3.1 Malla de líneas entrelazadas (arriba) y red de puntos conectados (abajo).

De tiempo en tiempo a lo largo de la historia, sin embargo, los poderes imperialistas han intentado ocupar el mundo habitado, lanzando sobre éste una red de conexiones que a sus ojos es una superficie en blanco más que un tejido de senderos. Estas conexiones son líneas de ocupación. Facilitan el paso de personal y material a los lugares de asentamiento y explotación, así como el regreso de las riquezas extraídas de los mismos. A diferencia de los senderos que se forman deambulando, tales líneas se piensan y construyen en relación al tráfico de entrada y salida que se cree que va a transitar por ellas. Son normalmente rectas y regulares y sólo se entrecruzan en puntos nodulares de poder. Dibujadas a través de todo el país, tienden a pasar por encima de las líneas de poblamiento que se tejen en él, cortándolas como cortan, por ejemplo, las autopistas, vías de tren o tuberías, los caminos por los que suelen transitar los humanos y animales de la vecindad (ver ilustración 3.2 en página siguiente). Pero las líneas de ocupación no sólo conectan. También dividen cortando la superficie ocupada en bloques territoriales. Las líneas fronterizas, encargadas de restringir el movimiento más que de facilitarlo, pueden irrumpir gravemente en las vidas de los pobladores por cuyas sendas tengan que cruzar. Existen líneas, como ha observado el novelista George Perec, «por las que han muerto millones de personas» (citado en Paasi, 2004: 176).

Resumo lo dicho hasta el momento: he diferenciado dos modalidades de viaje, a las que he llamado deambular y transportar. Como la línea que sale a dar un paseo, el sendero del deambulador se mueve de acá para allá, e incluso puede que éste se tome una pausa antes de continuar moviéndose. Pero no tiene ni principio ni fin. Mientras está en un senda, el deambulador está en alguna parte, sin embargo todo «alguna parte» está en camino hacia otro «alguna parte». El mundo poblado es una malla reticular de sendas de un tipo tal que se tejen continuamente al tiempo que pasa por ellas la vida. El transporte, sin embargo, está atado a localizaciones específicas. Todo movimiento sirve al propósito de reubicar personas y sus efectos, y se orienta hacia un destino concreto. El viajero que sale de una localización y llega a otra, entremedias, no está en ninguna parte. En su conjunto, las líneas de transporte forman una red de conexiones de punto a punto. En el proyecto colonial de ocupación, tal red, otrora corriente de vida limitada únicamente por sus mismos caminos, se vuelve ahora ascendente y se dispersa por todo el territorio invadiendo la maraña

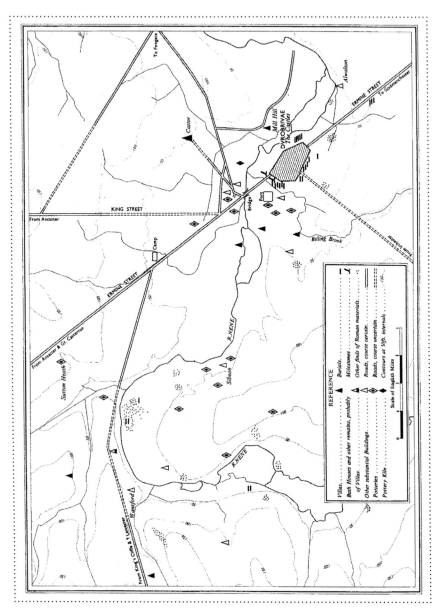

Ilustración 3.2 Líneas de ocupación. Carreteras que convergen en la ciudad de Durobrivae, uno de los principales centros industriales durante la ocupación romana de Britania. Extraído del *Map of Roman Britain* (tercera edición) del Ordnance Survey, 1956, con permiso del Ordnance Survey en representación de la HMSO. © Crown Copyright 2006. Ordnance Survey Licence Number 100014649.

SOBRE, A TRAVÉS Y A LO LARGO

de sendas de sus pobladores. Voy ahora a mostrar cómo en la distinción entre el paseo y el conector subyace una diferencia fundamental no sólo en las dinámicas del movimiento sino también en la integración de conocimiento. Comenzaré con una discusión sobre los modos en que tales líneas se pueden dibujar sobre mapas.

MAPEAR Y CONOCER

La gran mayoría de mapas dibujados por seres humanos apenas sobrevivieron al contexto inmediato de su producción. Suele tratarse del contexto de un cuentacuentos en que la gente describe las travesías que emprendió o emprendieron personajes de leyenda o míticos, frecuentemente con el propósito de proporcionar indicaciones para que otros puedan seguir los mismos senderos. Volviendo sobre sus pasos en la narración, los cuentacuentos pueden también gesticular con manos y dedos, y estos gestos pueden a su vez dar lugar a líneas. En su mayor parte se trata de líneas completamente efímeras que consisten en trazos, bien arañados en arena, barro o nieve con ayuda de los dedos y una herramienta sencilla, bien esbozados sobre cualquier superficie legible disponible, como un trozo de papel o incluso la palma de la mano. Normalmente, apenas se hacen, desaparecen tras frotarlos, lavarlos o haciendo una bola con ellos que luego se tira (Wood, 1993: 83). Claro que se puede guardar el croquis que uno dibuja en un papel para ayudarse a encontrar el camino a casa, pero sólo lo que se tarda en llegar al sitio; desde ese momento resulta de poca utilidad, excepto en el caso de que esa travesía en particular, una vez realizada, sea difícil de olvidar. El mapa no te dice dónde están las cosas ni permite orientarse desde una localización espacial que se elija a cualquiera otra. Más bien, las líneas esbozadas en el mapa se forman recreando los gestos de travesías *ya realizadas* a y desde lugares ya conocidos por sus historias de anteriores idas y venidas. Las uniones, separaciones e intersecciones de tales líneas indican qué sendero seguir y cuál lleva por el camino equivocado, dependiendo de dónde se quiera ir. Son líneas de movimiento. En efecto, el «paseo» de la línea recrea el propio «paseo» a lo largo del terreno.

Es por ello que, normalmente, los croquis no se rodean con marcos o fronteras (Belyea, 1996: 6). El mapa no trata de representar un cierto territorio ni señalar las ubicaciones espaciales características que se enmarcan dentro de sus fronteras. Lo que cuenta son las líneas, no los espacios que las circundan. Igual que el país por el que pasa el deambulador está compuesto de una malla de senderos de viaje, el croquis está compuesto, nada más y nada menos, de las líneas que lo forman. Se dibujan *a lo largo*, acompañando la evolución de un gesto, y no *a través de* las superficies sobre las que se traza. De hecho, en principio, las líneas del croquis no necesitan ser trazadas sobre superficie alguna. El gesto de la mano puede también entretejerse como un dibujo creando algo más parecido al juego de las cunitas que a un diagrama. En el pasado, los aborígenes australianos usaban el juego del cordel para describir las «cuerdas» o pistas de los ancestrales Sueños (Rose, 2000: 52), mientras que los navegantes de la Micronesia usaban los nervios de las hojas de cocotero para mapear la intersección de los cursos de las mareas oceánicas (Turnbull, 1991: 24; ver Ingold, 2000: 241). Los mapas cartográficos modernos son, sin embargo, muy diferentes. Siempre tienen límites que separan el espacio interior, que es parte del mapa, del espacio exterior, que no lo es. También es verdad que el mapa está lleno de líneas que representan cosas como carreteras o vías de tren así como las fronteras administrativas, pero estas líneas que se dibujan por la superficie del mapa cartográfico significan ocupación, no poblamiento. Indican la apropiación del espacio que rodea los puntos que las líneas conectan o —de haber líneas fronterizas— cercan.

Nada ilustra mejor la diferencia entre las líneas del croquis y las del mapa cartográfico que nuestra costumbre de dibujar *sobre* mapas de todo tipo (Orlove, 1993: 20-30). Dibujar sobre un croquis es sencillamente añadir el trazo de otro gesto a los trazos de los gestos previos. Podemos considerar que un mapa tal puede ser el producto de una conversación a muchas manos en las que los participantes toman su turno para añadir líneas mientras describen sus diversas travesías. El mapa crece línea a línea mientras se sucede la conversación y en ningún momento se puede decir que esté verdaderamente completado: a cada nueva intervención, como apunta Barbara Belyea, «el gesto pasa a formar parte del mapa» (1996: 11). Sin embargo, dibujar en un mapa cartográfico es cosa bien distinta. Los navegantes marinos pueden trazar su curso sobre una carta haciendo uso de una regla y un lápiz, pero la línea que se forma con la regla es parte de la carta y ha de borrarse una vez se completa la travesía. ¡Pero si, en cambio, tomo una pluma y, mientras vuelvo a narrar un viaje, trazo en tinta mi itinerario sobre la superficie del mapa, se dirá que he cometido una ofensa equivalente a escribir sobre el texto impreso de un libro! Volveré más abajo al paralelismo entre el mapa y el libro, ya que la línea de escritura ha sufrido una transformación histórica muy parecida a la de la línea escrita del mapa. Me centraré ahora en mostrar cómo el trazo gestual, o la línea que ha salido a pasear, no tiene nada que ver con la disciplina de la cartografía. Lejos de ser una parte del mapa, se considera una excrecencia que debería eliminarse (Ingold, 2000: 234). La línea cartográfica no es el trazo de un gesto, ni el ojo, al leerla, sigue la línea como seguiría un gesto. Estas líneas no son trazos, son conectores.

Michel de Certeau ha mostrado cómo los mapas de tiempos medievales, que en verdad servían para ilustrar historias de viajes y encuentros memorables a lo largo del mismo, se suplantaron gradualmente durante la primera modernidad por representaciones espaciales de la superficie de la tierra (Certeau, 1984: 120-1). Durante tal proceso, los relatos originales se disgregaron en fragmentos icónicos que, a su vez, se redujeron a mero adorno decorativo que se incluía junto a los nombres de los lugares o entre las descripciones de sitios concretos. La fragmentación de la narrativa y la reducción de cada pieza a los confines de una zona marcada es sorprendentemente paralela al impacto que los transportes con destino fijado tuvieron sobre las primeras prácticas de deambulación. En el mapeo como en el viaje, la senda que se deja como el trazo de un gesto se convierte en el equivalente a una línea punteada. Dibujar una línea sobre un mapa cartográfico es como unir los puntos. Tales líneas, como ocurre en las cartas de navegación marítima o en los mapas de ruta del tráfico aéreo, forman una red de conexiones de punto a punto. Permiten al futuro viajero armar un plan de ruta en la forma de una cadena de conexiones mediante las que llega *virtualmente* a su destino antes siquiera de haber salido. Como artefacto cognitivo o ensamblaje, el plan preexiste a su representación «sobre el suelo».

El mismo principio se aplica para hacer el mapa. Para trazar el curso de un río, por ejemplo, se usan datos de estudios para situar las localizaciones en las orillas mediante una serie de puntos. Tras marcar cada localización con un punto o una cruz se pueden conectar entre ellos. La ilustración 3.3

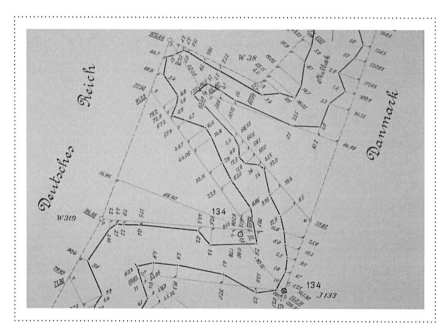

Ilustración 3.3 Mapa del arroyo Skælbækken en la frontera germano-danesa. Reproducido con la autorización de Sonderjyllands Statsamt de *Grænseatlas* de 1920.

está tomada de un mapa del arroyo Skælbækken, que forma frontera entre Alemania y Dinamarca, incluido en un atlas de fronteras de 1920. El curso trazado por las aguas del Skælbækken, en tanto fluye en paralelo al mar, se convierte en una doble línea divisoria que corta el plano del mapa, marcando una rígida frontera internacional. Mientras, en el mapa, el espacio intermedio indica una relación entre los territorios de ambos lados, en el mundo —como dicen Gilles Deleuze y Félix Guattari— tal espacio intermedio es precisamente «donde las cosas toman velocidad». El afluente real sigue en una dirección ortogonal respecto a la relación territorial, «horadando sus dos riberas y tomando velocidad en su medio» (Deleuze y Guattari, 1983: 58).

Encontramos otro ejemplo en el relato que hace Charles Goodwin (1994) de las prácticas de creación de mapas de los arqueólogos. En este caso, el mapa es el de un perfil; es decir, de un corte de la sección vertical de la tierra de una excavación concreta. En el siguiente fragmento, Goodwin describe el procedimiento:

Para demarcar lo que el arqueólogo cree que son dos capas diferentes de suelo, se dibuja una línea entre ellas con una paleta. La línea y la superficie de suelo que hay arriba se representan entonces sobre un trozo de papel pautado. Para esta tarea se necesitan dos personas. Una mide las coordenadas de longitud y profundidad de los puntos a representar valiéndose de una regla y una cinta métrica. Él o ella dictan las medidas en pares de cifras, del tipo «a cuarenta, más once punto cinco»... Un segundo arqueólogo apunta el número que le facilita el medidor en un trozo de papel pautado. Tras marcar un grupo de puntos, él o ella trazan el mapa dibujando las líneas que los unen (Goodwin, 1994: 612).

La línea que se dibujó con la paleta en la tierra es, como la grabada por una corriente en el paisaje, el trazo de un movimiento. Pero la línea del papel pautado es una cadena de conexiones de punto a punto (ilustración 3.4.). Estas líneas se diferencian del mismo modo que lo hace el trazo de la floritura del cabo de Laurence Sterne con el que comencé, de la reconstrucción de la misma que realicé mediante mi «línea de puntos». Para formar ambos tipos de línea se requiere un cierto tipo de conocimiento. Pero, como me dispongo a mostrar a continuación, son dos tipos de conocimiento fundamentalmente diferentes.

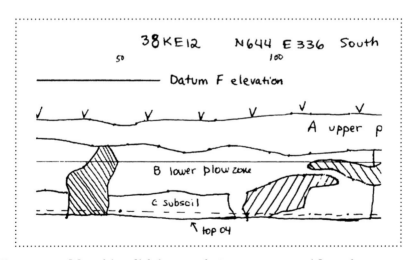

Ilustración 3.4 Mapa del perfil de las capas de tierra que presenta el flanco de un pozo encontrado en una excavación de un yacimiento arqueológico. Extraído de Goodwin (1994: 611). Charles Goodwin, «Professional Vision», *American Anthropologist*, vol. 96, n.º 3: 606-633. © 1994, American Anthropological Association. Reproducido con su autorización. Todos los derechos reservados.

Cuando saqué mi línea a pasear para hacerle un croquis a un amigo, volví a recrear el gesto del paseo que di por el campo y que en un principio se había trazado en forma de senda a lo largo del suelo. Contando la historia de mi recorrido mientras lo dibujaba, tejí un hilo narrativo que vagaba de tópico en tópico. La historia relataba un solo capítulo del viaje sin fin que es la misma vida. Y es gracias a este viaje, con todas sus vueltas y más vueltas, que logramos conocer el mundo que nos rodea. Como defiende James Gibson para presentar su psicología ecológica, percibimos el mundo a lo largo de «un sendero de observación» (1979: 197). Cuando tomamos un camino hay cosas que nos aparecen y otras que se nos ocultan a la mirada, se nos abren nuevos panoramas y otros se nos cierran. Mediante esta modulación en la variedad de luces reflejadas que llegan a nuestros ojos, se nos revela progresivamente la estructura de nuestro entorno. No ocurre otra cosa, en principio, con los sentidos del tacto y el oído, que junto a la visión no son sino aspectos de un sistema integral de orientación corporal. Así pues, nuestro conocimiento del entorno se forja en el mismo curso de nuestro movimiento por él, en el paso de un lugar a otro y en el cambio de horizontes a lo largo del camino (Ingold, 2000: 227). Como deambuladores experimentamos lo que Robin Jarvis (1997: 69) llamó una «ordenación progresiva de la realidad», es decir, una integración del conocimiento *a lo largo* de un sendero de viaje.

Sin embargo, bajo el marco del pensamiento moderno no se entiende del mismo modo. Más bien se supone que el conocimiento se configura uniendo diversas observaciones desde distintos puntos fijos de una imagen completa. Como hemos visto, así es como procede el topógrafo cuando construye un mapa cartográfico. Muchos geógrafos y psicólogos han defendido que todos somos topógrafos de nuestras vidas cotidianas y que usamos nuestros cuerpos, del mismo modo que el topógrafo usa sus instrumentos, para obtener datos de múltiples puntos de vista y trasvasarlos después a la mente formando con ellos una visión comprehensiva de la representación del mundo: el llamado mapa cognitivo. «El problema de la percepción», escribe el psicólogo Keith Oatley, es comprender el proceso «que nos permite crear en nuestra mente una representación... de lo que hay en el exterior a partir de un conjunto fragmentario y bidimensional de estímulos del receptor» (Oatley, 1978: 167). Según este punto de vista, el conocimiento no se configura avanzando *a lo largo* de nada, sino construyendo *sobre*, esto es, encajando estos fragmentos puntuales en estructuras progresivamente más inclusivas. En efecto, el paseo del topógrafo (si es que tiene que caminar y no coger un vehículo) se disuelve y reduce a ser una contraparte geográfica de la línea de puntos. Del mismo modo que para dibujar una línea de puntos hay que arrastrar la punta del lápiz de un punto al siguiente, para conseguir sus datos, el topógrafo tiene que transportarse de un lugar a otro. Pero si en el primer caso los movimientos transversales de la mano resultan secundarios para el mismo proceso de inscripción, en el caso del topógrafo resultan secundarios para el proceso de observación. Sirven sencillamente para reubicar al agente y su material —o a la mente y el cuerpo— de un punto estático de observación a otro sin jugar papel alguno en la integración de la información obtenida.

He sostenido que los seres habitan el mundo fundamentalmente deambulando. Siguiendo la misma argumentación, el conocimiento avanza a lo largo, no sobre. En una palabra, el conocimiento de poblador[4] —como lo llamaré desde ahora— se integra *a lo largo*. Consideremos, por ejemplo, el conocimiento de los nombres de los lugares. Steven Feld describe cómo para los kaluli de Papúa Nueva Guinea todo lugar se encuentra en un sendero (*tok*). Es así que el nombre de los lugares es siempre parte de la rememoración, tanto cantada como hablada, de los paseos por el *tok* a lo largo del cuál se habita (Feld, 1996: 103). Entre los navajos del suroeste de los Estados Unidos, según Klara Kelly y Harris Francis (2005), los nombres de los lugares que nombran hitos concretos del lugar se narran a modo de secuencias formando historias o «mapas verbales» que describen líneas de viaje para la misma gente que las sigue. Sin embargo, para éstos últimos, no son en verdad sendas sobre el terreno sino guías sensibles a las variaciones de la distribución de recursos naturales y otras contingencias, «que pueden desplazarlas de un lado para otro a lo largo del mapa verbal» (*ibíd.*: 99). En un estudio sobre los sami del distrito de Inari, al noreste de Finlandia, Nuccio Mazzullo (2005: 173) muestra cómo se asig-

---

4. Aunque la traducción más sencilla para *inhabitant knowledge* sería «conocimiento nativo», Ingold, como después aclara explícitamente, está interesado en diferenciar entre el habitante o poblador y el lugareño o nativo en tanto le resulta central la diferencia entre habitar un lugar y pertenecer a él. Es por ello que traducimos por «conocimiento de poblador». (*N. de T.*)

nan, recuerdan o invocan los nombres a la hora de emprender una travesía o relatar una historia. Cada nombre toma su significado del contexto narrativo. Así pues, cada giro y meandro, cada remanso y rápido que se encuentra a lo largo de un río tiene su nombre. Sin embargo, el nombre, lejos de fijarse a una localización específica del río, denota un momento en la travesía río arriba, travesía que habitualmente hacen los que viven a lo largo de su rivera. Enumerar estos nombres es contar la historia de toda la travesía.

Con todo, tales nombres no significan nada por sí mismos y rara vez aparecen en los mapas cartográficos. Para el topógrafo es una profesión, no un modo de habitar. Los nombres que busca el topógrafo se anexan a las ubicaciones en términos de sus características distintivas sin tomar en consideración cómo llega uno a ellas. Las citadas ubicaciones son los componentes que después se integran en una totalidad más abarcante. El conocimiento profesional, por resumir, se compone *por acumulación*. Y esto nos lleva finalmente a la encrucijada de la diferencia entre los dos sistemas de conocimiento, el del poblador y el profesional, respectivamente. En el primero, el sendero por el que se transita a través del mundo es en sí mismo una vía de conocimiento: el deambulador, literalmente, «aprende mientras avanza» (Ingold, 2000: 229-30) a lo largo de una línea de viaje. El segundo, por el contrario, se funda sobre la distinción categorial entre la mecánica del movimiento y la formación de conocimiento, o entre locomoción y cognición. Mientras el primero cruza de punto a punto a través del mundo, el último se constituye integrando en un todo la secuencia de puntos y materiales que recopila.

ARGUMENTOS Y TRAMAS

Ya he indicado que dibujar una línea en un croquis se parece mucho a contar una historia. De hecho, normalmente ambas se desarrollan a un tiempo como cadenas complementarias en una misma acción. El argumento avanza *a lo largo de*, como lo hace la línea en el mapa. Digamos que lo que cuenta la historia no existe sino que más bien acontece. En todo momento se trata de una actividad en marcha. En una palabra: estas cosas no son objetos sino tópicos. De acuerdo con la lógica de acción y reacción, cada tópico queda identificado por sus relaciones con las que allanan el camino por el que llegan, que aparecen de hecho con ello y que lo acompañan a su misma venida al mundo. Hay que entender aquí «relación» en su sentido más literal no como una conexión entre entidades previamente situadas sino en un sendero trazado a través de un terreno de experiencia vivida. Lejos de conectar puntos en una red, cada relación es una línea en una malla de sendas entrecruzadas. Contar una historia es, pues, relatar los hechos del pasado volviendo a trazar un sendero a través del mundo que otros, volviendo a retomar los hilos de vidas pasadas, puedan seguir prologando así a la vez el hilo de su propia vida. Pero al contrario que cuando se generan bucles o se hace punto, el hilo que ahora se teje y el hilo tomado del pasado forman una misma hebra. No hay un punto en el que finalice la historia y comience la vida. De este modo:

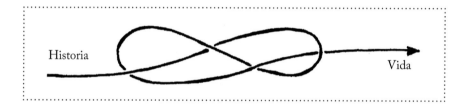

En una conferencia reciente, la antropóloga rusa Natalia Novikova presentó una ponencia sobre el significado de la autodeterminación para los janti del oeste de Siberia explicando cómo los viejos cuentacuentos jantis continúan narrando sus relatos por la noche hasta que todo el mundo se queda dormido de modo que nunca nadie pueda saber cómo acaban en verdad sus historias (Novikova, 2002: 83). La palabra janti que normalmente se traduce como historia o relato significa literalmente *camino*, no en el sentido de código de conducta prescrito, aprobado por la tradición,[5] sino en el sentido de sendero a seguir, a lo largo del cuál uno puede continuar sin llegar a un callejón sin salida o ser capturado en un bucle de ciclos infinitos (Kurttila e Ingold, 2001: 192). Del mismo modo, las historias contadas por los cazadores oroch cuando vuelven cada noche al campamento rara vez concluyen con la muerte de la presa sino que tratan sobre cualquier cosa de interés de la que hayan sido testigos a

---

5. En cierto modo, la palabra camino como traducción del *way* inglés mantiene, acaso por sus connotaciones religiosas, la idea de código de conducta. (*N. de T.*).

lo largo de la ruta. Para los oroch, los relatos no han de acabar, del mismo modo que la vida no ha de hacerlo. Hay que continuar con ellos hasta que la montura, la personificación simultanea de un hombre y del ciervo al que monta, continúe hilando un sendero a través del bosque. Y en tanto las sillas de montar se heredan, cada nueva generación toma y continúa el relato de sus predecesores (Kwon, 1998: 118-21). Como con la línea que sale de paseo, tanto en el relato como en la vida, hay siempre un lugar más allá adonde ir. Cuando se narran relatos y cuando se deambula, el conocimiento se integra en el movimiento de un lugar a otro, de un tópico a otro.

Pero supongamos ahora que la historia se cuenta por escrito y no con la voz hablada. En lugar de un flujo de voz tenemos una línea de texto manuscrito. ¿No sale está línea también a pasear y avanza continuamente desde la punta mientras avanza el relato? En su discusión sobre los paralelos entre caminar y la escritura narrativa, Rebecca Solnit esboza una sola analogía:

> Escribir es labrar un nuevo camino por el terreno de la imaginación o señalar nuevos rasgos de una ruta ya familiar. Leer es viajar por ese terreno con el autor como guía... A menudo me gustaría poder escribir mis frases en una sola línea que se alejara en la distancia para que quedara claro que una frase es como una carretera y que leer es viajar (Solnit, 2001: 72).

Como mostraré más abajo, el deseo de Solnit se ve obstaculizado por su percepción de que la escritura está compuesta de frases y por su aparición en la página bajo la forma de las letras discretas y las palabras uniformemente espaciadas de la mecanografía. Para los lectores de la Europa medieval, sin embargo, la analogía entre leer y viajar hubiera sido evidente por sí misma, incluso pese a que las líneas manuscritas avancen línea por línea y no a lo largo de un sendero continuo.

Como vimos en el capítulo 1, los comentaristas de la Edad Media comparaban una y otra vez la lectura con deambular y la superficie de la página con un paisaje deshabitado. Igual que viajar es recordar el sendero o contar una historia es recordar a dónde se va, leer, en esta misma línea, sería volver a trazar una ruta a través del texto. Un texto se recuerda de modo muy parecido a como se recuerda un relato o una travesía. En suma, el lector habitaría el mundo de la página avanzando de palabra en palabra como el cuentacuentos avanza de tópico en tópico o el viajero de lugar en lugar. Ya hemos visto que, para el que puebla un lugar, la línea de su camino es una vía de conocimiento. Del mismo modo, la línea de escritura es para él una vía para recordar. En ambos casos, el conocimiento se integra *a lo largo* de un sendero de movimiento, y a este respecto, no hay en principio diferencia entre el manuscrito y el relato contado o cantado. Hay, sin embargo, como me dispongo a mostrar, una diferencia fundamental entre la línea escrita u oral y la moderna composición por tipos o impresa. No es, pues, la escritura misma la que hace la diferencia. Es más bien lo que ocurre con la escritura cuando se reemplaza la línea flotante de letras del manuscrito por las líneas conexas de una trama previamente compuesta.

Según la concibió el proyecto moderno, la escritura no es ni una práctica de inscripción ni de creación de líneas. Poco o nada tiene que ver con las artes del escribano. Como observábamos en el capítulo 1, de acuerdo con Michel de Certeau, el escritor moderno considera la superficie en blanco de la página como un espacio vacío a la espera de una construcción impuesta únicamente por el autor (Certeau, 1984: 134). Éste deposita sobre el espacio fragmentos lingüísticos como letras, palabras o frases que, insertados jerárquicamente, se pueden integrar hasta formar una composición completa. De hecho, su práctica no es diferente de la del cartógrafo, que, del mismo modo, posiciona sobre la superficie del papel fragmentos icónicos para marcar las ubicaciones de los objetos en el mundo. Ni sobre la página del libro ni sobre la superficie del mapa dejan trazo alguno los gestos de papel más allá de estas compactas marcas discretas. Son lo único que queda de las líneas originales del manuscrito y los croquis, respectivamente. Se pueden unir los elementos de una página hasta formar una trama: equivalente literario a la representación gráfica del científico o al plan de tura del turista, pero no es el lector el que traza las líneas de una trama mientras se mueve a través del texto. Se supone que ya están diseñadas antes de que comience el texto. Tales líneas son conectores. Para leerlas, como hace notar André Leroi-Gourhan, hay que estudiar un proyecto y no seguir una ruta. A diferencia de sus predecesores medievales —pobladores de una página que, de cortas miras, se enmarañaba en sus propios trazos de tinta— el lector moderno *topografía* la página desde las alturas. Orientándose para cruzar de un punto a otro, como la Marina Real Británica, se mueve en términos de área. Haciéndolo ocupa la página y afirma su dominio sobre ella. Pero no la puebla.

Aunque me he inspirado en el relato escrito por de Certeau sobre la transformación de la escritura que acompaña el surgimiento de la modernidad, éste está equivocado en una cosa. De Certeau nos cuenta que el escritor moderno, depositando fragmentos verbales en diversos puntos a lo largo del espacio de la página, realiza «una práctica itinerante, progresiva y regulada: el paseo» (1984: 134). Sin embargo, lo único que *no* hace un paseo es dejar fragmentos en su estela. Así pues, una escritura que deposite fragmentos no puede ser equivalente a un paseo. Sin duda, el caminante avanza a pasos plantígrados, imprimiendo sobre el terreno una serie de pisadas discretas y no un trazo continuo. El cuentacuentos hace algo muy parecido, como enfatiza John Berger. «Ninguna historia, escribe,

> es cómo un vehículo de ruedas, cuyo contacto con la carretera es continuo. Las historias caminan, como los animales y los hombres. Y su paso no avanza a cada evento narrado sino también a cada frase, a veces a cada palabra. Todo paso es una zancada sobre algo no dicho» (Berger, 1982: 284-5).

De hecho se puede decir lo mismo de la escritura manual. Incluso aunque utilice letra cursiva, el escritor ha de levantar de vez en cuando la pluma de la superficie del papel: entre palabras y a veces entre letras.

Pero pese a que los trazos manuscritos sean discontinuos, incluso puntuales, el movimiento que los genera es un movimiento continuo que no permite interrupción. Recordaremos del capítulo 1 que los teóricos medievales se referían a este movimiento, al que comparaban con el deambular, mediante el concepto de *ductus*, todavía usado por los paleógrafos para referirse al movimiento de la mano en la escritura. El *ductus* de la escritura manual, explica Rosemary Sassoon, combina «el trazo visible de una mano en movimiento mientras la pluma está sobre el papel con el trazo invisible de los movimientos cuando la pluma no está en contacto con el papel» (Sassoon, 2000: 39). Aunque el escritor manual es como el bordador de puntada simple cuyos hilos avanzan incluso aunque no se muestren en todo momento sobre la superficie, o como el barquero que sigue remando incluso cuando levanta sus remos del agua, o incluso como el paseante, que no deja de andar cuando levanta cada uno de los pies, alternativamente, del suelo. Así es que las pisadas no son fragmentos; tampoco lo son las letras ni las palabras de un manuscrito. No se desligan de la línea de movimiento sino que se siembran a lo largo de ella.

Sostengo que cuando los escritores dejaron de usar la metáfora del camino, sus palabras se redujeron a fragmentos que a su vez se fragmentaban. En una tesis sobre el paseo, el movimiento y la percepción, Wendy Gunn (1996) lanza esta pregunta: «¿Son distintos los trazos de una pisada en la arena que los registros de un paseo realizados por los instrumentos de análisis de la marcha?». El análisis científico de la marcha trata el caminar como un proceso mecánico de locomoción y registra la quinesis corporal que experimentan los sujetos representando la posición del conjunto seleccionado en intervalos regulares para unir después cada uno de los puntos de la representación y generar un gráfico. Aunque las líneas resultantes sean continuas, se trata de conectores y, como tales, están carentes de movimiento. Son líneas de locomoción, no de movimiento, y avanzan *a través*, de punto a punto y no *a lo largo*, de la ruta de la misma vida del caminante. Hay más movimiento, observa Gunn, en una sola pisada que en todas estas líneas juntas, incluso aunque la pisada sea una dentro de una serie discontinua (*ibíd.*: 37-8). Igualmente, hay más movimiento en un solo trazo manuscrito que en toda una página de texto impreso. Si escribir a mano es como andar, una línea impresa (al unir uniformemente letras separadas) es como el registro de un análisis de la marcha (al unir gráficas equidistantes).

Cuando vemos hoy una página impresa vemos una línea sobre otra de marcas gráficas compactas e independientes. En el tipo de escritura manual que imita a la tipografía de imprenta —como la que se requiere para rellenar formularios burocráticos— la línea no va a ninguna parte: se realiza una pirueta en miniatura sobre un punto del papel, se retira la pluma y se desplaza un poco a la derecha, donde se vuelve a realizar una nueva pirueta. Estos movimientos transversales no son parte del acto de escritura. Sólo sirven para transportar la pluma de un punto a otro. La máquina de escribir funciona exactamente de la misma manera: las teclas, golpeadas por los dedos, envían glifos previamente fabricados a la página, encargándose la máquina de los desplazamientos laterales. Es aquí donde finalmente se rompe completamente la conexión original entre el gesto manual y su trazo gráfico, en tanto los movimientos puntuales de los dedos sobre las teclas carecen por completo de relación con las figuras grabadas sobre cada tecla y con la impresión sobre la página. En el texto impreso o mecanografiado, cada letra o signo de puntuación se agota en sí mismo, separado por completo de sus vecinos a derecha e izquierda. Así que la línea de letras impresa o mecanografiada no sale a pasear. De hecho no sale para nada, sino que se queda confinada en su punto de origen.

En el epítome de la moderna burocracia, la línea de puntos, este mismo principio se lleva a su extremo lógico. Sobre esta línea que no es una línea, el movimiento de la vida se descompone en una serie de instantes. Sin vida, inerte, ni se mueve ni habla. Carece de toda personalidad. Se podría decir, si así se quiere, que es la perfecta negación de la firma que está por encima suyo. A diferencia del deambulador, que rubrica su presencia en el terreno con la suma siempre creciente de sus rutas, y el escriba, que rubrica su presencia en la página con una línea de letras que no para de crecer, el autor moderno rubrica su obra con el trazo de un gesto tan acortado, condensado y tan profundamente sedimentado en la memoria motora que lo lleva consigo allá donde vaya como marca de su identidad única e inmutable. Es, como apunta el grafólogo H. J. Jacoby, su «tarjeta de visita psicológica» (citado en Sassoon, 2000: 76). Firmar sobre una línea de puntos no es trazar una ruta sino realizar esta marca sobre las cosas que uno se encuentra y de las que se apropia en los sucesivos lugares de ocupación (ilustración 3.5). Nada ilustra mejor la oposición, fundamental para las modernas constituciones, entre la idiosincrasia individual y las determinaciones del orden social.

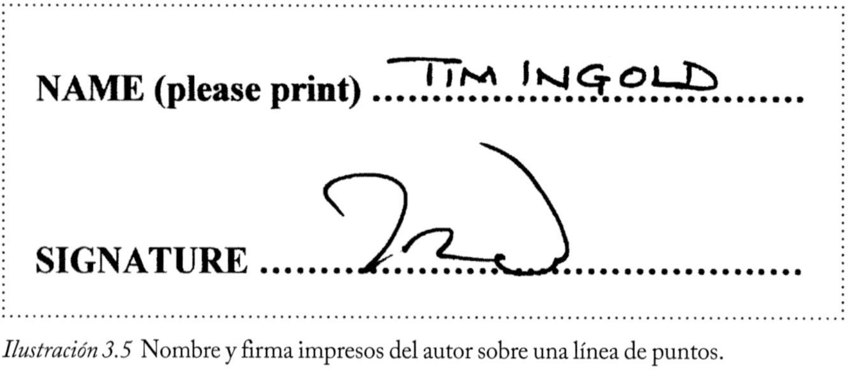

Ilustración 3.5 Nombre y firma impresos del autor sobre una línea de puntos.

SOBRE, A TRAVÉS Y A LO LARGO

Y si el escritor moderno no traza ninguna ruta, tampoco el lector moderno la sigue. Cuando examina la página, su tarea cognitiva es más bien volver a ensamblar los fragmentos que encuentra, formando conjuntos más grandes: las letras en palabras, las palabras en frases y las frases en la composición completa. A leer *a través* de la página y no *a lo largo* de sus líneas, une los componentes distribuidos sobre su superficie mediante una jerarquía de niveles de integración (ver ilustración 3.6). Es formalmente un procedimiento equivalente al de ensamblaje de líneas en la manufactura industrial, donde el movimiento transversal de la cinta transportadora permite el montaje de componentes, que se añaden a intervalos fijados hasta finalizar el producto (Ong, 1982: 118). En ambos casos, la integración no se produce *a lo largo* sino *sobre*. Ésta es la razón por la que, si no se abandona la premisa de que el texto está compuesto de *frases*, el sueño de Solnit de escribir a lo largo de una única línea continua se va a ver frustrado inevitablemente. Y es que la frase es un artefacto lingüístico construido de acuerdo a esas reglas de ensamblaje que llamamos «gramática». Toda frase está hecha de palabras, pero desde el mo-

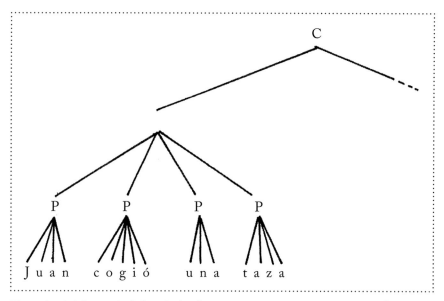

Ilustración 3.6 Jerarquía de los niveles de integración en un texto impreso moderno. Las letras se ensamblan en palabras (P) que se ensamblan en frases (F) que a su vez se ensamblan en la composición completa (C).

mento en que las palabras se tratan como si fueran los bloques que constituyen las frases —es decir, como componentes de un ensamblaje— ya no *acontecen*, como perciben el cuentacuentos o el escribano, en distintos lugares a lo largo de un sendero, sino que *existen* como entidades discretas ubicadas en el espacio de la página. Éstas también están compuestas de elementos, llamados letras individuales. Así es que la línea de Solnit, que tenía la apariencia de una cuerda de letras interrumpidas en intervalos por espacios y signos de puntuación, nunca se podrá siquiera poner en marcha. No es un movimiento a lo largo de un sendero sino una cadena inmóvil de conectores.

Para culminar el argumento de esta sección, permítaseme volver al irascible Aristógenes de Tarento, alumno de Aristóteles, al que conocimos en el capítulo 1. Recordemos que Aristógenes describía la prosodia de la voz, tanto en el habla como en la canción, como un movimiento de lugar (*topos*) a lugar. Pero mientras la palabra hablada, pensaba, nunca permanece más de un instante en un mismo sitio, la voz del cantante se mueve cadenciosamente, como aguantando todo lo posible en un lugar antes de deslizarse para volver a restaurar su equilibrio en otro lugar distinto. El andar errante del caminante y la cadencia del bailarín pueden compararse en los mismos términos. Cuando, posteriormente, se marcaban los textos griegos para usarse en declamaciones públicas, tales dinámicas de movimiento y descanso de la línea melódica se indicaban mediante acentos y signos de puntuación. La puntuación, en particular, servía para mostrarle al orador dónde podía hacer una pausa para respirar. Sin embargo, se trataba de pausas significativas en un flujo que, de otro modo, sería continuo, como cuando se para a tomar aire a lo largo de un camino de un lugar a otro. Hemos visto que los escritores medievales entienden este flujo mediante la noción de *ductus* como *una vía a través* de una composición. «El concepto retórico de *ductus*», explica Mary Carruthers, «hace énfasis en el hallar caminos mediante los que organizar la estructura de cualquier composición a modo de una travesía a través de una serie enlazada de estadios, cada uno de los cuales tiene su propio flujo característico» (Carruthers, 1998: 80).

El flujo es aquí como el contorno de un terreno por el que aparecen y desaparecen de la vista superficies de diversas texturas a medida que se avanza a lo largo de un sendero. Sin embargo, no se pueden comparar los «estadios» de la composición como pasos hacia delante sino como las diferentes panorámicas que se abren a lo largo de un camino con un destino determinado. Ir de estadio en estadio es como girar una esquina y encontrarse nuevos horizontes ante sí (Ingold, 2000: 238). Pero del mismo modo que la escritura manual dio paso a la imprenta y la tarea del lector pasó de ser la de deambulador a la de navegante —teniendo que unirse a los componentes de una trama— el flujo del *ductus* se apaciguó dejando en su lugar una miríada de diminutos fragmentos. El papel de la puntuación ya no volvió a ser el de ayudar a los lectores a modular el flujo sino el de ayudarles a volver a ensamblar los elementos del texto. Los signos de puntuación, que en un principio señalizaban los puntos críticos de un paseo o las pausas a lo largo del camino, indican ahora las articulaciones de un ensamblaje marcando los segmentos de una estructura sintáctica compuesta en vertical. No tiene nada que ver con una ejecución y todo que ver con la cognición.

EN TORNO AL LUGAR

Una importante víctima de la fragmentación de las líneas de movimiento, conocimiento y descripción antes descrita y de su confinamiento dentro de puntos ha sido el concepto de lugar. Otrora momento de descanso a lo largo de un sendero de movimiento, la modernidad ha reconfigurado el lugar como un nexo dentro del que se *contiene* toda la vida, el crecimiento y la actividad. Según esta concepción, entre lugares no hay más que conexiones. En un mapa cartográfico se suele marcar cada lugar con un punto. Sin embargo, para mostrar que está ocupado, hay que representarlo como un círculo abierto dentro del que se indican sus múltiples ocupantes —las personas y cosas que allí se encuentran— mediante unos puntos más pequeños de la siguiente manera:

Qué o quiénes son los ocupantes de esta descripción no tiene nada que ver con dónde están o cómo han llegado hasta allí. La imagen representa uno de esos juegos en que los jugadores compiten a mover sus fichas de una posición a otra por el tablero (ilustración 3.7). Antes de comenzar el juego, se fija la identidad

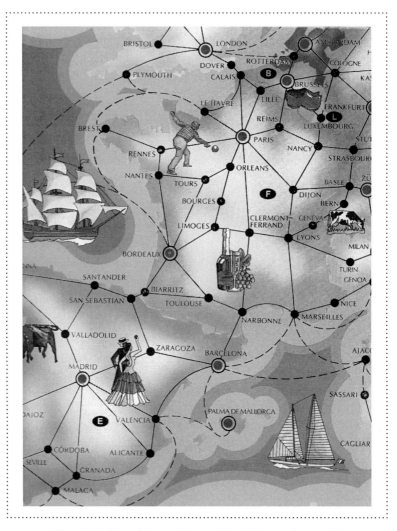

Ilustración 3.7 Parte del tablero del juego *Journey through Europe*. Los jugadores tienen que mover sus piezas de una ciudad a otra dependiendo de las cartas que se les haya repartido en un número de movimientos determinado por el lanzamiento de un dado exclusivamente a través de las líneas marcadas.

de cada ficha y ésta no cambia a lo largo del mismo, independientemente del número de movimientos que realice. Igualmente, como hemos visto, se supone que las identidades sustanciales de la gente y sus atributos —esto es, las características que determinan sus particulares naturalezas—, en principio, no van a verse afectadas por su desplazamiento de un sitio a otro. Muy al contrario, del mismo modo que las posiciones del tablero se disponen con antelación al juego, la identidad de cada lugar se especifica con independencia de las identidades de sus más o menos efímeros ocupantes. Tanto en un mapa como en un juego de mesa, las localizaciones o posiciones se pueden unir mediante líneas para indicar posibles movimientos. Tales líneas son, por supuesto, conectores estáticos de punto a punto. Juntas forman una red en la que el lugar se yergue como eje desde el que los conectores se despliegan a modo de radios de rueda (ver ilustración 3.8, izquierda).

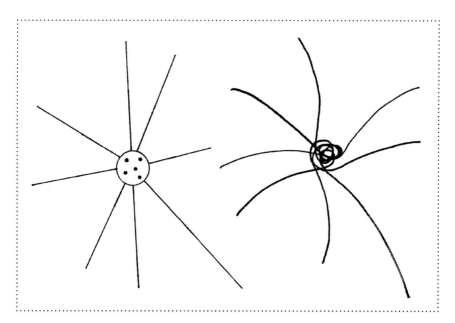

Ilustración 3.8 El lugar pensado como un compuesto de eje y radios (izquierda) frente al lugar como maraña de líneas de vida (derecha). En el diagrama de la izquierda el círculo representa un lugar, los puntos sus pobladores; las líneas rectas indican los conectores de una red de transportes. En el diagrama de la derecha las líneas son los pobladores y el punto en el centro es un lugar.

A primera vista hay un enorme parecido entre este tipo de imágenes y los patrones que dibujan los walbiri del centro de Australia, a menudo con sus dedos, en la arena mientras narran las travesías de sus ancestros para formar la tierra durante el Sueño. Los círculos señalan los lugares de dónde surgieron los ancestros o por los que viajaron; las líneas conectoras representan los senderos entre ellos. En el ejemplo que se reproduce en la ilustración 3.9, tomado de un dibujo hecho en papel, se señala con el punto A, el lugar en que los ancestros salieron de la tierra, su paso por el cercano B y, sucesivamente, por C, D, E y F antes de volver a la tierra en A. Cada uno de los lugares nos parece —como de hecho le pareció a la etnógrafa de los walbiri, Nancy Munn— un recipiente de vida vinculado con el resto de lugares del modo en que lo están los distintos nodos de una red (Munn, 1973ª: 213-5). Pero su apariencia es engañosa. Una pista vital la aporta el hecho de que, como en nuestra ilustración, un lugar no se suele representar con un solo círculo sino, bien con una serie de anillos concéntricos, bien mediante una espiral que gira hacia el centro. Munn también nos cuenta que los anillos concéntricos y la espiral se consideran formas equivalentes (1973ª: 202). No se trata de formas estáticas ni, estrictamente hablando, cerradas. No rodean otra cosa que a sí mismas. No describen una frontera externa que contiene la vida sino el mismo paso de la vida a modo de círculos alrededor de un foco. Para los walbiri el lugar es un vórtice. Aunque se suelen dibujar los anillos o espirales y las líneas que los dividen con trazos separados que dan la sensación de cruzarse, el movimiento que quieren transmitir es continuo. Salidos de la tierra en un punto focal, los ancestros pasean por los alrededores estableciendo campamentos y describiendo una espiral creciente hasta que finalmente se marchan. En su regreso realizarán el mismo movimiento a la inversa. De esta manera:

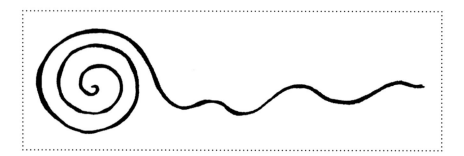

SOBRE, A TRAVÉS Y A LO LARGO

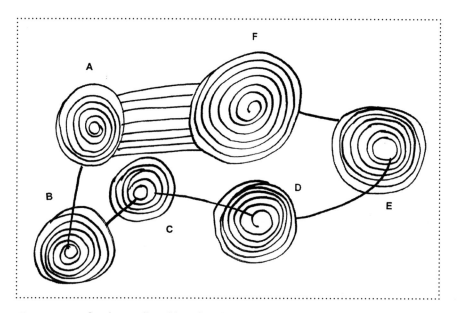

Ilustración 3.9 Sendero walbiri dibujado sobre un papel. Reproducidos por Munn (1973[a]: 194). Con la autorización de Oxford University Press.

Por la misma razón que las líneas circulares de los dibujos de los walbiri no son contenedores, las líneas rectas no son conectoras. Tanto la línea recta como la circular son los trazos de movimientos gestuales que una mano inscribe cuando representa los movimientos de sus ancestros por sus senderos originales. Cada sendero, según Munn, es un «tipo de línea de vida» (1973[a]: 214) que traza una progresión en la que se alternan salidas y entradas. Nada más emerger, su movimiento alrededor del territorio se torna un movimiento expansivo, mientras que, por otra parte, su ímpetu de vuelta a la tierra se torna en un movimiento alrededor del territorio. Sin embargo, en el mismo centro del lugar, como en el ojo del vórtice, no se mueve nada. Éste es el punto de total reposo en dónde, según los walbiri, los ancestros se hundían de nuevo en la tierra de dónde originalmente habían salido. Y es que el retorno no es nunca definitivo, ya que las potencias ancestrales que animan el lugar se reencarnan periódicamente en cada nueva generación que se trae al mundo, venida de la tierra al nacer y de vuelta a ella al morir. Como pobladores de los lugares de dónde vienen, estas nuevas generaciones vuelven a trazar en sus actividades cotidianas el deambular de sus ancestros, aunque a mayor escala, y dejan una miríada de rutas capilares donde estos últimos dejan huellas arteriales. También para ellos, la vida transita *en torno* a lugares así como *hacia* y *desde* otros lugares cualesquiera. Se acampa caminando alrededor de ellos; se gana el sustento y compañía cazando a lo largo de las senderos que llevan de un campamento a otro. Sólo se entra *dentro* de un lugar para morir.

La vida de un walbiri, como ya indiqué en mis anteriores discusiones sobre deambular, se distribuye sobre la tierra como una suma de todas las sendas. Supongamos pues que tenemos que dibujar de un solo trazo la senda de una persona, mostrando su llegada a un lugar, el tiempo que pasa allí y su final partida. Podría ser algo como esto:

Claro está que no es la única persona que pasa tiempo en el lugar: allí se encuentra con personas que han podido llegar por muy diversas sendas y, a su vez, hacer diferentes caminos. Si añadimos sus sendas a la ilustración, ésta se vuelve verdaderamente mucho más enrevesada. El lugar toma la apariencia de complejo nudo. No me interesa desenmarañar el nudo sino compararlo con el modelo de eje y radios con el que comencé este apartado (ver ilustración 3.8). En este modelo, el eje, en tanto contenedor de vida, se distingue claramente de los individuos que contiene —cada uno de los cuales está representado por un punto móvil— así como de las líneas que lo conectan con otros ejes de la red. El nudo, por el contrario, no contiene vida sino que está formado por las mismas líneas a lo largo de las que se vive la vida. Estás líneas se enlazan *en* el nudo, no están enlazadas *por* éste. Después siguen su ruta hasta enredarse con otras líneas formando otros nudos. Todo junto constituye lo que he llamado una malla. Todo lugar es, pues, un nudo de la malla y los hilos con los que está trazada son líneas por las que deambular.

Es por esta razón por la que me he referido sistemáticamente a los deambuladores como *pobladores* y no como *lugareños* y a lo que saben como *conoci-*

miento de poblador y no como *conocimiento nativo*. Y es por ello que estaríamos muy equivocados al pensar que esta gente está confinada a un lugar particular o que su experiencia se circunscribe al restringido horizonte de una vida que se vive sólo allí. Sin embargo, estaríamos igualmente equivocados al pensar que el deambulador vaga sin rumbo sobre la superficie de la tierra, sin lugar o lugares donde morar. La experiencia de habitar no se puede comprender en los términos de la convencional oposición entre el colono y el nómada en tanto la oposición se funda sobre el opuesto principio de ocupación. Los colonos ocupan lugares, los nómadas no logran hacerlo. Sin embargo, los deambuladores no son ocupantes fracasados o renegados sino que son exitosos pobladores. Pueden ser, de hecho, consumados viajeros que, moviéndose de lugar a lugar —a menudo cubriendo considerables distancias— contribuyen con esos mismos movimientos al proceso de formación de los lugares por los que pasan. En resumen, deambular no es carecer de lugar ni atarse a un lugar, sino *hacer* un lugar. Se podría describir con una línea de flujo que avanzara a través de una sucesión de lugares de este modo:

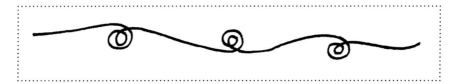

Pero permitáseme ahora volver al *otro* tipo de línea, la que Klee describía como obligada a mantener una serie de citas. Hablando estrictamente está claro que no es la línea la que obliga a mantener estas citas sino el punto. Sigue una cadena de conexiones saltando de una localización predeterminada a otra de este modo:

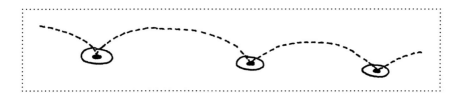

Se supone que cada punto representa a un individuo de ocupada agenda. De una cita a la siguiente va siempre a la carrera. ¿Por qué ha de hacerlo así?

Para el deambulador cuya línea sale a pasear la velocidad no es un problema. No tiene más sentido preguntar por la velocidad del deambulador que preguntar por la velocidad de la vida. Lo importante no es la velocidad a la que uno se mueve en términos de relación de distancia en un tiempo determinado, sino si este movimiento está acompasado o en consonancia con el movimiento de otros fenómenos del mundo habitado. La pregunta «¿cómo de lejos está?» sólo resulta relevante cuando la duración de una travesía se mide tomando un destino predeterminado como referente. Sin embargo, una vez que las dinámicas de movimiento se han reducido, como en el caso del transporte orientado a un destino, a las mecánicas de locomoción, la velocidad del viaje aparece como una preocupación clave. El viajero que se gana la vida realizando paradas en cada uno de los puntos de una sucesión, quiere pasar su tiempo *en* los lugares y no *entre* ellos. Mientras está en tránsito no tiene nada que hacer. Gran parte de la historia del transporte ha tratado de reducir estos umbrales intermedios creando medios mecánicos cada vez más rápidos. En principio, la velocidad de transporte se puede incrementar indefinidamente; de hecho, en un sistema perfecto, el viajero podría llegar a su destino sin que pase tiempo alguno. Pero en la práctica, el transporte nunca es perfecto. Tampoco es posible estar en varios sitios a la vez. El sistema siempre tiene alguna fricción. Así que mientras el deambulador se mueve *en* el tiempo, el transportista viaja *contra* él: considera que su paso es la limitación mecánica de su maquinaria y no una potencia orgánica de crecimiento. Si por él fuera, dispondría sobre el plano del presente los puntos al completo de su red de conexiones para poder acceder a todos ellos simultáneamente. Y así es que, conducido por un ideal inalcanzable, nuestro individuo corre de un punto a otro tratando inútilmente de estar a la vez en todas partes. El tiempo que le dedica es la medida de su impaciencia.

En resumidas cuentas, la posibilidad del transporte puro es una ilusión. No podemos ir de un sitio a otro atravesando el mundo a salto de rana; siquiera es posible que el viajero sea el mismo a su llegada a un sitio que cuando partió. Y es precisamente porque el transporte puro es imposible, porque todo viaje es un movimiento a tiempo real, que los lugares no sólo tienen localizaciones sino historias. Es más, en tanto nadie puede estar a la vez en todas partes, no es posible desligar las dinámicas de movimiento de la formación de conocimiento como si fueran ejes ortogonales que corrieran lateral y verticalmente, a través y hacia arriba. No hay forma en la práctica de que la mente pueda separarse de la superficie del mundo, de que abandone el cuerpo y se dedique a colectar datos para después ensamblarlos en estructuras de conocimiento objetivo. La objetividad pura es tan ilusoria como el transporte puro, y en gran parte por la misma razón. Lo único que mantiene la ilusión es la supresión de la experiencia corporal del movimiento de un lugar a otro, intrínseco a la misma vida, al crecimiento y al conocimiento. Para realizar su tarea, incluso el topógrafo tiene que salir y andar; por fuerza tiene que dejar que sus ojos se abandonen al paisaje del mismo modo que el lector moderno, mientras pasa página, deja que sus ojos ojeen el texto impreso. En ambos casos, la experiencia de movimiento está obligada a interrumpir la practica de observación. Para cualquiera de nosotros, en realidad, el conocimiento no se va acumulando mientras avanzamos *a través de*, sino que crece mientras avanzamos *a lo largo de, junto a*.

Lo que quizá distinga verdaderamente el dilema de la gente en las modernas sociedades metropolitanas sea la medida en la que están obligadas a poblar un entorno que ha sido pensado y construido expresamente para el trabajo. La arquitectura y los espacios públicos del entorno construido encierran y contienen. Sus carreteras y autovías conectan. Hoy día, los sistemas de transporte se extienden a lo largo del planeta en una vasta red de enlaces de un destino con otro. Para los pasajeros, atados a sus asientos, el viaje ya no es una experiencia de movimiento en la que acción y percepción están íntimamente emparejadas, sino que se ha convertido en una experiencia de inmovilidad forzosa y privación sensorial. Al llegar, el viajero se libra de sus ataduras, pero encuentra a cambio que su libertad de movimiento se circunscribe a los límites fijados por el sitio mismo. Con todo, las estructuras que lo confinan, encauzan y contienen, no son inmutables. Son incesantemente oradadas por las maniobras tácticas de los pobladores, cuyas «líneas errantes» (*lignes d'erre*)[6] o «efica-

---

6. Traducimos *wandering lines* como «líneas errantes» y no como «líneas deambulantes» no sólo por evitar traducir *wandering* del mismo modo que *wayfaring* sino porque, en el contexto concreto de la obra realizada por de Certeau, el término refiere a los trazos dibujados por unos niños autistas concretos. Por su parte, el traductor de la edición española del libro de Michel de Certeau traduce tranquilamente *lignes d'erre* como «huellas». (*N. de T.*).

ces desvíos» —en palabras de Michel de Certeau (1984: xviii)— socavan los diseños estratégicos de los constructores de la sociedad ocasionándoles su gradual desgaste y desintegración. Aparte de los seres humanos, que pueden o no respetar las reglas del juego, entre los pobladores se incluyen incontables seres no humanos que no les prestan atención en absoluto. Volando, gateando, retorciéndose y excavando por doquier la regular infraestructura linealizada del mundo del trabajo, criaturas de todo tipo continuamente se apropian y reordenan los fragmentos que se desmoronan en sus propias vidas.

De hecho, nada escapa a los tentáculos de la malla de pobladores en tanto sus líneas se extienden sin fin sobre cada grieta o hendidura que pudiera permitir en potencia crecimiento o movimiento. La vida nunca podrá contenerse; sus hilos siempre encontrarán un modo de abrirse camino a través de las fronteras. Nunca podrá ser cercada. ¿De dónde viene entonces nuestro concepto de entorno? Literalmente, un entorno es lo que nos rodea. Sin embargo, para los pobladores, el entorno no consiste en las inmediaciones de un lugar delimitado por fronteras sino en una zona en la que distintos caminos se enmarañan por completo. Esta zona de maraña, esta malla de líneas entrecruzadas, no tiene interior ni exterior, únicamente aperturas y vías. En resumen, una ecología de la vida debe consistir en hilos y trazos, no en nodos y conectores. Su tema de investigación no ha de consistir en la relación *entre* organismo y sus entornos externos sino en las relaciones *a lo largo* de las firmemente enmarañadas formas de vida. La ecología es, en resumen, el estudio de las líneas de vida.

4
La línea genealógica

La vida, como ya he defendido, no se confina dentro de puntos sino que avanza a lo largo de líneas. ¿Pero crece o fluye? ¿Podríamos equiparar su movimiento con el de una corriente o un río que cruza el paisaje en su camino hacia el mar, o sería mejor compararlo con el tallo de las plantas en su esfuerzo por abrirse paso hacia la luz? Quizá no se trate de opciones mutuamente excluyentes. Después de todo, el crecimiento de un árbol depende del flujo de savia a través de la corteza que lo sustenta, del mismo modo que el río nutre de alimento y fertilidad a la tierra a lo largo de su rivera. Sin embargo, a lo largo de la historia del mundo occidental, desde la Antigüedad Clásica hasta el presente momento, las metáforas hídricas y arbóreas o bien han estado en lucha por la supremacía o bien han llegado a un equilibrio mediante las soluciones más raras e improbables. En ningún lugar es esto tan palpable como en las prácticas genealógicas, que trazan senderos de vida humana desde fuentes ancestrales o raíces hasta sus manifestaciones contemporáneas. En este breve interludio centraré mi atención sobre la línea genealógica.

Menciónale la palabra *línea* a un antropólogo social y lo primero que le vendrá a la cabeza probablemente serán sus conexiones con el parentesco o la genealogía. Ningún otro tipo de línea ha generado mayor contenido para la imaginación de la disciplina. Es precisamente en las cartas de parentesco y descendencia donde con más frecuencia se dibujan líneas en los cuadernos y textos antropológicos. Incluso como pretendo mostrar, desde su cooptación como instrumento del método científico, la línea genealógica ha sufrido una profunda transformación. Y es que la línea de la carta ni crece ni fluye sino que *conecta*. Y, por la misma razón, las vidas que conecta se reducen a puntos. Sin embargo, comenzaré con una pequeña historia, por la que estoy principalmente en deuda con el extraordinario trabajo de Christiane Klapisch-Zuber (1991).

LOS ÁRBOLES DEL REVÉS

Los romanos, según las fuentes literarias, eran dados a decorar las habitaciones de sus casas con adornos que consistían en los retratos de sus antepasados unidos mediante líneas onduladas o cintas (*stemmata*). Tales genealogías se leían de arriba, donde se situaban los primigenios ancestros, hacia abajo a través de la secuencia de generaciones descendientes. En el término latino para filiación resuena «implícitamente la metáfora de una corriente —de sangre, de riqueza, de valores— que fluye de la misma fuente situada en lo alto hasta un grupo de individuos situados mucho más abajo» (Klapisch-Zuber, 1991: 112). La progenie eran descendientes, y, como tal, descendían cuesta abajo. Por esta razón, los autores romanos no se sentían atraídos por la imagen del árbol como representación del pedigrí genealógico. Si tu propósito es desmontar categóricamente la propia nobleza ancestral, una representación arbórea es indudablemente inapropiada. No sólo sitúa a los antepasados en la base, que es donde tendrían que estar los descendientes, sino que también presenta una proliferación de ramas divergentes en vez de hacer énfasis en la continuidad lineal de la sucesión hereditaria. Aunque existen referencias ocasiones en los textos genealógicos romanos a las «ramas» (*rami*), el término se usaba para denotar las líneas laterales que enlazaban los retratos o nombres a los *stemmata* y no las líneas de la misma genealogía.

Sin embargo, para los clérigos de la Alta Edad Media, en busca de precedentes en el derecho romano para su definición del gobierno hereditario por parentesco y la prohibición del matrimonio, la imagen de las ramas se les aparecía bajo otra apariencia. Sus diagramas abstractos de parentesco tomaban la forma genérica de un triángulo voladizo montado sobre una columna central. En el centro de la base del triángulo estaba el supuesto individuo, *ego*, cuyas posibles relaciones de parentesco debían de ser representadas. Sus antepasados lineales se situaban en el vértice, sus parientes cercanos, a cada lado, y sus descendientes, a lo largo de la columna. A decir verdad, estos diagramas no se parecían mucho a árboles y muchas veces pudieron tomar (y a veces tomaron) otras apariencias, por ejemplo de cuerpos o casas. Pero desde el siglo IX, las tablas de parentesco comenzaron a llamarse *arbores juris*. A modo de silueta de árbol, la columna pasaba ahora a ser un tronco, el triángulo voladizo el follaje y su vértice la copa. Las ramas llevan, en esta imagen, desde el tronco —que representa la línea de antepasados y descendientes— a los parientes de éstos, situados a cada lado. Pero mientras que las convenciones dictaban que el *arbor juris* tomara la forma de un árbol —en otras palabras, que hubiera un parecido icónico entre el contorno del diagrama y la silueta de un árbol— los ilustradores de la época se resistían a llegar tan lejos como para sugerir cualquier parecido entre un árbol vivo y el diagrama que pretendían representar, a saber: el de las líneas de consanguinidad. Y esto por una simple razón: cualquier árbol que se pareciera al *arbor juris* tendría que crecer *al revés*: ¡de los antepasados de la copa hacia sus descendientes de la base! La ilustración 4.1 de la página siguiente, tomada de una fuente mucho más reciente, siglo XVIII, ilustra acertadamente la paradoja en juego.

La nobleza feudal de la Baja Edad Media, preocupada ante todo por garantizar sus privilegios y títulos hereditarios, prefería continuar la antigua práctica de leer las líneas genealógicas de arriba hacia abajo. Representaban las líneas como canales por los que bajaba la sangre dinástica y a lo largo de los que se situaban personajes representados en pequeños retratos, copetes o medallones. La resistencia a la imaginería arbórea se reforzaba aún más debido a la práctica de las historias sobre las cronologías dinástica escritas sobre largos rollos de pergamino. Para leer un pergamino línea a línea hay que hacerlo hacia abajo. Sin embargo, los árboles crecen hacia arriba. Por lo tanto, parece que no hay otra forma de combinar la descripción textual con la representación arbórea de la sucesión genealógica que haciendo que el árbol crezca de arriba abajo. De hecho, algunos ilustradores lo intentaron dibujando árboles con troncos que, con un grosor regular y un follaje tipo hiedra, parecían más bien tallos de bambú y no quedaba claro si quería crecer hacia arriba o crecer hacia abajo (Klapisch-Zuber, 1991: figura 15). Sin embargo, para que la imagen del árbol se llegara a imponer tenía que poderse separar del texto y tener sentido por sí misma sin la ayuda de una descripción que la acompañara. La mayor impulsora de este desarrollo fue la creciente popularidad, hacia finales de la Edad Media, de las imágenes del bíblico Árbol de Jesé.

La fuente de la imagen está en una concreta interpretación de la profecía de Isaías (XI): «Ahora bien, saldrá un brote del tocón de Jesé y un vástago de sus raíces brotará». En esta interpretación, el tocón (o la raíz) es el hijo de Jesé, el

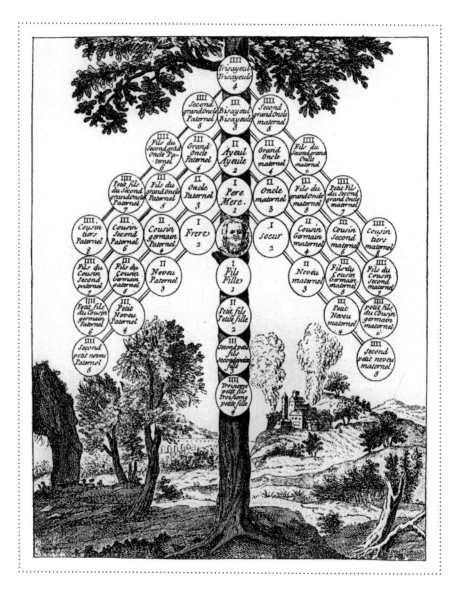

Ilustración 4.1 Arbor consanguinitatis francés del siglo XVIII. El rostro de la mitad superior del tronco representa el ego. Bajo éste, tronco abajo, se encuentran cuatro generaciones de descendientes, arriba cuatro de antepasados. Los familiares por parte paterna se encuentran a la izquierda, los familiares por parte materna a la derecha. Los numerales romanos y árabes indican los grados se consanguinidad según el Derecho Civil Romano y la Ley Canónica Cristiana, respectivamente. Extraído de Domar (1777, I: 405).

LA LÍNEA GENEALÓGICA

rey David, y el brote lleva hasta la Virgen María, de cuyo útero germinó la flor de Cristo (Bouquet, 1996: 48-50). Las representaciones del Árbol suelen mostrar con frecuencia el tronco saliendo de la figura reclinada de Jesé, que sueña con lo que acontecerá, y sigue a través de una serie de generaciones ascendentes hasta la copa, donde se encuentra la figura del Salvador. El impulso hacia arriba del árbol en busca del cielo transmite un ideal de perfección moral y espiritual, y era en éste, y no en ninguna delineación precisa de las relacionales genealógicas y sus vínculos referentes a la herencia, dónde inicialmente residía su sentido. Sin embargo, la potencia de la imagen no valía sólo para las familias poderosas que la veían una oportunidad de dejar claro su origen divino. El problema que se encaraba era cómo acoplar el *crecimiento ascendente* de la imagen del Árbol de Jesé con el *flujo descendente* de la imagen del linaje aristocrático. Se resolvió con un sencillo truco que sus predecesores habían considerado imposible, a saber: representando el *arbor juris* —con sus líneas de descendientes corriendo vertical y diagonalmente hacia abajo desde un antepasado apical— como un árbol real pero cuyas raíces, a diferencia de los árboles ordinarios que se encuentran por el mundo, se situaban en los cielos.

Así pues, los primeros árboles genealógicos estaban literalmente boca abajo. El *arbor juris* se convirtió en *arbol inversa*, en un «árbol invertido», que se nutría de la luz del cielo en vez de la fuerza de la tierra. En algunas representaciones «el pobre Jesé se llegó a encontrar incómodamente colocado boca abajo en un paisaje igualmente patas arriba» (Klapisch-Zuber, 1991: 124). Antes de poner del derecho el árbol, fue necesario aceptar el principio de que las futuras generaciones, lejos de pasar sin más al flujo de sustancia ancestral, podrían exceder a sus antepasados creciendo hacia un estadio más alto de realización, pudiendo así el futuro ser superior que el pasado. Ahora en su forma más cabal —que todavía mantenía como referente al Árbol de Jesé— el árbol genealógico combinaba una declaración de ancestralidad con una expresión de ambición (véase la ilustración 4.2). Así pues, en el amanecer de los tiempos modernos, el árbol se convirtió en un icono de progreso. Sin embargo, nunca se llegaron a resolver por completo las contradicciones entre crecimiento ascendente y flujo descendente, como podemos ver hoy día en las imágenes de árboles que se comercializan para alimentar el insaciable apetito popular por trazar conexiones familiares que sitúan a los numerosos antepasados del con-

Ilustración 4.2 Genealogía de la Casa de Francia, 1350–1589, de Juan II a Henri III, Château de Chambrond. Fotografía: Éditions Gaud. Reproducida con permiso de Éditions Gaud.

sumidor —que se doblan en número a cada nueva generación— en la fronda y el ramaje. Estos árboles no están al revés sino que crecen hacia atrás, avanzando hacia el pasado a cada nuevo brote. Presentan una inversión exacta de la experiencia temporal de la modernidad según la cual el presente se superpone y ensombrece continuamente el pasado.

DE LAS PATAS DE GRULLA A LAS PLACAS DE CIRCUITO

Fue W.H.T. Rivers el que en la primera década del siglo XX dio el paso decisivo de convertir la línea genealógica en un elemento de notación científica. Rivers venía de las ciencias naturales. Tenía formación en medicina pero se había centrado en la fisiología y en la psicología de la percepción sensorial. Sus intereses antropológicos surgieron tras su participación en una expedición de la Universidad de Cambridge al estrecho de Torres en 1898-99. Aunque se unió a la expedición como físico y psicólogo, su empeño por instaurar protocolos científicos rigurosos para la recogida de materiales etnológicos, le llevó a formular lo que en un famoso artículo publicado en 1910 llamó «método genealógico de investigación antropológica». El método, en esencia, consistía en una serie de instrucciones para la compilación de información de los informantes nativos sobre la totalidad de los individuos con los que podían tener conexiones de parentesco hasta donde sabían y podían recordar. Se recomendaba al etnólogo proceder sistemáticamente, comenzando con los familiares inmediatos del informante y siguiendo hasta recabar todas las conexiones de cada uno de estos últimos, uno por uno, de sus generaciones ascendentes y descendentes. Rivers pensaba que juntando toda esta información sería posible construir toda una red a través de la cual se podrían trazar las conexiones exactas entre cualquier par de individuos.

Rivers comenzaba significativamente su artículo de 1910 tomando en cuenta «el hecho extendido de que mucha gente preserva en su memoria un largo linaje[1] de antepasados» (Rivers, 1968: 97). A pesar de que la noción de

---

1. En inglés, *pedrigree*. En castellano el uso de la homónima pedigrí se reduce para la genealogía de animales, no así en inglés. (*N. de T.*).

linaje («pedigrí») habría resultado completamente familiar a sus lectores, mayoritariamente británicos de clase media, resultando sin duda atractivo para el arraigado elitismo que profesaban (Bouquet, 1993: 38-9, 188-9), no tenía ninguna conexión intrínseca con la imagen del árbol. La misma palabra *pedigrí* proviene del latín *pes* (pie) y *grus* (grulla), y originalmente se refería a un diagrama de tres líneas organizado en forma de flecha muy parecido a la pata de una grulla que se usaba para indicar líneas sucesorias en las antiguas genealogías europeas. La principal connotación de la palabra es la de una sucesión continua a lo largo de una línea única, más que la de la unificación de líneas divergentes en una raíz común. En este sentido está muy cerca de la *stemma* clásica romana o cinta. En un uso que recoge el *Oxford English Dictionary*, datado en 1532, describe el pedigrí como «una *cadena* de gente». De trazarse una comparación con el mundo natural, habría de hacerlo con el reino animal antes que con el vegetal, puesto que el pedigrí sirve sobre todo para controlar el flujo de sangre y asegurar la continuación de su pureza así como para el dominio de la cría de animales (como caballos o ganado) o en la misma cría de seres humanos. Y en tanto es un flujo antes que un crecimiento, el pedigrí, el linaje, desciende y no escala.

Las gráficas que Rivers construye siguiendo su método —y en general aquellos que los antropólogos han construido desde entonces— sitúa a los antepasados arriba y a los descendientes abajo. Lejos de invalidar una vez más la imagen del árbol de familia, parece más bien que Rivers estaba reivindicando una tradición mucho más antigua, la de los *stemmata*.[2] Aunque en su artículo de 1910 usaba los términos «pedigrí» (o linaje) y «genealogía» de un modo más o menos intercambiable, en el fondo le preocupaba diferenciarlos del mismo modo que se diferencia entre las historias que la gente cuenta sobre sí misma y la información que se obtiene de esa gente a través de sistemáticas investigaciones forenses (Bouquet, 1993: 140). Sin embargo, pasarían más de cincuenta años hasta que se pudo realizar una distinción precisa e inequívoca. En un artículo publicado en 1967, el antropólogo social John Barnes

---

2. Mi interpretación difiere de la de Mary Bouquet (1996) que en su, por otra parte, admirable artículo, defiende que, Rivers recurre al imaginario del árbol de familia para hablar de la transformación del linaje en genealogía.

trató una vez más de dar una instrucción detallada de cómo compilar sistemáticamente datos genealógicos, aun reconociendo que el método ya fijado por Rivers «apenas podía mejorarse» (Barnes, 1967: 106). Sin embargo, le apremiaba distinguir entre linaje (pedigrí) y genealogía. «El linaje» se usaría para «los enunciados genealógicos que oralmente, por escrito o mediante diagramas, realizara un actor o informante», mientras que «genealogía» significaría «enunciado genealógico hecho por un etnógrafo como parte de su trabajo de campo o de su análisis». Entre las dos existen las mismas diferencias que entre cultura y ciencia. «El contexto cultural de los actores marca el método de construcción del linaje, mientras que la ciencia determina cómo se registra la genealogía» (*ibíd*.: 103).

Los antropólogos han argumentado incansablemente sobre si es realmente posible distinguir los modelos que la gente construye sobre su origen y descendencia de los registros objetivos de la ciencia. Incluso Barnes tiene que admitir que no se puede dibujar «una clara línea divisoria» entre los vínculos genealógicos que se conmemoran en el linaje y los que, aunque un etnógrafo los pueda recabar, tarde o temprano son olvidados por la gente. Sin embargo, nos asegura, «el paso entre ellos es real» (*ibíd*.: 119). Los críticos han señalado que el método genealógico se enraiza de tal manera en precedentes muy asentados en la historia de las culturas europeas, que cualquier afirmación científica que sostenga que se ha logrado purificar definitivamente la genealogía de sus connotaciones de linaje, es cuanto menos cuestionable (Bouquet, 1996: 62). Relacionado en alguna medida con esto, encontramos una igualmente interminable argumentación sobre si las conexiones genealógicas están sustentadas sobre una realidad biogenética o si existen sólo como construcción social o cultural separada de su fundamento físico.

Los argumentos han proliferado de tal modo que se han vuelto inconclusos, y no es mi intención aquí reavivar la cuestión. Me ocupa algo muy diferente. ¿No es posible que el contraste entre el linaje y la genealogía no tenga nada que ver con el rango de gente unida por sus líneas, ni con el modo en que se ha obtenido la información de estas personas, sino con la naturaleza de las mismas líneas?

Cuando salió de imprenta el artículo de Barnes acababa de comenzar mi diplomatura en antropología social en la Universidad de Cambridge y se me estaba adoctrinando por primera vez en teoría del parentesco.³ Una de las primeras cosas que me inculcaron fue que el parentesco jamás ha de describirse como un «lazo de sangre». Hay que llamarlo «consanguinidad». Cada vez que yo esgrimía que eran dos maneras de decir exactamente la misma cosa pero con palabras de origen germánico y latino, respectivamente, la objeción se desechaba sumariamente. Para mis profesores estaba en juego claramente algo absolutamente fundamental, aunque para un neófito como yo era difícil imaginar de qué se trataba. Quizá, recordando el argumento del capítulo anterior, podamos aclararnos un poco. La sangre es la materia que corre realmente por las venas de la gente, y se usa para pensar el flujo que va de los progenitores a sus vástagos. Por el contrario, la consanguinidad es una abstracción, al menos en el contexto de una teoría del parentesco. Como vimos en el capítulo 2, al igual que la línea geométrica es el «fantasma» de un trazo o hilo real, la línea de parentesco consanguíneo es el fantasma del lazo de sangre presuntamente real. Se llega a esta conclusión por un procedimiento absolutamente análogo que por el que la línea de puntos evoluciona desde el trazo gestual. Recapitulando: se toma la línea que describe un movimiento, se corta en segmentos, se enrolla cada segmento sobre un punto y, por último, se unen los puntos. Así es exactamente cómo se deriva la línea de la genealogía científica del hilo del linaje. La línea consanguínea no es un hilo ni un trazo, es un conector.

De esto se siguen una serie de diferencias, esperables todas según lo que ya argumentamos en el capítulo 3. El diagrama genealógico toma la forma de una gráfica cuyas líneas conectan puntos. Como si fuera un mapa en el que uno *puede* trazar una ruta desde cualquier destino a otro (y viceversa) incluso antes de partir, un diagrama —como observó Pierre Bourdieu por primera vez— «se puede ver de un solo vistazo, *uno intuitu*, y examinarse indiferentemente desde cualquier punto en cualquier dirección», presentando, por lo tanto, «la red completa de relaciones de parentesco de muchas generaciones [...] como una totalidad simultáneamente presente» (Bourdieu, 1977: 38). Purgada de los elegantes trazados y ornamentos del linaje, posee la fútil austeridad de la placa

---

3. Estoy especialmente en deuda de gratitud con John Barnes, que tutorizó mis estudios doctorales.

de un circuito eléctrico. De hecho, muchos diagramas muestran algo más que un parecido casual con los esquemas de cableado eléctrico (ver ilustración 4.3 en la página siguiente). Si tomamos en consideración la recomendación de Barnes (1967: 122) de que donde haya que cruzar líneas inconexas, cosa que suele ocurrir, habría que dibujar un pequeño montículo de la misma manera que los ingenieros eléctricos hacen en las anotaciones a sus circuitos, resulta evidente que, para él, las líneas de un diagrama son los fantasmas de los hilos y no de los trazos. Aunque ha sido habitual disponer a las personas de sucesivas generaciones sobre un eje vertical y las de la misma generación sobre uno horizontal, Barnes recomienda asimismo, por mor de la claridad (*ibíd.*: 114), que el eje intergeneracional se trace horizontalmente. En tanto los diagramas se construyen como un ensamblaje de líneas conectadas, su verdadera orientación es inmaterial. Ambas recomendaciones han sido ampliamente seguidas.

Las líneas de un diagrama genealógico no salen a pasear como sí hacen las del tradicional linaje. Cuando leemos un linaje seguimos una ruta, como haríamos con las líneas de un mapa o de un croquis, independientemente de si se va «río abajo» hacia los descendientes o «río arriba» hacia los antepasados. Los personajes que nos encontramos a lo largo del camino son como los hitos en el curso de un río. Al igual que los nombres de lugares, dichos en una secuencia, narran la travesía a lo largo del curso por el que se navegaba, los nombres de personas, recitados del mismo modo en orden, cuentan la historia de la línea. Cada persona, a su vez, es el tema de una historia. Las líneas de un diagrama genealógico, por el contrario, no se leen a través sino a lo largo. Leer un diagrama no es una cuestión de seguir un argumento sino de reconstruir una trama. La tarea cognitiva del lector, como ya hemos visto en el caso del texto impreso, no es encontrar un camino a través del paisaje de la memoria, sino ensamblar en una estructura coherente los fragmentos distribuidos sobre la superficie de una página en blanco. Estos fragmentos se suelen indicar mediante pequeños triángulos y círculos, que representan simbólicamente hombres y mujeres, respectivamente. Pero lejos de tomar una historia de los antepasados y continuarla con los descendientes, cada una de las personas que estas marcas señala se encuentra inmovilizada sobre un punto, con su vida entera comprimida en una única posición dentro de una cuadrícula genealógica de la que no hay escape.

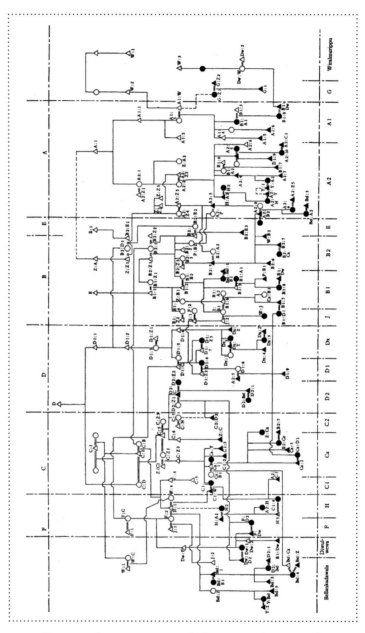

Ilustración 4.3 Diagrama de parentesco a modo de esquema de circuito: diagrama de conexiones genealógicas en el pueblo de Pul Eliya, Ceilán (ahora Sri Lanka) según fue documentado por Edmund Leach a finales de los años cincuenta. Extraído de Leach (1961). Bajo la licencia de Cambridge University Press.

LA LÍNEA GENEALÓGICA

EL MODELO GENEALÓGICO

La lógica que transforma la cadena o hilo del linaje en conector genealógico de punto a punto —esto es: la lógica de la línea de puntos— ya era algo bien establecido dentro del pensamiento científico mucho antes de que Rivers compusiera su ensayo de 1910. No obstante, ambos tipos de línea continuaron llevando una complicada coexistencia, como se ve, por ejemplo, en los debates que surgieron en torno a la evolución de la vida hacia finales del siglo XIX y principios del XX. Ya en el umbral del siglo, el fundador de la biología, Juan-Baptiste Lamarck, había visto en la evolución de formas orgánicas— a la que él llamaba «transformismo»— la mayor evidencia de que las criaturas de todo tipo se hacían sus caminos a escala de la naturaleza y de que cada nueva generación tomaba de sus predecesores los logros acumulados para mejorarlos (Ingold, 1986: 130). Así pues, la vida de cada ser es el gradual crecimiento, o superación, sobre sus ancestros en el mismo proceso de convertirse en descendientes. Hay que agradecerle a Darwin que la imagen de una escala única fuera reemplazada por la de un árbol ramificado; una imagen que, como ya hemos visto, tiene un importante precedente en la ilustración de los temas bíblicos. El mismo Darwin, en *El origen de las especies*, no era reacio a usar metáforas de crecimiento arbóreo y comparaba la evolución de la vida con el desarrollo de un árbol repleto de ramas y brotes (Darwin, 1950: 112-3). Tampoco descartó la posibilidad de que las características desarrolladas por un organismo durante su vida pudieran ser transmitidas a su descendencia.

Darwin tuvo incluso que reconocer que según su teoría de la variación en virtud de la selección natural, con la que afirmaba poder dar cuenta de la modificación de organismos a lo largo de líneas de descendencia, cada uno de los organismos de una línea existe únicamente para ser él mismo, para completar un proyecto que se agota en los límites de su propia existencia. Si nadie continúa el decurso vital de los antepasados ni se participa del de los descendientes, transcendiendo así hacia el futuro, por medio de la propia reproducción, no es la vida sino un conjunto de caracteres hereditarios los que se puede recombinar y reensamblar formando otros proyectos de vidas diferentes. En esta concepción darwiniana la evolución *no* es en absoluto un proceso vital. Mientras que la evolución sucede a través de generaciones, la vida se expande a cada generación en el mismo proceso de transmitir los elementos hereditarios, hoy día conocidos como genes, que se necesitan para renovarse en la siguiente. Como ha observado acertadamente el historiador de la ciencia Charles Gillespie, la lógica de este argumento aparece como una brecha entre la comprensión lamarquiana y la darwiniana del proceso de la evolución, en tanto lo que hizo Darwin «fue considerar la naturaleza al completo, antes limitada a un asunto de llegar a ser, a un problema que tiene que ver con un escenario infinito de situaciones objetivas que siempre están determinadas por el pasado» (Gillespie, 1959: 291). De esto se sigue que la continuidad de la evolución no es una transformación continua *real* sino una continuidad *reconstituida* de individuos discretos en una secuencia genealógica, cada uno de los cuales difiere de sus predecesores y sucesores en algunos detalles. Como señalé en un trabajo anterior, «la vida de cada individuo se condensa en un solo punto; somos nosotros los que trazamos las conexiones entre las líneas y vemos cada una de ellas como un momento dentro de un proceso continuo» (Ingold, 1986: 8).

La ilustración 4.4 reproduce el diagrama original de *El origen de las especies*, de hecho, el único diagrama del libro. En dicho diagrama, cada banda horizontal representa un intervalo de mil generaciones, de tal manera que cualquier línea de descendencia que abarca este intervalo puede rastrearse a través de un millar de organismos, cada cuál apenas diferente del precedente. ¡Pero, con todo, las líneas del diagrama de Darwin están hechas de puntos! Y estaba en lo cierto dibujándolas. De hecho, su teoría lo requería así. Sin embargo, lejos de representar el árbol de la vida, sobre el que Darwin expone una acerada crítica en su texto, el diagrama presenta su espectro fantasmal. Donde una vez crecieron tronco y ramas y surgieron «verdes brotes y hojas» (Darwin, 1959: 112), se yergue ahora un esqueleto inerte de puntos y conectores reconstruido artificialmente. Las líneas de crecimiento originales del árbol aparecen descompuestas en miles de segmentos generacionales, cada uno compactado sobre un punto. Dibujar un diagrama de filogénesis evolutiva es, pues, una forma de unir los puntos.

Pese al enorme número de generaciones que se podría encontrar en una carta antropológica de ascendencia genealógica, el principio subyacente que

LA LÍNEA GENEALÓGICA

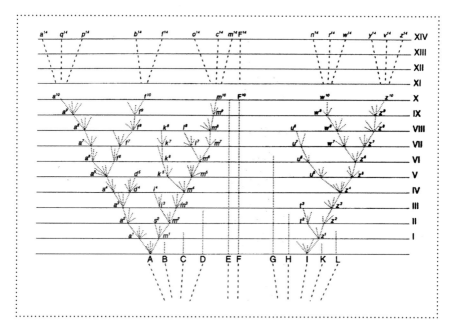

Ilustración 4.4 Diagrama que ilustra la modificación y diversificación de especies a lo largo de líneas de ascendencia mediante la variación de la selección natural. Las letras minúsculas representan las distintas variedades y cada «pequeño abanico de líneas de puntos divergentes» (Darwin, 1950: 102) representa las diferentes descendencias. Extraído de Darwin (1950: 90-1).

requiere la construcción de la línea filética darwiniana es exactamente el mismo. Es el principio motor de lo que llamo el *modelo genealógico* (Ingold, 2000: 134-9) y reposa en la presunción de que organismos y personas están dotados de las especificaciones para llevar a cabo una forma de vida concreta, al margen y previamente a su crecimiento y desarrollo dentro de un entorno mediante unos atributos —ya sean externos, de carácter o de identidad— recibidos de sus antepasados. Cuando se trata de organismos no humanos se suele considerar que tales especificaciones son genéticas y dan una forma externa a lo que se conoce técnicamente como *genotipia*. En los humanos normalmente se supone que se complementa con elementos de la cultura, dando forma externa a su análoga «culturotipia» (Richerson y Boyd, 1978: 128). De cualquier modo, las líneas que conectan antepasados con descendientes, según el modelo genealógico, son *líneas de transmisión* por la que pasa la información, genética o cultural, necesaria para vivir, pero no son el impulso vital mismo. Desde el momento en que el modelo estipula que la herencia de los atributos tanto genotípicos como culturotípicos se separan de su posterior expresión *fenotípica*, las líneas de transmisión han de distinguirse claramente de las *líneas de acción* delimitadas en los ciclos vitales individuales. Mientras que el círculo vital queda confinado dentro de cada generación, los cruces hereditarios de una generación a la siguiente son una secuencia paso a paso.

En tanto conectan puntos, las líneas de acción se parecen a las redes de transporte que describimos en el capítulo 3. Como ya he mostrado, tales líneas carecen idealmente de toda duración. Cartografían, por lo tanto, la totalidad de movimientos de un individuo sobre el plano del presente. Por el contrario, las líneas de transmisión conectan las fuentes y receptores de información en una secuencia diacrónica. De ello se sigue que el transporte y la transmisión se disponen por separado sobre los ejes sincrónicos y diacrónicos, como se indica esquemáticamente en la ilustración 4.5. Mientras que en el plano de la sincronía se puede representar al individuo como la pieza de un tablero de juego en tanto traza una secuencia de movimientos estratégicos de punto a punto a través del tablero, si se mira diacrónicamente su trayectoria integral —la suma de sus movimientos— parece condensarse en un solo punto. Pero si, como vimos en el último capítulo, el transporte puro es en la práctica imposible, tampoco será posible la pura transmisión. Los individuos no pueden estar en todas partes a la vez que pueden recibir las especificaciones para vivir antes de haber vivido. Ya he argumentado que, como pobladores del mundo, las criaturas de todo tipo, humanas y no humanas, son *deambuladores*, y que deambular es un movimiento de autorrenovación o transformación y no uno de transporte de seres ya constituidos de una localización a otra. Haciéndose camino a través de la maraña del mundo, el tejido de los deambuladores crece. Mediante sus movimientos contribuyen a crear su tela, en perpetuo desarrollo. Sin embargo, esto es pensar la evolución de un modo que se diferencia radicalmente de la concepción genealógica asumida por los modelos convencionales de transmisión biológica y cultural. Y esto nos lleva de vuelta a la idea fundamental de que la vida no se vive en puntos sino a lo largo de líneas.

LA LÍNEA GENEALÓGICA

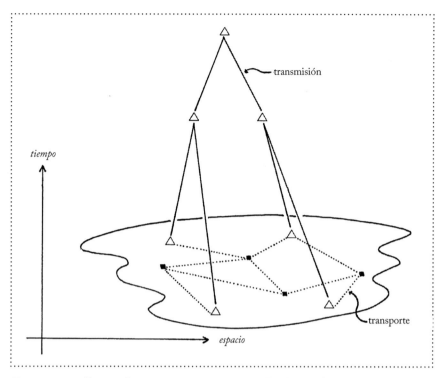

Ilustración 4.5 Líneas de transmisión y transporte. Las líneas de transporte conectan puntos marcados en el espacio sobre un territorio arbitrariamente delimitado. Las líneas de transmisión conectan individuos en una secuencia diacrónica de antepasados-descendientes, al margen de sus localizaciones espaciales.

LAS TRENZAS DE VIDA

Para encontrar una expresión definitiva de esta idea podemos alejarnos de Darwin para prestar atención a una visión de la evolución muy diferente, propuesta hacia finales del siglo XX, y a través del Canal de la Mancha, por el filósofo Henri Bergson. En *La evolución creadora* de 1911, Bergson sostiene que todo organismo es como un remolino dentro de un flujo. Sin embargo, parece tan inmóvil que estamos decididos a tratarlo «como una *cosa* y no como un progreso, olvidando que la mera permanencia de forma es sólo el esbozo de un movimiento». En verdad, decía Bergson, «el ser vivo es, principalmente, un camino» (1911: 135). A lo largo de este camino fluye la corriente de la vida «que pasa de germen en germen valiéndose para ello de organismos desarrollados» (*ibíd.*: 28). Sería, por consiguiente, falso, pensaba Bergson, comparar un organismo con un objeto. Como ocurre con los remolinos en la corriente, y como ya habíamos apuntado hablando de la narración y nombres de los personajes de un linaje, los organismos no tanto *existen* como *acontecen*.

A mediados del siglo XX, la visión de Bergson de la evolución como una malla de caminos entrelazados a lo largo de la cual los organismos desarrollan sus propios modos de vida se ha ganado un comprensivo descrédito. Un resurgente darwinismo ha desechado el concepto de fuerza vital, *élan vital*, que, en tanto ilusión metafísica, no puede en ningún caso tomarse en consideración, como pedía Bergson, para entender la creación de nuevas formas de vida. En su lugar lo substituye la idea igualmente metafísica del gen, concebido como una partícula de información presuntamente capaz de introducirse mágicamente en el organismo en potencia antes siquiera de haber comenzado éste a vivir en el mundo. Con ello, la ciencia legitima el triunfo del modelo genealógico. Las líneas de flujo y crecimiento del linaje han sido finalmente expulsadas por el conector de punto a punto. Sin embargo, no se han extinguido por completo. Quizá, releyendo algunas páginas del libro de Bergson y no del de Darwin podamos pensarlo de nuevo.

Supongamos, con Bergson, que todo ser se representa en el mundo no como una entidad cerrada en sí misma sino como un camino que se desarrolla a lo largo de la línea de su propio movimiento y actividad. No se trata de un movimiento lateral de punto a punto, como en el transporte, sino de un desplazamiento continuo, un ir y venir, como en el deambular. ¿Cómo representamos entonces el paso de generaciones, cuando cada una de ellas, lejos de seguir a las precedentes en una secuencia conexa de láminas sincrónicas, se inclina una sobre la otra, como señala Bergson (1911: 135), llegando a tocar a la siguiente? La ilustración 4.6 representa una línea sucesoria de cinco generaciones, a la izquierda de acuerdo a las convenciones del modelo genealógico y, a la derecha, de acuerdo a nuestra visión alternativa, como una serie de rutas entrelazadas. Al tiempo que la generación B madura sigue un sendero cada vez más divergente del de la generación de sus abuelos, A. Del mismo modo, C diverge de B. Incluso es de la generación de abuelos A que C aprende los relatos que transmitirá, a su vez, a través de sus retoños, D (que podrían, de hecho,

LA LÍNEA GENEALÓGICA

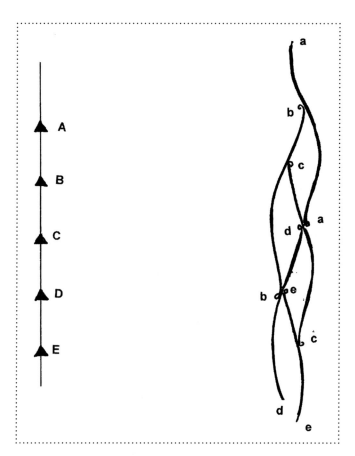

Ilustración 4.6 Secuencia que representa a cinco generaciones, por un lado, según las convenciones del modelo genealógico y, por otro, como una serie de rutas entrelazadas y superpuestas.

tomar el nombre de los abuelos y ser considerados una continuación del homónimo antepasado). De modo similar, los retoños de D seguirán los pasos de la generación B. El resultado es una trenza de líneas que se extiende continuamente mientras la vida sigue.

Por supuesto se trata de una representación muy esquemática, y cualquier historia real es por fuerza más compleja. Pero debería resultar suficiente para ilustrar la posibilidad de pensar la historia de la vida de un modo con un final abierto, como un flujo transgeneracional en que la gente y sus conocimientos experimentan una formación continua. Nos ofrece, asimismo, un modo de describir la ascendencia y la descendencia que, creo, refleja más fielmente el modo en que la gente suele hablar de estas cosas: en términos de interrelación narrativa de vidas presentes y pasadas y no de una trama de conexiones entre individuos únicos y cerrados sobre sí mismos. Finalmente, reformula el modo en que pensamos la relación entre el pasado y el presente y, como su corolario, la misma forma del tiempo. Pero aunque el tiempo de la vida es lineal, su linealidad es de un tipo muy particular. No es del tipo de línea que va de punto a punto, conectando una sucesión de instantes presentes secuenciados diacrónicamente del mismo modo que las localizaciones espaciales podrían secuenciarse sincrónicamente. Es más bien una línea que crece, que avanza desde su punta de modo más parecido a una raíz o una enredadera que exploran la tierra. «Nuestra duración, escribió Bergson,

> no es sólo un instante que reemplaza a otro. Si fuera así no habría más que presente; el pasado no se prolongaría hasta el momento actual... La duración es el progreso continuo del pasado que horada el futuro y se hincha a medida que avanza» (1911: 4-5).

En resumen, el pasado no se apaga como una sucesión de puntos que se deja cada vez más atrás. Una ruta así es el fantasma de la historia que se reconstruye retrospectivamente como una secuencia de eventos únicos. En realidad, el pasado está *con* nosotros en la medida en que forzamos el futuro. En esa presión reside el trabajo de la memoria, la mano que guía la conciencia que, a la vez que avanza, va recordando el camino. Nuestras propias líneas siguen su camino volviendo a trazar las líneas de vidas pasadas.

5
Dibujo, escritura y caligrafía

En este capítulo me centraré en el dibujo y la escritura. Dibujamos líneas y también las escribimos, y en cada caso la línea es el rastro de un gesto manual. ¿Pero en qué se diferencian estos gestos? ¿Dónde acaba el dibujo y empieza la escritura? Si en la historia de la línea, la escritura se fue diferenciando progresivamente del dibujo, ¿cómo se refleja esto en la modificación de las capacidades y acciones de la mano humana? Para comenzar a responder a estas preguntas, quiero revisar cuatro maneras distintas en que la escritura y el dibujo pueden distinguirse. Aquí están, expresadas sin más. En primer lugar, la escritura se insiere en una *notación;* el dibujo no. En segundo lugar, el dibujo es un *arte;* la escritura no. En tercer lugar, la escritura es una *tecnología;* el dibujo no. En cuarto lugar, la escritura es *lineal;* el dibujo no. Ninguna de estas distinciones es, en realidad, completamente fiable. Pero vale la pena indagar en ellas, puesto que podremos esclarecer una serie de temas importantes en el proceso.

DIBUJAR LETRAS

Comienzo con una cuestión que toqué en el primer capítulo, pero que deliberadamente dejé a un lado. Recordemos ahora cómo Nelson Goodman, en *Los lenguajes del arte,* trata de distinguir entre el guión y la partitura. El guión, afirma, es una obra, mientras que en el caso de la partitura la obra abarca el conjunto de interpretaciones realizadas a partir de ella. Del mismo modo, el dibujo es una obra pero en el aguafuerte la obra abarca el conjunto de impresiones realizadas a partir de la plancha. Sin embargo, según Goodman, tanto el dibujo como el aguafuerte difieren del guión y de la partitura en el hecho de que estos últimos se plasman en una notación mientras que los primeros no (Goodman, 1969: 210; véase también la ilustración 1.2). No me detendré más en la distinción entre guión y partitura. Ni consideraré en mayor profundidad el caso del aguafuerte, que plantea una serie de cuestiones bastante técnicas que van más allá del ámbito del presente estudio. Me preocupa, sin embargo, la cuestión de qué hace falta para que una línea dibujada forme parte de una notación. Pues es sobre este criterio, en el esquema de Goodman, sobre el que reposa la diferencia entre el dibujo y la escritura.

Consideremos la clásica ilustración de *The House at Pooh Corner* dibujada por Ernest H. Shepard para el libro de A. A. Milne y reproducida en la ilustración 5.1.

Eeyore, el viejo burro gris ha colocado tres palos en el suelo. Dos de los palos están dispuestos de manera que casi se tocan por un extremo pero están separados por el otro, mientras que el tercero está posado sobre ellos. Piglet se acerca. «¿Sabes qué es eso?», le pregunta Eeyore a Piglet. Piglet no tiene ni idea. «Es una A», canturrea Eeyore, orgulloso. ¿Estaría justificado entonces que, al reconocer la figura como una A, le atribuyésemos a Eeyore el mérito de haber producido un artefacto de escritura? Claro que no. Lo único que ha hecho es copiar una figura que ha visto en otra parte. Sabe que es una A porque así es como Christopher Robin la ha llamado. Y está convencido de que reconocer una A cuando uno la ve es esencial para el Aprendizaje y la Educación. Pero Christopher Robin, que está empezando la escuela, sabe que no es así. Él es consciente de que la A es una letra y que, como tal, no es más que una entre un conjunto de letras, denominadas alfabeto, cada una con un nombre, y que ha aprendido a recitarlas en un orden determinado. También está aprendiendo

Ilustración 5.1 La A de Eeyore. Reproducción de Milne (1928: 84). © Herederos de E. H. Shepard, reproducida con permiso de Curtis Brown Limited, Londres.

a dibujar esas letras. ¿Pero en qué momento deja de dibujar letras y comienza, por el contrario, a escribir?

El gran psicólogo ruso Lev Vygotsky, en sus estudios del desarrollo infantil se preocupó bastante por esta cuestión. Se dio cuenta de que los primeros dibujos de un niño son meras trazas de gestos deícticos realizados por una mano que, casualmente, sostiene una herramienta de escritura. «Los niños», observó Vygotsky, «no dibujan, indican, y el lápiz no hace más que fijar el gesto indicador» (Vygotsky, 1978: 108). Sin embargo, hay un momento crítico en el que el niño descubre que la marca que ha hecho en el papel es una representación de algo y, es más, que ese algo tiene nombre. A partir de aquí, el nombrar el objeto puede preceder y no seguir al acto de dibujarlo, de manera que el niño puede proponerse, por ejemplo, «dibujar una A». Pero sigue sin escribirla. Escribir requiere un nuevo giro, provocado por el descubrimiento de que las letras pueden disponerse en combinaciones significativas para formar palabras. Este descubrimiento marca el nacimiento de la capacidad del niño para leer. Un niño que todavía no sabe leer tiene que practicar ejercicios de formación de letras. Solamente cuando sabe leer se puede decir que verdaderamente escribe (*ibíd.*: 110-115).

Todo esto sugiere, como el lingüista Roy Harris ha afirmado categóricamente, que debemos establecer una clara distinción entre notación y escritura. Dibujar las letras del alfabeto, reconocer sus formas y aprender a distinguirlas son ejercicios de notación. La ortografía, por contra, es un ejercicio de escritura. Es cuestión de ser capaz de combinar los elementos de una notación de manera que tengan sentido en los términos de un sistema concreto (y, sin duda, los mismos elementos pueden utilizarse en un número indefinido de sistemas diferentes). Dentro de los textos de dicho sistema, elementos como las letras pueden entonces adquirir un valor como signos escritos (Harris, 2000: 91). Como tales, pertenecen a un sistema de escritura. Así, la ilustración 5.2 de la página siguiente, que ilustra cómo la letra A deriva del jeroglífico egipcio que representa la cabeza de un buey, nos dice algo sobre la historia de una forma de notación, pero nada específico sobre la escritura. Consideremos otro ejemplo. A menudo decimos que una imagen vale más que mil palabras. Pero la imagen se intercambia por las palabras, no por las letras en que está escrita. Confundir ambas cosas es, de nuevo, confundir la escritura con la notación. Es como su-

Ilustración 5.2 Variaciones sobre la letra A. Extraído de Kapr (1983: 273, fig. 427).

DIBUJO, ESCRITURA Y CALIGRAFÍA

poner que pagamos por los bienes que compramos no con monedas sino con las figuras —de la reina de Inglaterra, de Britannia, los numerales, etcétera— inscritas en ellas. Estas figuras forman una notación para la impresión de moneda que permite a aquellos famliarizados con la moneda británica reconocer unos disquitos de metal como fichas con un valor determinado. Del mismo modo, podríamos decir que las letras forman una notación que permite a cualquiera que tenga un cierto conocimiento de la ortografía reconocer inscripciones sobre la página como palabras con significados concretos. Pero si uno desconoce por completo la moneda o no sabe absolutamente nada de ortografía, los elementos de la notación —aun cuando sea uno capaz de reconocerlos como lo que son (letras, figuras, etcétera)— no significarán nada. No serían para nosotros parte de ningún sistema de escritura.

Aunque parece lógico distinguir la notación y la escritura de este modo, esto tiene una curiosa consecuencia. Supongamos que nos piden que copiemos un pasaje de un texto en un alfabeto que no entendemos. Nos veríamos obligados a proceder letra por letra, reproduciendo con tanta fidelidad como nos fuese posible el modelo sin tener ni idea de su significado. ¿Estaríamos entonces escribiendo o volveríamos a dibujar letras? Este escenario no es tan poco realista como podría parecer. El historiador Michael Clanchy nos recuerda que, aunque eran prestigiosos especialistas en su oficio, los escribas medievales a menudo «apenas entendían los ejemplares que tenían delante» (Clanchy, 1979: 126). Sin embargo, eran capaces de reconocer las letras, que era lo que copiaban sobre la página. ¿Tenemos entonces que concluir que, después de todo, no estaban escribiendo sino dibujando? Esta conclusión iría a contrapelo de toda la visión que he tratado de desarrollar en este libro, que es contemplar la escritura, en primer lugar, como una especie de creación de líneas en lugar de una composición verbal. Es más, nos obligaría a introducir una división en el trabajo de los escribas cuando en su experiencia no la había. El acto de escribir, en lo que a ellos atañía, era bastante indiferente del hecho de que ellos pudiesen o no descifrar lo escrito.

Por esta razón soy reacio a contemplar la escritura como una práctica que suplanta al dibujo. Escribir sigue siendo dibujar. Pero es un tipo especial de dibujo en el que lo que se dibuja comprende los elementos de una notación. Así, el dibujo reproducido en la ilustración 5.3, titulado «In an imagined H»,

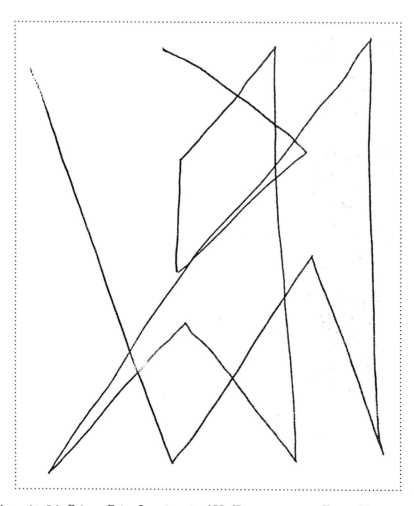

Ilustración 5.3 «Point to Point: In an imagined H» (De punto a punto. En una H imaginada), ilustración del escritor y poeta canadiense bpNichol. Si dibujar una H como elemento de una notación difiriese de dibujarla como parte de una palabra tanto como pronunciar la letra difiere de su pronunciación en el discurso, éste podría ser el resultado. Extraído de Nichol (1993: 40)

puede describirse o no como escritura, dependiendo de si estamos dispuestos a aceptar que mantiene algún tipo de relación con la letra así llamada en algún sistema de escritura o en alguna tipografía reconocida (en este caso, el dibujo refleja la extraña incongruencia entre la pronunciación de esta letra como elemento independiente de una notación, hache, y como componente del habla, h). La notación en cuestión no tiene por qué componerse de letras. También podría componerse de numerales, o de las notas de una partitura. O podría componerse de caracteres, como en la escritura china. Mi argumento principal, sin embargo, es éste: la mano que escribe no deja de dibujar. Por lo tanto, puede entrar y salir con bastante libertad, y sin interrupción, de la escritura. Quizás podamos encontrar un paralelismo en los gestos manuales empleados al comer. En un momento dado gobiernan nuestro manejo de cuchillo y tenedor, en otro forman signos en el aire para acompañar nuestra conversación. Pero la mano que hace el gesto, en este ejemplo, se adentra con tanta facilidad en esos signos como la mano que dibuja se adentra en la escritura.

En algunos casos, los elementos de una notación también son claramente representaciones. Que el jeroglífico de la cabeza de buey, precursor de nuestra letra A, es una representación resulta obvio si lo comparamos con la manera en que se dibujaban los bueyes en el Antiguo Egipto (véase la ilustración 5.4). No dudaríamos en decir que el pictograma es un dibujo de otra cosa aunque también forma parte de un sistema de escritura.

Otro ejemplo bien conocido puede extraerse de una etnografía reciente. Me refiero al célebre estudio realizado por Nancy Munn (1973b) de los walbiri, un pueblo aborigen del Desierto Central australiano con el que ya nos encontramos, de pasada, en el capítulo 3. Tanto los hombres como las mujeres walbiri suelen hacer dibujos en la arena con los dedos mientras hablan y cuentan historias. Estos dibujos son una parte tan normal e integral de la conversación como el habla y el gesto. Las marcas en sí están estandarizadas hasta tal punto que constituyen una especie de vocabulario de elementos gráficos cuyo significado exacto depende, sin embargo, en gran medida de los contextos conversacionales o narrativos en que aparecen. Así, una simple línea recta puede ser (entre otras cosas) una lanza, una vara para pelear o para escarbar, o una persona o animal tendido; un círculo puede ser un nido, un pozo, un árbol, una colina, un cazo o un huevo. Conforme avanza el relato, las marcas configuran pequeñas escenas que se van borrando para dejar sitio a la siguiente (Munn, 1973b: 64-73).

Dado que el repertorio de marcas forma un conjunto cerrado y dado que pueden emplearse en un número indefinido de combinaciones para describir distintas escenas, parece perfectamente razonable suponer que consti-

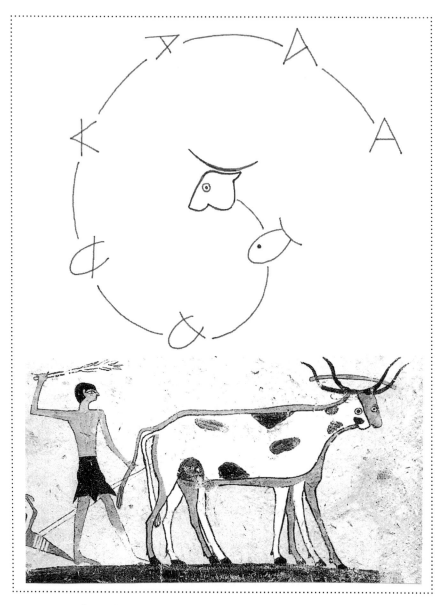

Ilustración 5.4 La evolución de la letra A, del jeroglífico de cabeza de buey a la mayúscula romana. Detalle (abajo) de una escena agrícola en la capilla de Dyar, en Tebas, muestra la clara semejanza icónica entre el jeroglífico y la representación convencional del buey en el antiguo Egipto. El travesaño de la A romana deriva, tras varias rotaciones, de la línea de los cuernos del buey.

DIBUJO, ESCRITURA Y CALIGRAFÍA

tuyen una notación. Pero también está claro que los significados asignados a cada elemento, aunque dependen del contexto, distan de ser arbitrarios. Por ejemplo, hay una semejanza icónica obvia entre la lanza y la línea recta. Por esta misma razón, Munn describe la notación walbiri como una iconografía (*ibíd.*: 87-8). En un caso como éste no tiene sentido preguntarse si los elementos gráficos se escriben o solamente se dibujan. Se escriben y no se escriben a un tiempo, según la línea en la arena se tome como representación de un elemento de la notación (en el mismo sentido en el que podemos, por ejemplo, proponernos dibujar una A) o como el objeto que dicho elemento representa dentro del contexto concreto del relato. Dada la semejanza icónica de ambos, la cuestión puede interpretarse de cualquiera de los dos modos. Lo mismo podría decirse de la cabeza de la Reina en la moneda de dos peniques, por poner un ejemplo. Por una parte, el perfil está claramente basado en el de la monarca reinante y podría equipararse a un retrato. Pero por otra parte, constituye un elemento de la notación de la impresión de moneda, igual que la figura 2, impresa en la cara opuesta, que no representa nada más que a sí misma.

LA ESCRITURA COMO DIBUJO

Permítaseme centrarme ahora en la segunda de mis cuatro afirmaciones sobre la distinción entre dibujo y escritura. A menudo se dice que el dibujo es un arte, mientras que la escritura no. Esta afirmación, junto con la tercera, que consideraré en un momento —es decir, que, a diferencia del dibujo, la escritura es una tecnología—, gira sobre una dicotomía entre tecnología y arte que ha arraigado firmemente en la mentalidad moderna. La dicotomía, sin embargo, no se remonta más de trescientos años. Hasta bien entrado el siglo XVII, los artistas no tenían una consideración distinta de la de los artesanos, y sus métodos de trabajo se describían igualmente como «técnicos». A principios del siglo XVII, se acuñó la palabra «tecnología» para referirse al tratamiento sistemático de estos métodos (Williams, 1976: 33-4; Ingold, 2000: 349; Ross, 2005: 342). La palabra se formó sobre la raíz del griego clásico *tekhne*, cuya connotación original era la de capacidad humana o destreza. «Arte», derivada del latín *artem* o *ars*, significaba prácticamente lo mismo, y se aplicaba «de forma general a toda artesanía, trabajo, técnica, tecnología o profesión especializada» (Mitchell, 2005: 6).

Sin embargo, el posterior desarrollo del capitalismo industrial, unido a los cambios concomitantes en la división del trabajo, condujo, en un amplio espectro de campos, a la descomposición de la destreza en los componentes de inteligencia creativa e imaginación, por una parte, y técnicas corporales habituales o rutinarias, por otra. Cuanto más se fue reservando el concepto de arte para las primeras, más se redujeron las segundas a lo que hoy se consideran «meras» operaciones tecnológicas. Una vez «eliminada» la práctica corporal del impulso creativo, se abrió el camino para construir máquinas que ejecutasen, con mayor rapidez y eficiencia, lo que antes hacían los cuerpos. Con ello, el propio concepto de tecnología pasó de la mente a la máquina, de los principios para el estudio sistemático de los procesos de producción, a principios incorporados en la maquinaria de producción en sí misma. A partir de entonces, todo objeto o actuación pasaría a considerarse obra de arte en la medida en que se sustrajese a los límites del sistema tecnológico y expresase el genio de su creador. Y a la inversa, emplear una tecnología implicaba estar atado a la aplicación mecánica de un sistema objetivo e impersonal de fuerzas productivas. El arte crea, la tecnología sólo puede replicar. Así se distinguió al artista del artesano, y a la obra de arte del artefacto.

Ya llamé la atención, en el capítulo 1, sobre un ejemplo de esta división del trabajo, es decir, aquel entre el autor dedicado a la composición verbal y el impresor, cuyo trabajo es producir innumerables copias de la obra del autor. Si el autor es un artista literario, el impresor es un artesano tipográfico. Fue en la Inglaterra de finales del siglo XVIII donde, según Raymond Williams, arraigó verdaderamente la idea del artesano como trabajador manual sin impulso intelectual, imaginativo ni creativo. Curiosamente, como veremos, la cuestión giraba en torno al estatus del grabado. A partir de finales del siglo XVII, las artes comenzaron a incluir la pintura, el dibujo, el grabado y la escultura. Pero cien años más tarde, los caballeros de la Royal Academy decidieron que no había cabida en ella para los grabadores. Los consideraban artesanos, no artistas, y su filiación natural era la del gremio de los impresores (Williams, 1976: 33). Fue también por esta época cuando el escritor empezó a considerarse un compositor de textos profesional en lugar de un creador de líneas, es decir, como autor

DIBUJO, ESCRITURA Y CALIGRAFÍA

en lugar de escriba. Y como tal pasó, junto con su homólogo, el compositor de obras musicales, a engrosar las filas de los practicantes de las «artes». A partir de entonces, desde mediados del siglo XIX, la creación de líneas implicada en la producción textual quedó relegada al ámbito de la tecnología. El dibujo, por el contrario, conservó su filiación original al lado de la pintura y la escultura, dentro del ámbito general de lo que vino a llamarse «bellas artes». Y aquí se ha quedado. Así llegamos al peculiar contraste entre el artista gráfico y el escritor que tan firmemente institucionalizado se encuentra en nuestros días. El primero dibuja líneas en la práctica de su arte; el segundo, no. No es un creador de líneas, sino un lexicógrafo.

Esto es lo que hace posible que un antropólogo contemporáneo como Clifford Geertz diga del etnógrafo que «"inscribe" el discurso social, lo pone por escrito» (Geertz, 1973: 19), aunque lo último que haga sea dibujar línea alguna sobre la página. Más recientemente aún, James Clifford ha caracterizado la inscripción como un «giro hacia la escritura» en medio de los compromisos prácticos del trabajo de campo etnográfico, como la mundana tarea de tomar notas. Y como tal, afirma, ha de distinguirse de la descripción, que conlleva la producción de un relato, basado en la reflexión, análisis e interpretación, normalmente en un lugar bien separado del campo (Clifford, 1990: 51-2). Pero en estos términos, ni la inscripción ni la descripción tienen nada que ver con la creación de líneas. En ambos casos se trata de encontrar las palabras adecuadas para dar cuenta de o transmitir lo que se ha observado. Aunque Clifford llama a su análisis «grafocéntrico» (*ibíd.*: 53), las inscripciones y descripciones de las que habla pueden realizarse tanto con una máquina de escribir como con una pluma. No supone diferencia alguna para su argumento que el etnógrafo trabaje con una u otra (*ibíd.*: 63-4).[1] Pero para nosotros la diferencia es fundamental. Se puede escribir con una pluma, pero no se puede dibujar con una máquina de escribir.

Creo que al retroyectar nuestra manera contemporánea de entender la escritura como composición verbal sobre las prácticas de los escribas de épocas

---

1. Clifford también distingue la inscripción y la descripción de la *transcripción*, que implica anotar cosas, como en un dictado. Una vez más, es irrelevante para el argumento de Clifford que se haga a mano o con una máquina de escribir.

anteriores (aun adoptando términos como «inscripción» y «manuscrito» de estas últimas para caracterizar a la primera) no reconocemos hasta qué punto el propio arte de la escritura, al menos hasta que fue desplazado por la tipografía, reside en el dibujo de líneas. Para los escritores del pasado una sensación o una observación se describían en el movimiento de un gesto y se inscribían en el trazo de éste. Lo importante no era la selección y el contenido semántico de las palabras —que podían ser completamente convencionales, como en un texto litúrgico—, sino la calidad, tono y dinámica de la línea en sí misma. Rosemary Sassoon, que se formó como escriba a finales de la Segunda Guerra Mundial y empleó sus conocimientos en la escritura de los libros de conmemoración que se demandaban en la época, apunta que, a pesar de la rígida disciplina del oficio, cualquier escriba puede percibir cómo se escribió una letra solamente con mirarla (Sassoon, 2000: 12). «La forma y la línea de una letra», concluye, «es tan sensible y expresiva como la línea de un dibujo, y tan individual como la interpretación del color, la luz y la sombra lo son para un pintor» (*ibíd.*: 179).

Paul Klee destaca entre los artistas de la era moderna por haber reconocido la identidad original entre el dibujo y la escritura. En unas notas para las clases que dio en la Bauhaus en el otoño de 1921, Klee dice de la línea que «en los albores de la civilización, cuando la escritura y el dibujo eran lo mismo, era el elemento básico» (Klee, 1961: 103; véase también Aichele, 2002: 164). Posteriormente exploró las resonancias entre la línea gráfica y la línea de la canción que, una vez más, aun cuando pronuncia palabras, es sensible y expresiva por sí misma. Sin embargo, con la posible excepción de los grafólogos (Jacoby, 1939), son raras las ocasiones en que los académicos occidentales han contemplado la escritura como un tipo de dibujo. Una de los pocos que lo han hecho es Nicolette Gray. En la introducción de su extraordinario libro *Lettering as Drawing* (1971), Gray reconoce que el vínculo que ella establece entre los campos de la escritura y el dibujo es novedoso no por falta de investigaciones académicas en ninguno de los dos campos, sino porque la creencia de que se trata de campos de actividad distintos, que requieren ser estudiados por separado, ha coartado los intentos de un análisis sintético. No obstante, insiste, no se puede establecer una frontera clara entre la escritura y el dibujo, pues el medio de ambos es la línea. Y como acertadamente observa, «el mismo tipo de

DIBUJO, ESCRITURA Y CALIGRAFÍA

línea que escribe también dibuja» (Gray, 1971: 1). Gray se centra en la tradición occidental de la caligrafía, que en los tiempos modernos ha tenido que luchar por ser reconocida como una expresión artística legítima. Por lo general, los estudiantes de artes gráficas se han formado en tipografía y no en caligrafía. Pero las líneas de la tipografía, como las líneas grabadas de las que derivan, son bastante distintas de las líneas dibujadas de una escritura cursiva que fluye libremente. Una línea dibujada es, en opinión de Gray, una línea que se mueve (*ibíd.*: 9).

Efectivamente, la aprehensión del movimiento, y su representación gestual, es fundamental para la práctica del dibujo. «En su misma esencia», escribe el artista Andy Goldsworthy, el dibujo describe «una línea de exploración alerta a los cambios de ritmo y sensaciones de la superficie y el espacio» (Goldsworthy, 1994: 82). En el capítulo 2 demostré cómo dibujar trazos está íntimamente relacionado con tirar hilos. Las líneas dibujadas de Goldsworthy incluyen tanto trazos como hilos: los primeros escarbados con un palo sobre la arena o con piedra sobre piedra; los segundos compuestos por briznas de hierba ensambladas y sujetas por espinas a algún soporte, como el suelo o el tronco de un árbol. Pero independientemente del medio, el dibujo «está relacionado con la vida, como tomar aliento (*drawing breath*) o como el árbol que extrae su alimento (*drawing nourishment*) a través de sus raíces para dibujar con sus ramas el espacio en el que crece. Un río dibuja el valle y el salmón el río» (*ibíd.*).

Mucho antes, en su tratado de 1857 sobre los Elementos del dibujo, John Ruskin aconsejaba a sus lectores novatos empleando términos muy similares. Debían captar lo que él llamaba líneas directrices, es decir, las líneas que encarnan en su propia formación la historia pasada, la acción presente y el potencial futuro de algo. Las líneas de la montaña muestran cómo se ha formado y se ha erosionado, las del árbol muestran cómo se ha enfrentado a los retos de la vida en el bosque y a los vientos que lo han atormentado, las de la ola o la nube muestran que ha sido moldeada por corrientes de aire y agua. La vida es un arte, declaraba Ruskin, la sabiduría reside en «saber hacia dónde van las cosas».

El tonto cree que están paradas, y las dibuja completamente fijas; el hombre sabio ve el cambio o la mutación en ellas y así las dibuja: el animal está en movimiento, el árbol en pleno crecimiento, la nube avanza en su curso, la montaña en su erosión. Intente siempre, al mirar una forma, ver en ella las líneas que han ejercido un poder sobre su destino pasado y lo ejercerán sobre su futuridad. Ésas son sus líneas impresionantes; procure captarlas, aunque pierda todo lo demás (Ruskin, 1904: 91).

Ruskin ilustra su argumento con un dibujo, reproducido en la ilustración 5.5, que retrata el follaje que crece en torno a la raíz de un pino, con retoños que surgen inicialmente hacia afuera desde la raíz, como el agua que salpica por el impacto de una piedra, antes de recuperar su orientación vertical hacia el cielo (*ibíd.*: 88, 91-2). Sin embargo, el consejo de Ruskin, como veremos, también se le podría dar a un aprendiz de caligrafía china.

Ilustración 5.5 Dibujo de John Ruskin del follaje alrededor de la raíz de un pino manso sobre un peñasco en Sestri, en las cercanías de Génova. Extraído de Ruskin (1904: 88). Con permiso del archivo de colecciones históricas de King's College, Universidad de Aberdeen.

DIBUJO, ESCRITURA Y CALIGRAFÍA

UN ARTE DEL MOVIMIENTO

Es habitual decir del calígrafo que escribe. No obstante, como Yuehping Yen ha demostrado, la caligrafía china es, en esencia, «un arte de movimiento rítmico» en el que las líneas que constituyen cada carácter tienen una potencia y una dinámica propias (véase la ilustración 5.6, en la página siguiente). «Mediante la observación de la naturaleza», explica Yen, los calígrafos «observan los principios de cada tipo de movimiento y ritmo y tratan de plasmarlos con el pincel de caligrafía» (Yen, 2005: 84-5). En un influyente tratado, uno de los calígrafos más célebres de la dinastía Tang, Sun Guoting (648-743 d.C.), escribía lo siguiente:

> Consideremos la diferencia entre las pinceladas de «aguja suspendida» (*xuanzhen*)» y «gota de rocío colgante (*chuilu*)» y luego consideremos las maravillas del trueno y las rocas al derrumbarse, las posturas del ganso salvaje en pleno vuelo y de las bestias estremeciéndose, las actitudes de los fénix danzando y las serpientes sobrecogidas, la majestuosidad de los acantilados desnudos y de los picos derruidos, las formas de enfrentarse al peligro y agarrarse a un madero podrido que son en ocasiones tan pesadas como nubes que amenazan tormenta y en ocasiones ligeras como alas de chicharra; consideremos que cuando el pincel se mueve, el agua fluye de un manantial, y cuando el pincel se detiene, una montaña se alza firme; consideremos que es muy, muy ligero, como si la luna nueva se alzase en el límite del cielo y que es muy, muy claro, como la multitud de estrellas que se extienden por la Vía Láctea... igual que los sutiles misterios de la naturaleza, no pueden forzarse (citado en Yen, 2005: 84).

Preservando estas sutiles inflexiones del pincel sobre papel secante, las líneas de caligrafía son, efectivamente, «impresionantes» en el sentido empleado por Ruskin. Cada línea es el rastro de un gesto de la mano que sostiene el pincel, un gesto inspirado por las atentas observaciones que el calígrafo realiza de los movimientos que se producen en el mundo que lo rodea.

A lo largo de la historia, los calígrafos chinos han buscado inspiración en estas observaciones. Un maestro del siglo XIII compara vívidamente el ataque, el momento crítico en que la punta del pincel entra en contacto con el papel al iniciar un trazo, con «el salto de la liebre y el vuelo en picado del halcón hacia su

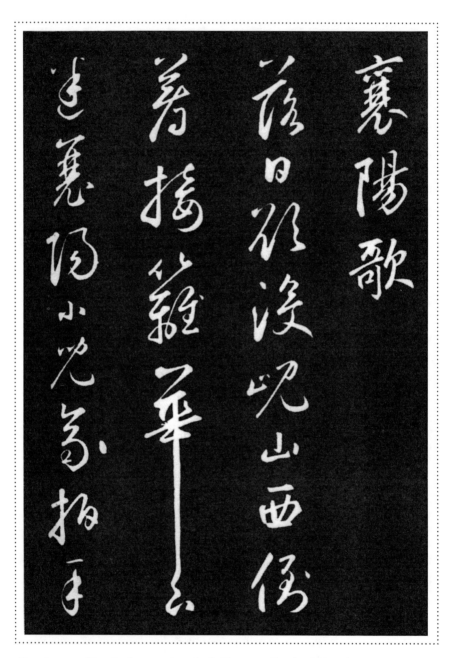

Ilustración 5.6 Detalle de una caligrafía de Hsien-yü Shu (1256-1301), oficial de la corte mongola en tiempos de la Dinastía Yüan, extraída de una transcripción de Hsiang Yang Ko hecha en el año 1300 d.C. Reproducido de Ch´en (1966: 167).

presa» (Billeter, 1990: 163). Otro cuenta cómo, para capturar los movimientos propios de los caracteres *tzu* y *pu*, intentó imitar con la mano el movimiento de un pájaro al volar. Para los caracteres *wei* y *ju*, intentó recrear en el aire los saltos de las ratas jugueteando (*ibíd*.: 185-6). Dos siglos antes, en el período de la dinastía Sung, el calígrafo Lei Chien-fu describió cómo, al oír una cascada, imaginaba el agua arremolinándose, corriendo y precipitándose en el abismo. «Me levanté para escribir», recordaba, «y todo lo que había imaginado apareció bajo mi pincel» (*ibíd*.: 183). Un tratado sobre pintura del mismo período explica por qué a Wang Hsi-chih, que vivió de 321 a 379 d.C., le gustaban los gansos. «Porque», nos dice el autor, «para formar los caracteres, se inspiraba en el parecido entre las ondulaciones del cuello y de la muñeca al hacer girar el pincel» (*ibíd*.: 184, 200, fn. 65). Otro calígrafo de la dinastía Sung, Huang T'ing-chien describe cómo, tras años de frustración en sus intentos para dominar un gesto concreto, descubrió el secreto al final de su vida atravesando la garganta del río Yangtzé en barca. Al observar a los barqueros con sus remos, el ángulo con el que los introducían en el agua, la manera en que tiraban de ellos en el desarrollo del movimiento y los levantaban finalmente al salir del agua, y el modo en que empleaban todo su cuerpo para ello, captó inmediatamente cómo debía manejar su pincel (*ibíd*.: 183).

En estos ejemplos, todos ellos tomados del extraordinario libro de Jean-François Billeter sobre El arte chino de la escritura, parece indiscutible que estos maestros calígrafos, al mismo tiempo que aparentemente escribían, también dibujaban lo que observaban. Pero no eran las formas o las siluetas de las cosas lo que pretendían plasmar; su objetivo era más bien reproducir en sus gestos los ritmos y movimientos del mundo. Como Yuehping Yen explica, no es de esperar que líneas caligráficas inspiradas por el ataque y el contraataque de dos serpientes en plena lucha parezcan serpientes, lo importante es que las líneas se muevan como ellas (Yen, 2005: 85). Podría cuestionarse, sin embargo, que la escritura china se componga de líneas. Por supuesto que es técnicamente factible producir líneas con un pincel fino, igual que lo es con una pluma. A la manera de la pintura china conocida como *kung-pi*, el artista empezaría dibujando dichas líneas para luego colorear entre ellas. Estas líneas se llaman *hsien*, que literalmente significa «hilo». Sin embargo, este término nunca se emplea en caligrafía. Por el contrario, la caligrafía comparte vocabulario —incluidos los términos para pincel (*pi*) y trazo (*hua*)— con otro estilo pictórico bastante diferente conocido como *hsieh-i*, que se produce aplicando baños de tinta sobre seda o papel sin ningún dibujo previo.

Esto podría dar a entender que la única forma que los calígrafos no producen es la línea. Para sortear el problema de la nomenclatura, Billeter utiliza el término neutro «elemento» para cada marca constitutiva de un carácter escrito (Billeter, 1990: 50-1). Pero yo no veo motivo para ser tan circunspecto. Como el rastro que deja sobre una superficie un movimiento continuo, el trazo del pincel del calígrafo, o *pi-hua*, cumple todos los requisitos para ser una línea de acuerdo con la taxonomía expuesta en el capítulo 2, y seguiré refiriéndome al mismo como tal. No obstante, es importante reconocer que la pluma del escritor de letras occidental y el pincel del calígrafo chino producen líneas de muy distinto tipo. No sólo produce el pincel un trazo de una anchura que varía continuamente, sino que también puede moverse con igual facilidad en todas las direcciones. Así, el calígrafo puede «jugar» con la punta flexible del pincel de un modo que resultaría prácticamente imposible con el plumín de la estilográfica, rígidamente fijado al portaplumas (Billeter, 1990: 11-12, 54). Pero es bastante más posible con un lápiz. Como instrumento predominante para el dibujo en la tradición occidental, el lápiz ofrece un grado considerablemente mayor de flexibilidad que la pluma y no es muy distinto del pincel en este respecto. De hecho, el término inglés *pencil*, derivado del latín *penicillum* (que significa cola pequeña, como la del armiño o la marta) se refería en origen al pincel fino del pintor y, como tal, era bien distinto del término *pen* (derivado del latín *penna*, pluma). Si bien el parecido entre ambos términos es accidental, la diferencia entre los instrumentos que denotan es fundamental.

El escribiente occidental tira de un repertorio comparativamente pequeño de movimientos repetidos para describir una línea de letras continua cuyas oscilaciones, bucles y senderos crean una textura cuyos patrones emergen conforme avanza la escritura. Como vimos en el capítulo 2, la analogía es aquí con el acto de tejer, representado en la metáfora del texto. A lo largo de la línea, cada letra parece inclinarse y tocar la siguiente, casi como en una cola de gente enfila india donde cada persona ha levantado un brazo y colocado su mano en el hombro de la persona que tiene delante. Así, el lector tiene la impresión de ver las letras desde el lado, como vería las siluetas de esa cola al pasar. En la caligrafía china, por el contrario, los caracteres se ven de frente. Como escribe

DIBUJO, ESCRITURA Y CALIGRAFÍA

Paul Claudel: «la letra china te mira de frente, la letra latina te muestra su perfil» (citado en Billeter, 1990: 28). Con respecto a la posición del observador, es como si los caracteres estuviesen apilados unos detrás de otros en lugar de colocados lado a lado. Por lo tanto, uno tiene que «ver a través» de cada carácter para que el siguiente sea revelado. Por esta razón, no hay nada comparable a la línea de letras de la escritura cursiva occidental. La escritura china no guarda similitud alguna con el arte del tejido. La analogía se da más bien con la danza (Billeter, 1990: 163, 178, 220; Yen, 2005: 100).

En la caligrafía, como en la danza, el intérprete concentra todas sus energías y sensibilidades en una secuencia de gestos muy controlados. Ambos requieren la misma preparación y ataque pero, una vez iniciados, se ejecutan con presteza y sin interrupciones. En ambos, además, entra en acción el cuerpo entero. Aunque podamos pensar que el calígrafo trabaja únicamente con la mano, en realidad sus movimientos manuales tienen origen en los músculos de la espalda y el torso, anclados por su postura sedente al suelo, desde donde se extienden a través del hombro y el codo hasta la muñeca (Billeter, 1990: 64). Quizás haya una diferencia en el hecho de que, mientras que la danza tiende a ser centrífuga, animada por una explosión de energía acumulada desde un centro activo en el cuerpo del bailarín, la caligrafía es centrípeta, pues toda la energía se va canalizando a través de una sucesión de «puntos de control» —hombro, codo, muñeca, nudillos— hasta la punta del pincel, en constante movimiento, cuyos cientos de cerdas tocan el papel (Yen, 2005: 86). Y, por supuesto, los gestos del calígrafo suelen dejar un rastro (aunque no siempre), mientras que, por lo general, los del bailarín no (aunque a veces sí). En su ejecución, sin embargo, los gestos caligráficos se despliegan de un modo muy similar a los coreográficos, como una serie de escenas en miniatura, cada una de ellas disolviéndose nada más formarse para dar paso a la siguiente.

No obstante, también podría establecerse un paralelismo con gestos manuales como los que habitualmente acompañan el habla común o usos más especializados, como la lengua de signos de los sordos o incluso los gestos de un director de orquesta. Como demostré en el capítulo 1, centrarse en la mano y su obra es disipar de inmediato la ilusión de que lo que vemos son cosas necesariamente quiescentes. Las palabras silenciosas del lenguaje de signos, por ejemplo, pueden ser tan vivaces como las palabras pronunciadas en el discurso hablado y su aprensión requiere una atención visual tan dinámica y participativa —tan cuestión de unirse al signante en su acto— como lo es la escucha. Si, como hemos visto, los lectores medievales europeos podían oír las palabras escritas como si fuesen leídas o cantadas, ¿no podrían entonces los lectores acostumbrados a un lenguaje de gestos manuales ver las palabras escritas como si estuviesen siendo signadas o incluso como una especie de danza manual? Claro que podrían, como, una vez más, demuestra el ejemplo de la caligrafía china. Nada ilustra mejor el hecho de que los caracteres de la escritura china eran aprehendidos, en primer lugar, como rastros de gestos que la curiosa práctica —esto es, curiosa para los lectores occidentales— de «escribir en el aire».

Así es como tradicionalmente han aprendido a escribir los niños en China (Yen, 2005: 109). Comienzan haciendo los movimientos propios de los caracteres con gestos ondulantes del brazo y la mano, nombrando cada elemento del carácter conforme se forma y pronunciando el carácter al final. Sólo cuando se ha aprendido el gesto se pone luego por escrito y, con la práctica, se reduce gradualmente su amplitud y se aumenta la velocidad de ejecución (Billeter, 1990: 85). Las palabras, por tanto, se recuerdan como gestos, no como imágenes: de hecho, es precisamente por esa razón —porque se incorporan a través de la práctica y el entrenamiento en el *modus operandi* del cuerpo— por lo que es posible para una persona recordar tantos caracteres (DeFrancis, 1984: 163). La mano sabe cómo formar cada carácter aun cuando el ojo ha olvidado su diseño. Pero esto también implica que es igual de fácil para una persona «leer» un gesto trazado en el aire como lo es leer el mismo gesto trazado sobre papel. De hecho, el trazo físico es casi un subproducto incidental, dado que es el movimiento de formarlo lo que cuenta.[2] Pero la otra cara de esto es que un exceso de énfasis en el diseño puede paralizar la capacidad para escribir. Los lectores chinos suelen declarar que mirar fijamente un carácter durante mucho tiempo puede producir la desconcertante sensación de que se está descompo-

---

2. Otro ejemplo de esto procede de la práctica de lo que Yen llama «caligrafía evanescente». Yen explica que, en la plaza central de la ciudad de Luoyang, la gente «lleva enormes pinceles caligráficos y botellas de agua para escribir sobre la superficie de cemento de la plaza cada día al atardecer». Los caracteres se evaporan y se desvanecen en cuestión de minutos; evidentemente, lo que cuenta es el vigor corporal y la relajación mental que la práctica proporciona (Yen, 2005: 112).

niendo en elementos dispuestos al azar. Antes de poder escribirlo otra vez tienen que practicar varias veces para poder recuperar el movimiento con el que —en palabras de Yen— «el carácter re-emerge como un submarino que regresa a la superficie desde las profundidades del mar» (2005: 110).

Mirar fijamente, en este ejemplo, es un tipo especial de visión que inmoviliza su objeto, que, de hecho, lo clava. Pero lejos de formarse bajo la presión de esa supervisión visual, el carácter escrito sucumbe bajo ella, pues en la escritura china la coherencia del carácter reside en el movimiento con el que se dibuja. Si el movimiento se detiene, el carácter se desintegra. En las sociedades occidentales, por el contrario, el movimiento equivale a un «ruido» que interfiere con la percepción de la forma letrada. Ciertamente, los niños de Oriente y Occidente pueden compartir el mismo punto de partida. De forma más o menos universal, como reconoció Vygotsky, los niños que dan sus primeros pasos hacia la escritura perciben los gestos como «escribir en el aire» y los signos escritos simplemente como «gestos que han sido fijados» (Vygotsky, 1978: 107). Pero en las sociedades occidentales, la alfabetización ha tomado un rumbo radicalmente diferente. En sus primeros ejercicios de dibujar letras, los niños occidentales entrenan los gestos manuales necesarios para formarlas. La meta de estos ejercicios, sin embargo, no es reproducir los gestos, sino copiar las formas de las letras con toda la pulcritud posible sobre la página. Y al aprender a leer, a los niños se les enseña a reconocer las formas de las letras, no los gestos que conlleva su creación. Así, para cuando llegan a dominar la lectura y la escritura sobre papel, han dejado de ser capaces de escribir o leer lo escrito en el aire.

IMPRIMIR Y GRABAR

Empezando con los trazos libremente dibujados de la escritura gestual en el aire y terminando con la reproducción de formas predeterminadas que no guardan relación alguna con los gestos que las producen, cada niño o niña de sociedad occidental moderna resume en su alfabetización una historia mucho mayor de producción gráfica. No obstante, se trata sobre todo de una historia no sólo del dibujo sino del cambiante equilibrio entre el dibujo y el grabado. Podemos recordar de lo dicho en el capítulo 2 que el término «escribir» tiene su origen en la incisión sobre una superficie dura. Asimismo, Roy Harris nos recuerda que, en la antigua Grecia, el verbo «escribir», *graphein*, del que se deriva una plétora de términos en nuestra lengua con el morfema graf-, significaba en origen «grabar, arañar, raspar» (Harris, 1986: 29). Independientemente de la nomenclatura específica de la creación de líneas y su derivación etimológica, bien podría ser que la distinción, en la práctica y la experiencia, entre hacer trazos reductivos con un instrumento muy afilado sobre un material resistente como la piedra y hacer trazos aditivos con un líquido como la tinta sobre papiro, pergamino o papel utilizando una pluma o un pincel, fuese un presagio de lo que vendría, hallando un eco distante, milenios más tarde, en la idea moderna de la escritura como un arte de composición distinto del dibujo.

En China, esta distinción ya estaba bien establecida desde muy pronto, a través de la coexistencia de la caligrafía realizada con el pincel y la práctica de grabar sellos de piedra (Billeter, 1990: 165, 286-9). Para ello, el grabador utiliza un cincel de acero templado. Sostiene el cincel con la mano derecha, de un modo bastante similar a como nosotros cogemos un lápiz, en un ángulo de unos 45 grados con respecto a la superficie, mientras agarra el sello con la mano izquierda. Aplicando una fuerza considerable, talla cada línea de principio a fin de una sola vez, luego gira el sello y talla en la otra dirección, repitiendo el proceso hasta obtener una marca satisfactoria. Para hacer una curva, gira el sello gradualmente con la mano izquierda mientras talla con la derecha. El resultado es un carácter cuyas líneas borran en lugar de revelar los gestos que las han originado. Pues, a diferencia del trazo del pincel caligráfico, que registra el fugaz momento de su producción y, bajo ningún concepto, puede repararse ni retocarse (Yen, 2005: 89), al tallar una y otra vez con el cincel cada incisión elimina el rastro del gesto que lo precedió. Es más, la línea curva da fe del movimiento de la mano que está agarrando la piedra, no de la mano que maneja la herramienta. Y el grabador no puede alterar la anchura de la línea a voluntad, como puede hacerlo el calígrafo. A veces, el grabador empieza con un carácter dibujado con un pincel sobre un fino papel de arroz, que se invierte sobre la superficie humedecida del sello. Entonces puede tallar con el trazo dibujado por el pincel como plantilla. Pero el carácter resultante da testimonio de los gestos empleados en el dibujo original del pincel, no de la talla. En el sello acabado, el carácter se queda solo, como artefacto finalizado, inmóvil y completo en sí mismo (ilustración 5.7). Es en esta forma estática en la que se

DIBUJO, ESCRITURA Y CALIGRAFÍA

Ilustración 5.7 Sellos tallados por calígrafos chinos famosos. Los tres sellos de la derecha son obra del calígrafo de la dinastía Ching, Têng Shih-ju (1743-1805); los cuatro de la columna central son obra del calígrafo de la dinastía Ching, Chih-ch'ien (1829-84); el sello de la esquina superior izquierda es obra del calígrafo y pintor de la dinastía Ching Wu Chün-ch'ing (1844-1927) y los demás sellos de la izquierda son obra del pintor contemporáneo Ch'i Huang. Reproducidos de Ch'en (1966: 249).

transfiere, mediante el simple acto de hacer presión, a cualquier documento destinado a llevar su *imprimátur*.

En el siglo IV d.C., los chinos ya contaban con todos los ingredientes necesarios para la impresión: superficies grabadas, papel y tinta de la consistencia adecuada. Llegado el siglo VIII habían transferido sus técnicas de grabado a bloques de madera y en el siglo XI ya estaban experimentando con tipos móviles. Mientras tanto, en Europa los romanos habían estado desarrollando la caligrafía mayúscula —precursora de nuestras letras mayúsculas— con el propósito específico de grabar inscripciones en piedra. Las letras minúsculas, derivadas de la mayúscula, comenzaron a aparecer en manuscritos romanos del siglo III d.C. y, con las reformas carolingias del siglo VIII, ambos alfabetos acabaron combinándose para formar un único sistema. Aunque en el siglo XI las técnicas de la fabricación de papel ya habían llegado a Europa, importadas de China a través del mundo árabe, tendrían que pasar otros trescientos años para que la impresión con tipos móviles se inventase en Europa, aparentemente de manera independiente del precedente chino, basándose en las técnicas de procesado de metales —grabado, fundición, troquelado— que se usaban desde la Antigüedad para acuñar moneda.[3] Nos llevaría demasiado tiempo describir la posterior historia de la impresión, y su relación con la escritura manual, en detalle. Baste decir que es como letras impresas —es decir, como los caracteres en caja alta y caja baja de la tipografía moderna— como las mayúsculas y minúsculas romanas han llegado a nuestros días.

Es significativo que las formas de las letras o caracteres impresos tengan sus orígenes en las inscripciones en piedra, madera o metal y no en la escritura manual. Pues en la inscripción grabada los gestos del artesano, más que preservados, son cancelados. Ya hemos visto que esto es así en el caso de los sellos chinos, pero lo mismo podría decirse también de las inscripciones romanas. Basadas en el cuadrado, el triángulo y el círculo, las formas de las capitales *quadratae* romanas, o mayúsculas cuadradas, son excesivamente incómodas de

---

3. Leila Avrin (1991: 327-39) ofrece un maravilloso relato en detalle de la historia de la estampación xilográfica y la tipografía móvil en el Lejano Oriente, Oriente Medio y Europa, hasta el desarrollo de la imprenta. También he recurrido a su acreditado relato de la aparición de la escritura mayúscula y minúscula (*ibíd.*: 177-91) y de la historia de la fabricación de papel (*ibíd.*: 283-9). Sobre la historia de la impresión en Europa, véase Lechêne (1992: 73).

escribir con una pluma. No responden a ningún movimiento fluido de la mano. Sin embargo, son relativamente fáciles para el cincel (Gray, 1971: 95). Esto no quiere decir que hacer inscripciones en piedra no sea un trabajo duro. Pero en dichas inscripciones no queda rastro alguno del enérgico movimiento de las manos que las hicieron. Como los caracteres de los sellos chinos, las mayúsculas romanas son impresionantemente estáticas. Aunque se lean secuencialmente, cada letra no hace más que ser ella misma; no deja de ser la anterior para transformarse en la siguiente. Así llamadas por su ubicación en las superficies de los monumentos —aunque no necesariamente en la parte superior de columnas o pilares, como su nombre sugiere (Avrin, 1991: 177)—, las letras capitulares se disponían en composiciones cuya construcción era parte integral de la arquitectura de los propios monumentos. Mirando impasiblemente al espectador, frente a frente, transmiten una impresión sobrecogedora, sin duda intencional, de la permanencia e inmovilidad del monumento (ilustración 5.8, véase página siguiente).

Así, fue la técnica del grabado la que rompió el vínculo entre el gesto y su rastro, inmovilizó la letra o carácter y, al hacerlo, sentó las bases de la percepción moderna de las palabras como cosas compuestas y dispuestas por el arte, pero no inscritas por él. Con esto volvemos a nuestra conclusión del capítulo 1, respondiendo a la tesis propuesta por Walter Ong, de que no fue la escritura como tal la que cosificó la palabra, sino la desconexión del movimiento gestual de su inscripción gráfica producida por la transición de la escritura manual a la imprenta. Nos encontramos ahora en posición de proyectar esta conclusión mucho más atrás en el tiempo, encontrando precursores de la palabra cosificada e inmóvil en las letras y caracteres de monumentos y sellos antiguos inscritos en piedra, madera o metal. Considerando estos artefactos, ¿cómo deberíamos entonces juzgar la afirmación de Ong (1982) de que la escritura conllevó «la tecnologización de la palabra»? Esta pregunta me lleva a la tercera y la cuarta afirmación con que comencé: que, a diferencia del dibujo, la escritura es esencialmente una tecnología del lenguaje.

Según Ong, la escritura «fue y es la tecnología más relevante inventada por el ser humano» y ha transformado radicalmente el mundo en que vivimos (Ong, 1982: 85). Abundan en la literatura declaraciones de este cariz, y raras veces consideramos que requieran justificación alguna. Así, en un libro de

Ilustración 5.8 Capitulares romanas clásicas en una lápida del siglo I d.C. Extraído de Kapr (1983: 28, fig. 34).

DIBUJO, ESCRITURA Y CALIGRAFÍA

texto sobre sistemas de escritura de reciente publicación, una de las mayores autoridades de este campo, Florian Coulmas, afirma que la escritura es una «tecnología que ha evolucionado a lo largo de miles de años» (Coulmas, 2003: 2). ¿Qué es, entonces, lo que, a ojos de estos y otros académicos hace de la escritura una tecnología? ¿Por qué debería considerarse más tecnológica que el dibujo? Parece haber tres respuestas posibles. La primera es porque la escritura hubo que inventarla, la segunda es porque la escritura implica el uso de herramientas y la tercera es porque la escritura es artificial. Echemos un vistazo a cada una de estas respuestas.

LA INVENCIÓN DE LA ESCRITURA

Si la escritura fue una invención, ¿en qué consistió exactamente la novedad? ¿Qué introdujo en el mundo que no estuviese presente antes? Los inventos, además, requieren inventores. ¿Quiénes fueron esas personas, los supuestos arquitectos de los sistemas de escritura, y qué creían que estaban haciendo? Sólo en muy pocos casos sabemos quienes eran: por ejemplo, el célebre indio cheroqui Sequoyah, que en las primeras décadas del siglo XIX diseñó un completo silabario de 85 signos para su lengua materna (Rogers, 2005: 247-8) y el rey coreano Sejong, que en 1443 promulgó un alfabeto de 28 letras diseñado por él mismo en un documento titulado *Sonidos correctos para la instrucción del pueblo* (Coulmas, 2003: 156-66). Estos individuos ya estaban familiarizados con tradiciones escritas que es, por supuesto, la razón por la que contamos con documentos que dan fe de sus logros. Deberíamos resistir naturalmente la tentación de dar por sentado que no hubo inventores en la prehistoria simplemente porque —a falta de documentos— no puedan ser identificados. El lingüista John DeFrancis afirma prácticamente haber identificado al inventor concreto del que comúnmente se considera el primer sistema conocido de escritura del mundo, el sumerio (DeFrancis, 1989: 75). Era un habitante anónimo de la localidad de Jemdet Nasr, en Mesopotamia, que vivió en torno al año 3000 a.C. ¿Qué fue lo que inventó?

La respuesta, según DeFrancis (1989: 74) es el *principio pro rebus*, es decir, el principio según el cual un pictograma se utiliza para representar, no la cosa que representa, sino el sonido de la palabra hablada que la nombra. Por ejemplo, en inglés, combinando la imagen de una abeja (*bee*) con una imagen de una hoja (*leaf*), podríamos construir la representación fonética de la palabra creencia, *belief* (*ibíd.*: 50). En una tableta procedente de Jemdet Nasr, la imagen del junco que hay en la esquina superior izquierda representa el sonido del término sumerio para «junco», que casualmente era homófono de «reembolsar» (ilustración 5.9). Evidentemente, el escriba pretendía transmitir este último significado. Como muchas otras tabletas de este período, ésta formaba parte de un documento del templo local en el que se detallaban los ingresos y los gastos del mismo.

Ahora bien, el significado exacto del principio *pro rebus* es materia de cierto debate entre los historiadores de la escritura y, sin duda, yo no estoy cualificado para pronunciarme sobre la cuestión. Parece haber pocas dudas de que el principio fue crucial para el proceso de fonetización, según el cual los iconos gráficos pasaron a representar los sonidos del habla. Pero cosa bien distinta es afirmar, como hace DeFrancis, que este paso equivalía a «una de las mayores invenciones de la historia de la humanidad» (1989: 50), pues es emitir

Ilustración 5.9 Inscripción en una tableta de Jemdet Nasr (Sumeria), *circa* 3000 a.C. Extraído de Vaiman (1974: 18).

DIBUJO, ESCRITURA Y CALIGRAFÍA

un juicio retrospectivo a la luz de una historia posterior de la que quienes la originaron no podían saber nada. Malinterpretamos el problema de origen, como observa Roy Harris, planteándolo desde el punto de vista de una civilización que ya ha asimilado la escritura y sus consecuencias (Harris, 1986: 29). Es demasiado fácil para nosotros, que estamos formados en la tradición de la escritura académica, imaginar que las primeras gentes que representaron los sonidos del habla con elementos gráficos, fueran quienes fueran, estaban motivadas por una visión futurista de una sociedad completamente alfabetizada. Es esta concepción teleológica de la historia de la escritura la que respalda la popular idea de una progresión inevitable y unilinear de la pictografía al alfabeto, pasando por la escritura silábica.

De algo creo que podemos estar seguros. Aquellos individuos anónimos a los que los académicos modernos atribuyen haber inventado los primeros sistemas de escritura —y parece haber varios que tuvieron la misma idea de manera independiente— no concibieron en abstracto y pasaron a desarrollar sistemas de escritura completos y a medida. Ni siquiera podían imaginar la posibilidad de escribir como hoy la concebimos. Lo único que hicieron fue encontrar soluciones oportunas para las dificultades locales y muy concretas que implicaban determinadas tareas, como llevar cuentas, registrar nombres propios, registrar propiedades o adivinar fortunas. En cada caso, la solución residió en poner iconos bien conocidos y fácilmente identificables al servicio del nuevo propósito de representar sonidos del habla. Los que los historiadores modernos llaman grandilocuentemente «sistemas de escritura» se desarrollaron sin duda como acumulaciones de soluciones de este tipo. DeFrancis acierta al llamarlos «estructuras de construcción torpe» que «se parecen menos a esquemas cuidadosamente construidos para representar la lengua hablada que a un amasijo de recetas mnemotécnicas que lectores avezados pueden utilizar para extraer mensajes coherentes» (DeFrancis, 1989: 262). En resumidas cuentas, tenían más de máquinas de Rube Goldberg que de las obras ejemplares de ingeniería del diseño que la idea de la escritura como tecnología nos haría esperar.[4]

---

4. Este párrafo reproduce parcialmente material de un ensayo anterior sobre «La dinámica del cambio técnico» (en Ingold, 2000: 371).

LAS HERRAMIENTAS DEL OFICIO

Permítaseme centrarme ahora en la segunda respuesta posible a la pregunta de qué hace tecnológica a la escritura: porque implica el uso de herramientas y otros objetos. Para Ong esto es lo primero que nos viene a la cabeza al pensar en la escritura como tecnología (Ong, 1982: 81-2). Asimismo, en su estudio de la tarea de los escribas entre los siglos XI y XIII en Inglaterra, Michael Clanchy le pone el título «La tecnología de la escritura» a un capítulo dedicado a los instrumentos y materiales del oficio (Clanchy, 1979: 114-44). Éstos eran numerosos y diversos. Los materiales principales eran la madera, la cera y el pergamino. El texto se escribía inicialmente con un estilete sobre cera coloreada, se colocaba sobre tabletas de madera y sólo entonces se copiaba sobre pergamino. Entre las herramientas del escriba se encontraban una navaja o cuchilla para rascar el pergamino, piedra pómez para lijarlo, un diente de jabalí para pulir la superficie, luego el estilete, lápiz, regla, plomada y lezna para pautar la página y, para la escritura propiamente dicha, plumas y cortaplumas, tintero y tintas de varios colores. Por no hablar del mobiliario, las lámparas y demás parafernalia de su estudio (*ibíd*.: 116). Pero esto no es más que un ejemplo. Obviamente, allí donde la escritura consiste en marcas sobre arcilla húmeda, como en la escritura cuneiforme sumeria, o cuando se talla en piedra, se estampa en metal, se compone con mosaico o se borda o teje en un tapiz, el equipamiento y las técnicas implicadas serán muy distintos y, en muchos casos, de una naturaleza que en absoluto relacionaríamos con la escritura. Ya hemos visto algunas de estas técnicas en conexión con las prácticas del tejido y el grabado. No pretendo ahora entrar en más detalles al respecto. La cuestión que nos ocupa ahora es más bien si el mero uso de herramientas basta para hacer de la escritura una tecnología.

Ong así lo cree. Escribir, sugiere, es como tocar el violín o el órgano. En ambos casos se puede entender el instrumento musical como un «artilugio mecánico» que permite al músico «expresar algo conmovedoramente humano» que no podría expresar sin él. Pero para triunfar en este empeño, el músico tiene que incorporar —mediante una formación rigurosa y una práctica regular— los principios del funcionamiento acústico del instrumento para asimilarlos como propios. El o la intérprete, como dice Ong, tiene que haber

DIBUJO, ESCRITURA Y CALIGRAFÍA

«interiorizado la tecnología». Y si esto es un requisito indispensable para la interpretación musical, lo es aún en mayor medida, afirma Ong, para la práctica de la escritura (Ong, 1982: 83). Ahora bien, algunos instrumentos musicales son como máquinas e integran en su propia construcción los principios de su manejo. Un órgano es una máquina en este sentido. Cuando presionamos una tecla del órgano, sale un sonido predeterminado. Del mismo modo, cuando presionamos una tecla de una máquina de escribir, aparece una letra determinada sobre la página. Así, hay cierto paralelismo entre tocar el órgano y escribir a máquina. El violín, sin embargo *no* es una máquina. Como cantar, que no requiere ningún instrumento extrasomático, tocar el violín es un arte. El intérprete no es más operario de su instrumento que el cantante lo es de su voz. Y al igual que tocar el violín difiere en este aspecto de tocar el órgano, también el escribir a mano difiere de escribir a máquina. La diferencia reside, no en hasta qué punto es necesario interiorizar una tecnología, sino en qué medida las formas musicales o gráficas son producto directo del sujeto humano enérgico y experiente —es decir, del músico o del escritor— en lugar de mantener una relación producto-insumo mediante principios operativos incrustados en el instrumento.

Sobre tocar el violín observó Kandinsky que «la presión de la mano sobre el arco se corresponde a la perfección con la presión de la mano sobre el lápiz» (1982: 612). Pero sólo el lápiz deja un rastro. En las líneas trazadas sobre su superficie, la página manuscrita da fe de gestos que, en sus cualidades de atención y sensación, encarnan una intencionalidad intrínseca al movimiento de su producción. La máquina de escribir, por el contrario, no atiende ni siente, y las marcas que se hacen con ella no dejan rastro alguno de la sensibilidad humana. Por supuesto que no niego que la mecanografía es una operación manual; de hecho, es más que eso —y como tocar el órgano, que puede requerir incluso el uso de los pies—, de hecho, es *bi*manual. Ni es una tarea no especializada. Es más, la máquina de escribir original, accionada únicamente por unos musculosos dedos, podría compararse incluso mejor con el piano que con el órgano, en la medida en que la fuerza del impacto sobre las teclas queda reflejada en la negrura y pesadez de las marcas gráficas sobre la página. Pero los teclados electrónicos modernos han eliminado hasta esta posibilidad de expresión. Interrumpido por el mecanismo del aparato, el *ductus* de la mano nunca se abre camino hasta la página. Las manos de los tipógrafos más diestros danzan en el espacio del teclado, no en el de la página, y sobre las duras teclas sus suaves manos no dejan rastro alguno.

Ya hemos visto en el caso de la escritura china cómo todo el ser del calígrafo, cuerpo y mente en unión indisoluble, está absorto en la acción. En el entendimiento chino, observa Yen «la persona y la escritura son mutuamente generativas» (Yen, 2005: 66). Pero lo mismo podía haberse dicho en la tradición occidental, al menos hasta el siglo XIX, cuando la pluma —tras una época dorada que duró más de un milenio— fue finalmente reemplazada por el plumín metálico. Hoy estamos acostumbrados a permitir que la mano que sostiene la pluma descanse sobre la página mientras que los dedos hacen la mayor parte del trabajo de manipulación. Así, los únicos movimientos que hace nuestro brazo consisten en ajustes periódicos de la posición de reposo de la mano conforme la escritura avanza por la página, mientras el resto del cuerpo permanece relativamente pasivo e inmóvil. Quizá esto contribuya a una ilusión de incorporeidad, a una sensación de que, en la escritura, la mano, junto con la herramienta que sostiene, obedece los dictados de una mente que habita un mundo propio, ajeno a la acción que inicia. En la disciplina occidental de la grafología, como apunta Yen, esta ilusión se mantiene mediante la idea de que el papel del cuerpo en la escritura es actuar como «un conducto entre la mente y la superficie del papel», pasando mensajes y contenido de la una a la otra (Yen, 2005: 66).

Pero al escribir con una pluma de ave esa ilusión es casi imposible de mantener. Dado que la pluma es más efectiva cuando se coloca casi en ángulo recto con respecto a la superficie, la sujetamos de una forma muy distinta a su homóloga estilográfica. La mano que escribe apenas toca la página, mientras que todo el movimiento procede del brazo (Hamel, 1992: 37). Escribir sobre pergamino, además, era una operación que había que hacer con las dos manos. Mientras la mano derecha sostenía la pluma, la mano izquierda sostenía un cuchillo contra la superficie elástica de la página para mantenerla quieta. Intermitentemente, el cuchillo se usaba también para afilar la péndola y borrar errores. Los escribas medievales se sentaban muy erguidos, a menudo en sillas de respaldo alto, con el manuscrito extendido ante ellos sobre un escritorio muy inclinado o un tablero unido a unos brazos que salían de la propia silla (ilustración 5.10). El suyo no era un trabajo ligero. Por el contrario, la escritura

DIBUJO, ESCRITURA Y CALIGRAFÍA

Ilustración 5.10 Laurence, prior de Durham 1149-54, retratado como un escriba en un manuscrito contemporáneo de sus propias obras. Mientras escribe con la pluma en la mano derecha, sujeta la superficie elástica del pergamino con un cuchillo que agarra con la izquierda. MS Cosin V.III.1, f.22v. Reproducido con el permiso de la biblioteca de la Universidad de Durham.

se percibía como un acto de resistencia en el que, como un escriba se lamentaba, «todo el cuerpo trabaja» (Clanchy, 1979: 116). Pero, por supuesto, el escriba se refería a sí mismo. En su experiencia, él no *pone* su cuerpo a trabajar en la escritura, sino que él *es* su cuerpo trabajando.

Acostumbrados a sus comodidades, los académicos modernos tienden a enfatizar el esfuerzo intelectual de la composición verbal a expensas del trabajo físico que, en épocas pasadas, conllevaba el acto de la mera inscripción. Nadie lo expresa con mayor claridad que Mary Carruthers al explicar la escritura sobre pergamino en la Europa medieval:

> Deberíamos recordar la vigorosa, cuando no violenta, actividad que implicaba hacer una marca en una superficie física como la piel de un animal. Hay que romperla, machacarla, «herirla» de algún modo con un instrumento muy afilado. Borrar implicaba rascar la superficie física aún más: para intentar borrar sobre pergamino, los escribas medievales tenían que usar piedra pómez y otros rascadores. En otras palabras, escribir siempre fue un trabajo físico duro, muy duro también en la superficie sobre la que se realizaba... (Carruthers, 1998: 102).

Aun hoy, sin embargo, la escritura manual supone de quien la practica exigencias tan físicas como mentales, si es que se puede distinguir ente ambas. Aunque el papel moderno, comparado con el pergamino medieval, no reciba un trato tan brutal, el cuerpo, con su artilugio de escritura, sigue sin responder sencilla y mecánicamente a los imperativos de la mente.

En sus estudios sobre la afección conocida como «calambre del escritor», Rosemary Sassoon demuestra cómo posturas retorcidas y formas extrañas de agarrar la pluma, a menudo inducidas por directrices —por ejemplo, en las aulas— para sentarse y escribir de una manera prescrita que ignora la variabilidad en proporciones corporales o lateralidad, puede no sólo provocar dolor, sino una progresiva incapacidad para escribir. Algunos pacientes, informa Sassoon, «explican lo aterrador que resulta que una parte de su cuerpo deje de obedecer sus órdenes» (2000: 103). Una mano que se niega a escribir puede dejar de realizar también otras operaciones. Viendo en sus progresivamente insatisfactorios esfuerzos un espejo de su fracaso personal, los pacientes pierden confianza para escribir y se ven atrapados en un círculo vicioso. Escribir, como Sassoon demuestra, no es simplemente un modo de comunicar mensajes o ideas: «es uno mismo sobre papel. Si tienes éxito, tu escritura te reafirma; si la pierdes, el constante recordatorio visual de tu fracaso está ahí para recordártelo» (*ibíd.*). Cuando nos falla la escritura, se vive no como un fallo de la tecnología o una avería mecánica, sino como una crisis de la persona entera.

Finalmente, la afirmación de Ong de que la escritura es una tecnología porque implica el uso de herramientas parece aún menos creíble cuando tenemos en cuenta la posibilidad de que escribir no requiere más instrumento que el que el cuerpo proporciona, ni siquiera un material artificial. Inténtenlo la próxima vez que vayan de vacaciones a la playa: lo único que tienen que hacer es pasar el dedo por la arena. Si el ejemplo les parece trivial, consideremos lo que Munn nos dice de la iconografía walbiri que mencioné anteriormente en este capítulo. Los gestos del narrador walbiri son trazados en la arena usando la mano y los dedos. No se requiere ningún otro accesorio. Como ya he demostrado, la cuestión de si esos trazos constituyen escritura o no, puede zanjarse de un modo definitivo. Sólo me falta añadir que la cuestión difícilmente puede resolverla, en un sentido u otro, la presencia o ausencia de una herramienta. Si el pueblo walbiri escarbase en la arena con un palo en lugar de con los dedos, el resultado no tendría más de escritura, ni menos de dibujo, ni convertiría su práctica inscribidora en una operación tecnológica. Y, por supuesto, lo contrario también es cierto. Si podemos escribir sin una herramienta, también podemos dibujar con una. De hecho, prácticamente todo el dibujo se hace con herramientas, igual que prácticamente toda la escritura. El despacho del delineante contiene, sin duda, un conjunto de herramientas no sólo tan amplio y diverso como el del escritor, sino que también incluye muchos de los mismos artículos.

NATURALEZA Y ARTIFICIO

Por supuesto, Ong no comparaba la escritura con el dibujo sino con el habla, y el habla no suele requerir el uso de ningún artilugio. No obstante, parece creer que dibujar resulta tan «natural» para los humanos como hablar. Al mencionar que la primera «auténtica» escritura, la escritura sumeria, no surgió hasta hace unos cinco milenios, Ong reconoce que «los seres humanos llevaban incontables milenios haciendo dibujos» (Ong, 1982: 84). La enorme discrepancia entre las fechas de origen atribuidas al dibujo y a la escritura me lleva a la tercera razón por la que la escritura suele considerarse una tecnología del lenguaje. Se supone que el dibujo es un arte expresivo que los seres humanos practican desde los albores de la prehistoria, desde el momento en que empezaron a hacer inscripciones de un tipo u otro sobre madera, hueso o piedra. Como tal, se dice que manifiesta una capacidad para el arte que es universal y distintiva de nuestra especie, tan distintiva como la capacidad del habla. La escritura, por otra parte, es ampliamente considerada una innovación muy posterior que, en algunas sociedades y regiones del mundo, pero no en todas, marcó la transición de la prehistoria a la historia y puso en marcha los procesos de civilización. Así, se dice que el dibujo surgió en el curso de la evolución humana, mientras que la escritura es producto de la historia humana. El dibujo es natural; la escritura es artificial o creada por el hombre.

Pero el dibujo no es natural. No es un rasgo o capacidad que de algún modo está instalado en todos los seres humanos previamente a su llegada al mundo. Ni la escritura es una capacidad «añadida» posteriormente a un cuerpo pre-programado para dibujar. Aprender a escribir es cuestión, no de interiorizar una tecnología, sino de adquirir una destreza. Precisamente lo mismo es cierto de aprender a dibujar. De hecho, dado que la escritura es en sí misma una modalidad de dibujo, los dos procesos de adquisición de destrezas son estrictamente inseparables. Si retomamos la analogía con tocar un instrumento musical, podemos comparar la adquisición de la destreza de trazar líneas con el proceso de aprender a tocar el violín. La violinista novata tiene que practicar con regularidad, orientada por un experto, e idealmente desde una edad temprana, cuando su cuerpo todavía experimenta un crecimiento rápido. A lo largo de esta formación, su cuerpo incorporará determinados patrones de postura y gesto, de atención y respuesta, a medida que se va desarrollando. Evidentemente, los novatos deben seguir ciertas reglas al dar sus primeros pasos. Pero estas reglas son de naturaleza genérica: apuntalan el proceso de aprendizaje, pero no forman parte de lo que se aprende. A medida que el novato avanza en destreza y deja de necesitar su apoyo, pueden descartarse sin más (Ingold, 2000: 415-16).

DIBUJO, ESCRITURA Y CALIGRAFÍA

Del mismo modo, el joven aprendiz de delineante, el escriba o el calígrafo aprenden el oficio de trazar líneas. Al principio se le enseña a seguir unas normas básicas de ejecución, posiblemente siguiendo una guía o plantilla para cada figura o letra. Pero las va dejando de lado gradualmente a medida que, a través de la práctica frecuente, gana fluidez en sus movimientos manuales y precisión en el manejo del instrumento de inscripción. Al mismo tiempo, aprende a colocar el instrumento en el ángulo adecuado con respecto a la superficie y esto, como hemos visto, puede requerir nuevos ajustes no sólo en los movimientos del brazo, sino de todo el cuerpo. Yen describe cómo el procedimiento tradicional para aprender caligrafía china, todavía adoptado en las escuelas primarias, comprende tres fases. Los alumnos aprenden primero a copiar un modelo colocando el papel sobre el mismo de manera que se transparente y siguiendo las siluetas. A continuación, papel y modelo se colocan lado a lado, obligándolos a reproducir los movimientos necesarios por sí mismos en lugar de guiados por las sombras del maestro (Yen, 2005: 116-18). Luego, en la fase final de aprendizaje, se anima a los aprendices a liberarse de las «manos» opresoras de los maestros que ya han dado forma a su configuración corporal. En esta «de-formación» final, en la culminación del proceso de aprendizaje, «todas las reglas aprendidas son arrojadas al olvido y el corazón se convierte en el único guía de la mano» (*ibíd.*: 123).

También en Occidente los niños han aprendido tradicionalmente a escribir copiando modelos, aunque con la caligrafía cursiva ha habido una preocupación particular con la manera de unir las letras. Al escribir la palabra *the*, por ejemplo, se enseña a los niños a volver atrás y hacer la raya de la *t* antes de recoger el bucle al pie de la letra y prolongarlo hasta la *h* que la sigue. Pero a medida que los escribientes adquieren fluidez, la mayoría acaban dejando el bucle inferior desconectado y prolongando la raya de la *t* hasta la *h* (Sassoon, 2000: 40-50). La ilustración 5.11 en la página siguiente muestra un ejemplo de esta evolución en la escritura de un cura en las primeras décadas del siglo XIX, desde su primer cuaderno de caligrafía hasta la letra madura empleada para escribir su diario, pasando por sus libros de ejercicios escolares. Como demuestra el ejemplo, la capacidad para escribir no se adquiere como un corpus de reglas y procedimientos creados por el hombre, sino que emerge durante el crecimiento y desarrollo del ser humano dentro de su entorno. Exactamente lo

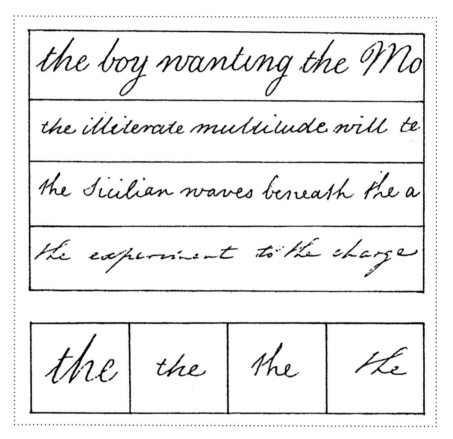

Ilustración 5.11 Maduración de la caligrafía de un cura entre 1799 y 1820. Las ampliaciones de la palabra *the*, incluidas abajo, muestran el desarrollo de la ligadura de la raya de la *t*. Extraído de material original en posesión de Rosemary Sassoon y reproducido en Sassoon (2000: 49). Reproducido con permiso de Rosemary Sassoon.

mismo puede decirse de la capacidad para dibujar, que no viene preestablecida en el organismo humano, sino que también experimenta un desarrollo. De hecho, ambas capacidades, la de dibujar y la de escribir, se presentan literalmente de la mano, pues la misma mano realiza ambas cosas.

¿Qué queda entonces de nuestra afirmación inicial de que la escritura es una tecnología? Muy poco. ¿Se inventó la escritura? No. Lo que se inventó fue el principio *pro rebus*, un recurso que se ha explotado en algunos, pero no en todos, los sistemas de escritura para facilitar la representación de los sonidos del habla. ¿Emplea herramientas la escritura? Normalmente sí, pero no necesariamente. Y en cualquier caso, el uso de herramientas no implica la operación de una tecnología. ¿Es la escritura artificial? No. Ni natural. Es un producto del desarrollo. Pero si hay algo de lo que podemos estar razonablemente seguros es de que la creación de líneas de un tipo u otro es tan antigua como el habla. Desde que las personas se hablan, sin duda alguna también han gesticulado con las manos, y parte de esos gestos han dejado rastros en superficies diversas. Probablemente la gran mayoría de estos rastros se habrán borrado rápidamente, ya sea para dejar sitio para otros nuevos o sencillamente a través de los procesos normales de erosión. Así, sólo una pequeña muestra ha sobrevivido en el tiempo. Pero si nos interesa la historia de la línea, con esos es con los que tenemos que trabajar.

LA LINEALIZACIÓN DE LA LÍNEA

Ahora bien, casi todos estos argumentos los presentó hace casi cuarenta años uno de los decanos de la Prehistoria francesa, André Leroi-Gourhan, en su extraordinario trabajo *El gesto y la palabra* (1993). En este libro, Leroi-Gourhan argumenta que el rasgo definitorio de la escritura tal y como hoy la conocemos, por contraposición al dibujo, es que es lineal. Ésta es la última de las cuatro afirmaciones con las que comencé y me gustaría concluir este capítulo con unas palabras al respecto. Leroi-Gourhan es muy consciente de las distorsiones que pueden surgir cuando observamos el pasado a través de la lente de conceptos y categorías conformados por la misma historia que pretendemos explicar. La escritura y el dibujo son dos de estas categorías. Ya hemos visto, por ejemplo, cómo nuestro concepto moderno de escritura confunde, en un momento dado, el diestro arte del escriba con el arte «puramente intelectual» o imaginativo de crear una composición verbal y, en el siguiente, con su reproducción «meramente técnica» o mecánica mediante la mecanografía o la impresión. Para evitar estos escollos he tenido que recurrir al concepto del trazado de líneas. El término que usa Leroi-Gourhan, con aproximadamente el mismo sentido, es *grafismo* (ibíd.: 187-90).

Para Leroi-Gourhan todo grafo es el rastro de un movimiento hábil de la mano y, como tal, encarna el acompasamiento característico de todo movimiento de esta clase. Las formas de grafismo más tempranas habrían acompañado y, a su vez, habrían comentado actos de narración, canto y danza. Dado que estos contextos performativos están hoy irremediablemente perdidos, no podemos saber cuál era el significado original de las líneas trazadas. Sin embargo, una llamativa característica que Leroi-Gourhan afirma haber encontrado en el grafismo prehistórico, es que su geometría básica es radial, «como el cuerpo de un erizo o de una estrella de mar» (Leroi-Gourhan, 1993: 211). Todo grafo se desarrolla en espiral hacia el exterior desde un centro, con sus elementos —o ideogramas, en la terminología de Leroi-Gourhan— repetidos de forma rítmica y dispuestos en anillos concéntricos. Los diseños con los que los walbiri describen los movimientos de sus antepasados, presentados en el capítulo 3, ejemplifican a la perfección este tipo de grafismo radial (véase la ilustración 3.9). Sólo mucho después encontramos grafos que se extienden en líneas dispuestas consistentemente en una dirección.

Es por este «grafismo lineal», piensa Leroi-Gourhan, por lo que reconocemos la verdadera escritura, y cuanto más linealizada está, más llega a diferenciarse la escritura del dibujo (*ibíd.*: 209-10). El grafismo se volvió lineal, según Leroi-Gourhan, hasta el punto de que se liberó de los contextos de la narración oral, sólo para ser subordinado a la exigencia de representar los sonidos del habla. Cierto es que la linealización no se ha desarrollado en el mismo grado en todos los sistemas de escritura. En la escritura china, por ejemplo, los componentes lineales e ideográficos mantienen un delicado equilibrio. Fue con el establecimiento de la escritura alfabética cuando la linealización se llevó a su máxima extensión. A partir de entonces el redondeado cosmos de la morada humana con la figura del hombre en su centro, desde el cual irradiaban todas las líneas hacia el exterior, fue reemplazado —según la vivaz expresión de Leroi-Gourhan— «por un proceso intelectual en el que las letras se han prolongado en una línea afilada y fina como una aguja» (*ibíd.*: 200).

No necesitamos detenernos más en saber si fue realmente el alfabeto lo que marcó la diferencia o —como es más probable— la separación de las letras en la imprenta. Mi interés se centra más en un enigma que yace en el corazón del argumento de Leroi-Gourhan. Sin duda, toda huella dejada por el hábil movimiento de la mano es en sí misma una línea. ¿Cómo, entonces, pueden no ser lineales las líneas del grafismo prehistórico? ¿Cómo podría ser que los antiguos narradores, mientras trazaban sus líneas, siguiesen un rastro no lineal? ¿Y cómo, por el contrario, puede el grafismo ser lineal cuando, como en una secuencia de letras impresas, no hay rastro que seguir en absoluto? En resumen, ¿cómo puede la línea ser no lineal y la no-línea ser lineal? En realidad ya nos hemos encontrado con esta paradoja, aunque con otra forma, en el capítulo 3. Es la paradoja de la línea que no es una línea, más concretamente la línea de puntos. Recordemos que en la evolución de la línea de puntos un trazo original se ha fragmentado en segmentos, cada uno de los cuales se ha comprimido después en un punto. Es precisamente en esta fragmentación y compresión —en la reducción del movimiento fluido del *ductus* a una sucesión de momentos— en lo que consiste el proceso de linealización. ¡No es de extrañar, entonces, que la línea resultante, tal como dice Leroi-Gourhan, sea afilada y fina como una aguja! Es afilada porque termina en punta. Y es fina puesto que sólo existe como conector virtual más que como trazo físico. Entendida en un sentido puramente geométrico, tiene longitud, pero no tiene anchura en absoluto. Completamente linealizada, la línea ya no es el rastro de un gesto, sino una cadena de conexiones punto a punto. En estas conexiones no hay vida ni hay movimiento. En resumen, la linealización no señala el nacimiento, sino la muerte de la línea. En el siguiente capítulo examinaremos su fantasmal espectro: la línea recta de la geometría plana.

6
De cómo la línea se hizo recta

LA LÍNEA DE LA CULTURA

En álgebra, una línea es definida por la ecuación de dos términos cualesquiera, cada uno de los cuales es el producto de una constante y la primera potencia de una variable. Podría expresarse mediante la fórmula $ax + by = 0$, donde a y b son constantes y x e y variables. Al representar los posibles valores de las dos variables mediante coordenadas cartesianas, el resultado es una línea perfectamente recta. Otras funciones algebraicas más complejas resultan en figuras del tipo que los matemáticos llaman curvas. Por ejemplo, la ecuación $y^2 = 4ax$ genera una parábola. Las ecuaciones de este tipo se llaman no lineales, aun cuando las curvas que definen estén compuestas por líneas. Parece ser que la cualidad de la rectitud se ha vuelto, por alguna razón, fundamental para el reconocimiento de las líneas *como líneas*, no sólo en el campo especializado de las matemáticas sino mucho más ampliamente. Pero no existe razón intrínseca a la línea en sí por la cual deba ser recta. Ya hemos encontrado multitud de ejemplos donde no lo es. De ahí que la nuestra se convierta en una pregunta histórica: ¿cómo y por qué se hizo recta la línea?

En las sociedades occidentales, las líneas rectas son omnipresentes. Las vemos en todas partes, incluso hasta cuando en realidad no existen. De hecho la línea recta ha pasado a ser un símbolo virtual de modernidad, un indicador del triunfo de lo racional, diseño resoluto por encima de las vicisitudes del mundo natural. La implacable dialéctica dualista del pensamiento moderno ha asociado en ocasiones la rectitud con la mente en oposición a la materia, con el pensamiento racional en oposición a la percepción sensorial, con el intelecto en oposición a la intuición, con la ciencia en oposición al conocimiento tradicional, con el hombre en oposición a la mujer, con la civilización en oposición a lo primitivo y, a más grandes rasgos, con la cultura en oposición a la naturaleza. No es difícil encontrar ejemplos de cada una de estas asociaciones.

Por esto suponemos que la materia proteica, al ser la sustancia física que es, tiene una *textura* que, ante un examen cuidadoso, se revela como una masa de hilos enredados de manera casi caótica. Ya vimos en el capítulo 2 que la palabra «tejido» —aplicada a los materiales de los seres vivos— comporta una connotación similar. Ésta es la sustancia que percibimos con nuestros sentidos. Pero imaginamos que, en la formación de las representaciones mentales internas del mundo material, las formas de las cosas se proyectan sobre la superficie de la mente —al igual que en la perspectiva se proyectan sobre el plano pictórico— junto con líneas rectas según el modelo de los rectilíneos rayos de luz. Y si las líneas con las que la luz viaja son rectas, también lo son los senderos de la iluminación. El hombre de razón, escribió Le Corbusier, el arquitecto supremo de la línea recta en el diseño urbano moderno, «camina en línea recta porque tiene una meta y sabe adónde va, ha tomado la decisión de llegar a un lugar determinado y va directo a él» (Le Corbusier, 1924: 274). Así, piensa de la misma manera que camina, sin vacilar ni desviarse de un punto a otro. Lo que Ong llama lógica «escuetamente lineal» del intelecto analítico moderno con frecuencia se ha comparado en este sentido con las intuiciones mitopoéticas, más tortuosas, que se atribuyen a la gente de sociedades «tradicionales», y sobre todo a aquéllas sin escritura de ningún tipo (Ong, 1982: 40). Por medio de esta comparación, «pensar con rectitud» viene a considerarse tan característico de la ciencia letrada como contrario a la tradición oral. Es más, dado que una línea recta puede ser definida por valores numéricos, se convierte en un indicador de conocimiento cuantitativo más que cualitativo. «Su función», como apunta Billeter, «es separar, definir, ordenar, medir, expresar número y proporción» (Billeter, 1990: 47).

Las connotaciones sexuales de la oposición entre líneas rectas y curvas son tan evidentes que apenas necesitan explicación, y probablemente no exista ninguna sociedad en la que no se hayan elaborado de una u otra forma. Bastante más propio de las sociedades occidentales es el registro de la distinción sexual sobre una oposición fundamental entre género masculino y femenino, como si la humanidad al completo estuviese dividida en dos clases esenciales y para cada individuo la pertenencia a ellas viniese dada de manera inalterable al principio mismo de la vida e incorporase todos los demás aspectos de identidad personal y social. En estas condiciones, la rectitud se convierte en un indicador inequívoco de masculinidad, así como la curvatura indica feminidad. La postura de «mantenerse erguido», que por lo general se espera de hombres, pero no de mujeres (quienes más bien deben abatir su cuerpo en líneas simbólicas de deferencia), conlleva fuertes connotaciones de rectitud moral y dignidad social. Esas connotaciones se extienden al juicio sobre la estatura relativa no sólo de hombres y mujeres, sino también de gente «civilizada» y «primitiva», e incluso de los seres humanos y sus antepasados evolutivos. ¡Los libros de texto sobre evolución humana suelen representar a los *Homo sapiens sapiens* —llamados «humanos modernos»— en pie y erguidos al compararlos con los desgarbados neandertales y los encorvados australopitecos! Se reproduce un ejemplo en la ilustración 6.1 (véase también Ingold, 2004). Es más, a lo largo de la historia de la especulación sobre los orígenes humanos, salvajes y protohumanos han sido acusados de todo tipo de debilidades y depravaciones, desde el incesto al canibalismo, y el vocabulario de la lengua inglesa incluye un rico repertorio de metáforas que giran en torno a sus descarríos. Ahí está la mente *retorcida* del degenerado, la mente *tortuosa* del criminal, la mente *enrevesada* del estafador y la mente *dispersa* del idiota.

Sin embargo, una vez que la línea recta llega a connotar una condición moral, se aparta de las líneas de cualquier otro tipo de un modo muy similar a como, en la historia del pensamiento y la ciencia occidentales, la humanidad llegó a diferenciarse de la animalidad. En lugar de la infinita variedad de líneas —y vidas— que se nos presenta en la experiencia fenoménica, nos quedamos sólo con dos grandes clases: líneas que son rectas y líneas que no lo son. Las primeras se asocian con humanidad y Cultura, las segundas con animalidad y Naturaleza. Para una afirmación totalmente inequívoca al respecto, podemos recurrir a uno de los decanos de la antropología social del siglo XX, Edmund Leach:

> La naturaleza salvaje visible es un revoltijo de curvas aleatorias; no contiene ninguna línea recta y apenas unas pocas formas geométricas regulares de cualquier tipo. Pero el mundo domesticado de la Cultura, creado por el hombre, está lleno de líneas rectas, rectángulos, triángulos, círculos y demás (Leach, 1976: 51).

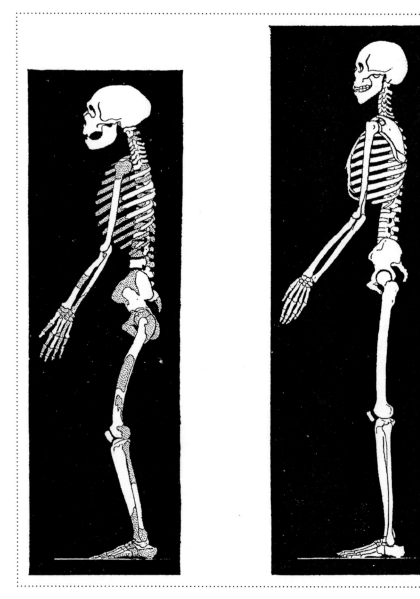

Ilustración 6.1 Esqueleto reconstruido de hombre de Neandertal fósil de La Chapelle-aux-Saints (izquierda) comparado con esqueleto de un australiano moderno. Aproximadamente a una quinceava parte del tamaño natural. Extraído de Boule (1923: 239).

DE CÓMO LA LÍNEA SE HIZO RECTA

Esta afirmación resulta, a primera vista, bastante extraordinaria. Por un lado, como sabrá cualquiera que haya leído con detenimiento la obra maestra de D'Arcy Wentworth Thompson de 1917, *On Growth and Form*, el mundo de la naturaleza está lleno de líneas y formas regulares de toda clase. Además, muchas de ellas han sido fuente de inspiración para los arquitectos humanos (Thompson, 1961; véase Steadman, 1979: 9-22). Por otro lado, como ya hemos visto en los capítulos precedentes, de todas las líneas que los habitantes humanos hacen en su día a día, es probable que sólo una minoría sean del todo regulares. La hegemonía de la línea recta es un fenómeno de la modernidad, no de la cultura en general.

No obstante, en la afirmación de Leach resuena con claridad un poderoso impulso del pensamiento moderno para equiparar la marcha del progreso, ya sea de la cultura o de la civilización, con el creciente dominio de una naturaleza revoltosa —y, por lo tanto, no lineal—. En los ámbitos de la agricultura y la ordenación paisajística, los modernizadores buscaron cercar la tierra dentro de unos límites rectilíneos y trazar parques con avenidas bordeadas de árboles, setos y muretes de jardines perfectamente rectos. Y eso, a su vez, provocó una reacción a la contra en forma de un anhelo por las enredadas marañas de la naturaleza, con muros derrumbados y recubiertos de yedra, vallados rústicos, sinuosos senderos de jardín y maleza descuidada. Fue el arquitecto y paisajista del siglo XVIII, William Kent, quien acuñó el mantra del romanticismo: «La naturaleza aborrece la línea recta». Tanto si, en realidad, la aborrece como si no —y habría multitud de ejemplos, desde los rectos pinos y chopos al bambú oriental, que sugieren que no es así—, este mantra sirve únicamente para confirmar la percepción de que hay algo básicamente *artificial* en la rectitud. Se trata, en apariencia, de una cualidad más de las cosas que se hacen que de las cosas que crecen.

GUÍAS Y TRAZADOS

En capítulos anteriores, siguiendo a de Certeau, he mostrado cómo el creador o autor moderno se imagina a sí mismo como si estuviese enfrentándose a una superficie en blanco, como una página virgen o un erial, sobre la que tiene la intención de imponer un ensamblaje de su propio diseño. La línea recta está involucrada en esta visión de dos formas bien diferenciadas: primero, en la constitución de la propia superficie; en segundo lugar, en la construcción del montaje que se va a instalar sobre ella. Para lo primero, imaginemos una línea rígida que se va desplazando poco a poco en toda su longitud, en una dirección ortogonal a ella misma. Al moverse, extiende o desenrolla la superficie de un plano (Klee, 1961: 112-13). Para lo segundo, imaginemos que el plano está marcado con puntos y que esos puntos forman en su conjunto un diagrama. Ésta es, en pocas palabras, la relación entre nuestras dos manifestaciones de la línea recta. Una es intrínseca al plano como elemento constitutivo de éste; la otra es extrínseca en cuanto a que su borrado dejaría el plano intacto. En las páginas que siguen, y por motivos que se harán evidentes según avancemos, llamaré a las líneas del primer tipo *guías* y a las del segundo *trazados*. Unos cuantos ejemplos familiares ayudarán a aclarar la distinción.

En la línea de montaje de las fábricas modernas, la superficie sobre la que toma forma el ensamblado es literalmente desenrollada por el movimiento de la cinta transportadora. Sobre la superficie de esta cinta se ensamblan los componentes en la construcción, pieza a pieza, del producto final. Aquí, la línea al desenrollarse de la cinta es una guía; las ensambladuras de la construcción son trazados. Sin embargo, la primera línea de montaje, como ha apuntado Ong, «no fue una que produjese estufas o zapatos o armas, sino la que producía el libro impreso» (Ong, 1982: 118). En la impresión, es tarea del cajista montar los bloques de tipos en el componedor antes de colocarlo en la galera. La línea de tipos montada es un trazado, pero los bordes rectos y en relieve del componedor y la galera, sobre los que reposan los tipos, son guías. En la página impresa, por supuesto, ni las guías ni los trazados son visibles como tales. En la partitura musical moderna, sin embargo, sí podemos ver ambos. Aquí las cinco líneas paralelas del pentagrama son guías que establecen un espacio, dispuesto sobre las dimensiones de tono y tiempo, sobre las que pueden ser trazadas las notas individuales. Las ligaduras que conectan las notas consecutivas en frases son, por tanto, trazados. «La notación musical», según observaba Kandinsky, «no es más que diferentes combinaciones de puntos y líneas»; sin embargo, habría que añadir que las líneas que, respectivamente, forman el pentagrama y unen las notas son de naturaleza y significado completamente diferentes (Kandinsky, 1982: 618-19).

DE CÓMO LA LÍNEA SE HIZO RECTA

A continuación, imaginemos un gráfico científico moderno. Las líneas del gráfico, dibujadas con una regla, conectan puntos, cada uno de los cuales ha sido marcado mediante unas coordenadas sobre la superficie de la página. Para facilitar esto, la propia página está pautada con finas líneas agrupadas de dos en dos, dispuestas respectivamente en horizontal y en vertical. Éstas son las guías que definen de hecho la página como un espacio bidimensional. Y las líneas que conectan los puntos del gráfico son trazados. Cuando se reproducen gráficos en textos publicados, las guías originales suelen desparecer, de manera que los trazados aparecen sobre un fondo blanco liso. Es como si hubiesen sido engullidas por la superficie a la que han dado existencia. Lo único que queda son las líneas rectas que marcan los ejes de coordenadas. Aunque aún se siguen de manera implícita cuando «leemos» el gráfico, llevando nuestros ojos o nuestros dedos hacia arriba o a través para llegar a cada punto. Sucede casi lo mismo con un mapa cartográfico. En este caso las líneas pautadas de latitud y longitud son guías que permiten al navegante trazar un rumbo de una posición a otra.

Es evidente que las guías no siempre se dibujan o conciben como paralelas y las convenciones del dibujo en perspectiva ofrecen el ejemplo más obvio de dónde no lo son. En este caso, tal y como explicaba el artista y arquitecto del siglo XV Leon Battista Alberti en su revolucionario tratado *De la pintura*, que data de 1435, el plano de un terreno concebido como un damero regular o un pavimento de piezas cuadradas es proyectado por la imaginación como si se viese a través de una ventana vertical, de forma que en el plano pictórico de la ventana las líneas longitudinales del plano del terreno, según se alejan en la distancia, parecen converger en un punto de fuga, mientras que las líneas laterales están cada vez más cerca (Alberti, 1972: 54-8). Aquí es la convergencia de líneas lo que constituye el plano como plano pictórico, es decir, como superficie proyectiva sobre la cual las construcciones no están tan ensambladas —como lo estarían sobre un pavimento real— como se representan (ilustración 6.2, página siguiente).

Ahora bien, las guías y los trazados tienen una larga historia. En ambos casos, como demostraré, esta historia es una en la que los hilos fueron transformados en trazos. Pero la búsqueda de sus orígenes nos conduce a dos fuentes bien distintas: en las prácticas de, respectivamente, tejer y medir tierras. Co-

Ilustración 6.2 Construcción arquitectónica lineal dispuesta sobre las guías en damero de un pavimento a nivel, proyectada sobre un plano pictórico mediante la perspectiva de Alberti. Este dibujo proviene de una obra del pintor y arquitecto holandés Jan Vredeman de Vries, publicado por primera vez en 1568. Extraído de Vredeman de Vries (1968).

mencemos con las guías, que ilustran a la perfección cómo —siguiendo mi argumento del capítulo 2— los hilos se convierten en trazos en la constitución de las superficies.

Tal como indica la metáfora del texto, las líneas rectas del manuscrito pautado, que guiaban la mano del escritor al tejer la línea de texto, puede remontarse a los hilos paralelos de la urdimbre en el telar. Los hilos estaban derechos porque estaban tensos. Deila Avrin describe cómo en la Edad Media los escribas hebreos de Oriente próximo creaban líneas pautadas sobre el pergamino mediante el uso de un marco, llamado *masara*, sobre el cual se tendían cordeles tirantes como en un telar en miniatura. El marco se colocaba bajo la hoja que se iba a pautar. Lo único que tenía que hacer el escriba era presionar el pergamino con el dedo contra el cordel que estaba debajo, después de lo cual el hilo se vería como una raya en la superficie que podría usar como guía de su escritura (Avrin, 1991: 115). Hay constancia de un aparato bastante parecido, conocido como pauta (*tabula ad rigandum*), en el noreste de Italia en el siglo XV. El marco se encordaba con alambres entrecruzados que dejaban su impresión en una hoja en blanco al colocarla sobre él y apretarla con el puño. Sin embargo, por lo general, los escribas medievales europeos pautaban sus manuscritos con un estilo de punta afilada sobre una superficie recta. Para escribir música en un pentagrama, unían cinco puntas para formar un *rastrum* («rastrillo»). Empleando una superficie recta, podían marcar las cinco líneas de golpe en lugar de tener que medir cada línea por separado (Hamel, 1992: 25). Pero tanto con una sola punta como con un *rastrum*, el hecho de que marcaran esas guías en el pergamino en vez de dibujarlas sobre él, indica que las líneas se consideraban parte integrante de la superficie sobre la que escribían. Formaban parte del terreno, así como se diferenciaban de las configuraciones del manuscrito.

Volvamos ahora a los trazados. Éstos datan de los tiempos en que la gente empezó a marcar parcelas de tierra mediante cuerdas tendidas entre varas o estacas clavadas en el suelo. En el antiguo Egipto estas prácticas de prospección y medición de tierra tenían especial importancia, puesto que cada año las crecidas del Nilo enterraban o destruían las marcas de las lindes que después tenían que ser restituidas para definir los derechos de propiedad, así como para determinar los arriendos y los impuestos basados en ellos. Las operaciones de prospección eran supervisadas por un escriba que tenía el conocimiento práctico y matemático necesario. La herramienta básica de prospección era una cuerda de cien codos de largo, marcada con nudos a intervalos. La prospección era conocida como «estiramiento de cuerda» y el prospector como «estirador de cuerda» (Paulson, 2005). En una inscripción del templo del rey Edfu, donde aparece él junto con una sacerdotisa que encarna a Seshet —diosa de la escritura y el conocimiento—, se lee: «Yo tomo la estaca y agarro el mango del mazo. Yo agarro la cuerda (de medir) con Seshet» (Edwards, 1961: 259).

El término *geometría*, por supuesto, significa literalmente «medición de la tierra» y sus orígenes se encuentran en prácticas que en la Antigüedad se extendieron de Egipto a Grecia. Pero en las matemáticas griegas, y sobre todo en la obra de Euclides de Alejandría, la disciplina de la geometría cobró vida propia, sentando —a su vez— los fundamentos de la ciencia de la óptica, cuyos principios se basan en la premisa esencial de que la luz viaja en línea recta. Una línea recta, de acuerdo con el primer postulado de Euclides, «puede dibujarse desde cualquier punto hasta cualquier otro punto» (Coxeter, 1961: 4). Es evidente que Euclides imagina la línea como un conector —es decir, como un trazado más que como una guía— sin tener en cuenta la linealidad intrínseca a la constitución del plano bidimensional sobre el cual se suponía que estaban dispuestas todas las figuras de su geometría. Euclides creía que los rayos brillaban desde los ojos para iluminar los objetos sobre los que caían y así los describía, como líneas rectas que conectaban el ojo al objeto. Sin embargo, puesto que la línea era dibujada no como un movimiento sino como un conector estático desde un punto a otro, era indiferente si los rayos eran emitidos por los ojos o si entraban en ellos, y el triunfo final de este último parecer, tras siglos de discusión, fue irrelevante para la forma de la línea. Como afirma Margaret Hagen: «Si los rayos visuales llegan a o de los ojos no es importante para determinar la apariencia ni siquiera en el sistema de Euclides. El factor crítico es la rectilineidad, la rectitud, de los rayos» (Hagen, 1986: 303).[1] Al usar instrumentos ópticos para medir la tierra, los nave-

---

1. Las líneas rectas que indican los rayos de luz en las representaciones ópticas modernas son curiosamente ambiguas. Por una parte, como luz solar incidente, los rayos se represen-

gantes se basaban en trazar ejes visuales cuya rectitud representaba tanto la tensión de las cuerdas tirantes, como la rectilineidad de los rayos de luz (Mitchell, 2006: 348-9). Se convirtieron en los trazados inscritos en mapas, gráficos y diagramas.

Aunque hoy tendemos a considerar la línea recta como un fenómeno unitario, aún mantenemos la división entre guías y trazados, con sus orígenes tan diferentes en el telar y en la agrimensura. Por lo general, son los trazados los que ganan nuestra atención. Los vemos en todo tipo de construcción diseñada mediante el ensamblado de componentes prefabricados: en riostras, puntales y vigas, abrazaderas y estribos, marcos y andamios, que se mantienen unidos por juntas y tornillos (Kandinsky, 1982: 621-4). Las guías, por el contrario, tienden a esconderse de la vista o a desaparecer del todo en los fondos que ellas mismas constituyen. A menudo no conseguimos percibirlas. Pero continúan siendo esenciales para muchas de las superficies sobre las cuales o alrededor de las cuales se conduce la vida del medio urbanizado. Pensemos en las líneas del pavimento, de la mampostería, de las tarimas, incluso del empapelado —las líneas donde se unen las tiras siguen estando ahí, ¡aun cuando los decoradores de interiores hagan todo lo posible para ocultarlas!—; o las líneas de asientos en un vagón de tren, en el fuselaje de un avión o en un auditorio. También usamos guías para convertir una superficie ya existente en un campo de acción, como cuando se pintan sobre la hierba para crear una pista de carreras o una cancha de tenis. Al igual que las pautas y los márgenes que siguen apareciendo en los cuadernos de ejercicios del colegio, estas líneas no suponen una barrera física para el movimiento, pero aun así atravesarlas implica unas consecuencias, más o menos serias.

Antes de dejar el tema de las guías y los trazados, habría que decir algo sobre carreteras, vías férreas y canales, pues parece que estas vías de comunicación pueden entenderse en dos sentidos. Por un lado, son trazados en sí mismos, al unir lugares específicos por un recorrido existente antes del tráfico que fluye entre ellos. Por otra parte, el asfalto de la carretera, las vías del tren y la

---

tan en forma de bandas de líneas paralelas que constituyen el campo visual. Por otra, como rayos reflejados, se muestran en forma de líneas que conectan objetos vistos por el ojo del observador. Parecen guías en un caso y trazados en el otro.

anchura del canal forman superficies sobre las cuales se mueven vehículos (automóviles, trenes, gabarras), y estas superficies están formadas a su vez por guías que pueden ser más o menos restrictivas. Afortunadamente los maquinistas de tren no tienen que conducir, pero los gabarreros y los automovilistas sí, el primero dentro de los límites definidos por las orillas del canal, el segundo acatando las líneas pintadas en el centro y a ambos lados de la calzada. La línea central separa el tráfico que se aproxima del que se aleja y conducir «por el lado equivocado» es provocar un accidente. Pero todavía es posible —aunque peligroso— para el automovilista cambiar de lado, como en un adelantamiento. De cualquier forma, en todos estos casos, que veamos un canal de comunicación como un trazado o como una serie de guías dependerá de si nos centramos en su aspecto comunicativo, de «ir de A a B», o en su aspecto de canalización, de guiar el movimiento sobre una superficie.

USAR UNA REGLA

En inglés, un regidor (*ruler*) es un soberano que controla y gobierna un territorio. Es también un instrumento para dibujar líneas rectas. Estos dos usos, como ya hemos dado a entender, están estrechamente relacionados. Al establecer que el territorio está bajo su control, el regidor establece unas guías, unas directrices que sus habitantes han de cumplir. Y en sus juicios políticos y decisiones estratégicas —sus medidas—, traza el rumbo que deben seguir. Tanto en el territorio como en la página, la regla y el regidor (*ruler*) se han empleado para dibujar líneas de ambos tipos.

Durante siglos, los escribas usaron reglas (*rulers*) para marcar guías sobre pergamino o papel, mientras que prospectores y navegantes las usaban para dibujar trazados sobre diagramas y gráficos. Con el desarrollo de la imprenta, el primer uso ha quedado más o menos obsoleto, dado que el papel para notas, para gráficos y para escritura a mano viene ya convenientemente pautado (*ruled*). No obstante, todo colegial debe incluir una regla (*ruler*) en su estuche de geometría, para usarla al dibujar figuras, tablas y gráficos. Además, la regla (*ruler*) sigue siendo parte esencial del equipo de instrumentos para navegantes o prospectores. Y desde que arquitectos e ingenieros dejaron de ser los maestros entre constructores y mecánicos, alejándose del terreno para convertirse en diseñadores «respetables» de estructuras para ser montadas o levantadas por artesanos de menor estatus, la regla también se ha hecho esencial en su caja de herramientas.[2] En un artículo ya clásico, el sociólogo de la ciencia David Turnbull, expuso cómo a lo largo de la Edad Media los diseños para los monumentos más grandes, como las catedrales, no se dibujaban de antemano, sino que se improvisaban *in situ*. Las líneas se dibujaban sobre la propia tierra o mediante cordeles estirados, a escala real, o se grababan en los materiales a modo de patrones (Turnbull, 1993). Sólo cuando el arquitecto dejó de ser el maestro de obras y se retiró al tablero de dibujo, esos patrones fueron reemplazados por la regla y los cordeles tirantes por los trazos pautados del diagrama. Desde aquel momento en adelante, los constructores dejaron de ser regidos (*ruled*) por el arquitecto en persona, para regirse por la rectitud de sus líneas sobre planos y especificaciones que hoy en día son respaldados por fuerza de ley y obligación contractual.

El acto de trazar una línea con una regla es, en apariencia, muy diferente a trazarla a mano alzada. Como señaló John Ruskin, ninguna mano sola —ni siquiera la mejor instruida— podrá nunca trazar una línea sin curvatura alguna ni variación de sentido. «Un gran dibujante puede», observó, «trazar cualquier línea menos una recta». Por esta razón Ruskin consideraba inútil que los principiantes practicasen el trazado de líneas rectas. ¿Qué sentido tiene cuando es la única cosa que ningún dibujante puede ni podrá hacer nunca? A fin de capacitar a los principiantes en una percepción acertada de las relaciones entre líneas rectas y curvas, por ejemplo, en las formas de los capiteles romanos, Ruskin recomendaba en consecuencia que se les permitiese usar una regla (Ruskin, 1904: 38). En su libro *The Nature and Art of Workmanship*, el teórico del diseño, David Pye llega a una conclusión similar mediante la distinción entre lo que él llama «acabado de riesgo» y «acabado de certeza». En el acabado de riesgo el resultado no está predeterminado, pero «depende del juicio, la

---

2. Éste es un ejemplo de la misma división entre trabajo intelectual y manual que —como vimos en el capítulo 5— separa también al autor del impresor. Merece la pena recordar que en la época medieval la *machina* (máquina) era en esencia un tipo de grúa, un instrumento para levantar materiales pesados hasta los muros y los tejados más altos de un edificio en construcción. La máquina era accionada por *masiones* (peones) bajo la dirección de *architecti* (maestros de obra). Ver Carruthers (1998: 22).

destreza y el cuidado que el artífice ejerza mientras trabaja» (Pye, 1968: 4). De ahí que la calidad del resultado nunca esté asegurada hasta que el trabajo esté finalizado del todo. En el acabado de certeza, por el contrario, el resultado está predeterminado con exactitud antes de que la tarea haya siquiera empezado. Esta determinación se da en las normas y especificaciones del equipo de producción, que, a su vez, controla los movimientos del punto de trabajo. El acabado de riesgo, parece indicar Pye, tiene su ejemplo en la escritura con pluma estilográfica y el acabado de certeza, en la impresión moderna.

No obstante, en el acabado de riesgo los profesionales están constantemente ideando maneras de limitar el riesgo mediante el uso de plantillas y patrones, lo que introduce un nivel de certeza en los procedimientos. Así, «si quieres trazar una línea recta con tu pluma estilográfica», aconseja Pye, «no lo hagas a mano alzada, usa una regla, es decir, una plantilla» (1968: 5). La diferencia entre trazar una línea a mano alzada y hacerlo con una regla tiene precisamente su paralelo en la diferencia entre viajar a pie o en un medio de transporte, tal como explicamos en el capítulo 3. En el primer caso, sólo cuando el viajero ha llegado a su destino se puede decir realmente que ha encontrado su ruta hasta allí. Durante todo el recorrido tiene que prestar atención a su camino en relación con las vistas y horizontes que van cambiando constantemente según avanza. Así ocurre también con una pluma estilográfica o un lápiz: mientras se usa hay que estar pendiente de hacia dónde va y hacer ajustes en conformidad. Por eso es inevitable cierto grado de desvío y curvatura. En el segundo caso, por el contrario, el viajero ya ha planificado la ruta antes de partir. Viajar, entonces, es simplemente llevar a cabo el plan. Es lo mismo que cuando trazas una línea con una regla para conectar dos puntos. Al alinear la regla de forma que su borde quede en contacto con ambos puntos, la trayectoria de la punta de la estilográfica o del lápiz ya está completamente determinada incluso antes de haber comenzado su trazo. Es por esta razón por lo que frecuentemente pensamos en ese conector de punto a punto como en una línea recta trazada con una regla. Parece como si, en cuanto se hace uso de la regla, el acabado de riesgo intrínseco a la pluma deambulante cede el paso a un acabado de certeza que va derecho al punto.

Con todo, en la realidad las cosas no son tan simples. Así como el transporte no puede ser siempre perfecto, dado que siempre conlleva un factor de viaje, tampoco ninguna línea que se haya trazado —ni siquiera con una regla— puede ser nunca *perfectamente* recta. Siempre existe un factor de riesgo. Por una parte, está el constante peligro de que la regla se deslice. Por otro, la distancia precisa de la línea desde el borde de la regla dependerá del ángulo al que se sujeta la pluma, que tiende a variar al seguir hasta el final el gesto de la mano. Además es difícil mantener constante de manera exacta la presión sobre la punta, por lo que el ancho y la densidad de la línea pueden ser variables. Tampoco se puede estar seguro de que el borde de la regla es perfectamente recto, pues es probable que se haya combado o mellado por el desgaste en usos anteriores. Es más, trazar la línea *lleva tiempo*. No se puede limitar a un solo instante. Al reflexionar sobre su propia práctica arquitectónica de crear proyecciones axionométricas sobre un tablero de dibujo con regla y escuadra, Ray Lucas observa que, por mucho que se repitan determinadas acciones, «sigue siendo parte esencial del proceso que realice esos movimientos cada vez» (Lucas, 2006: 174-5).

La mayoría de los arquitectos contemporáneos aman el dibujo, pero odian la escritura. Siempre llevan lápices encima y continuamente están garabateando y haciendo bosquejos (Medway, 1996: 34-5). Dibujan mientras piensan y piensan mientras dibujan, dejando un rastro o una huella en la memoria y en el papel. Y hacer esos dibujos tampoco es necesariamente una actividad solitaria. Muy a menudo puede asumir la forma de una conversación en la que dos o más interlocutores se turnan para añadir líneas o modificarlas, como una idea que toma forma y se desarrolla de manera colaborativa (ver ilustración 6.3 en la página siguiente). Desde luego que con frecuencia también tienen que escribir, pero la mayoría de las veces es «escribir sobre dibujo», donde las palabras apuntan características especiales del boceto. Escribir, en la arquitectura, queda para aquello que se puede dibujar, y esto le da la vuelta a la convención de que el dibujo es un entrenamiento para la ilustración. Los arquitectos no dibujan para ilustrar sus obras, excepto por motivos publicitarios o para impresionar a los clientes. Tales dibujos ilustrativo, hechos a menudo en perspectiva, se conocen en términos despectivos como «imágenes bonitas» y se consideran del todo superfluos para el proceso de diseño arquitectónico (Henderson, 1999: 32-3). Los dibujos *de verdad* son obras en sí mismos, no ilustraciones de obras. Escribir está subordinado a dibujar y no al revés.

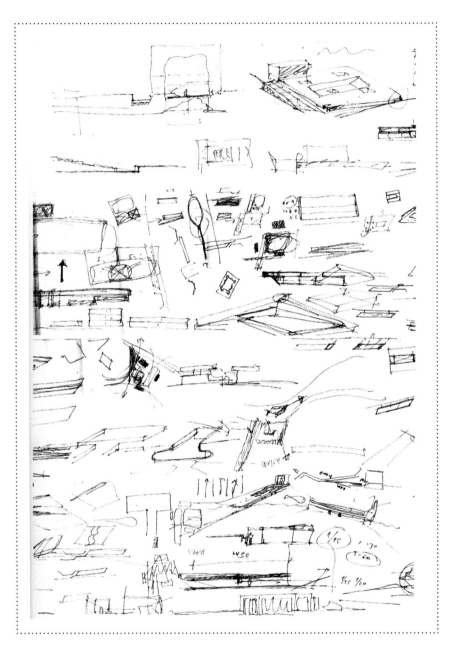

Ilustración 6.3 Fragmento de un boceto dibujado en colaboración hecho por entre tres y seis arquitectos trabajando juntos durante un periodo de unas cuatro horas. Extraído de Gunn (2002: 324). Reproducido con permiso de Wendy Gunn.

Sin embargo, una consecuencia de la separación del diseño arquitectónico de la industria de la construcción es que se requiere de los arquitectos que elaboren dibujos no sólo como ayuda para lograr entender sus ideas, sino también para expresar unas instrucciones exactas al constructor de lo que hay que hacer. Por lo tanto, existen dos grandes tipos de dibujos arquitectónicos: los bocetos, hechos durante el desarrollo de la idea, y los dibujos especificativos —normalmente hechos en planta, en sección y en alzado (pero *no* en perspectiva)— que dan instrucciones al constructor. Mientras que los bocetos se hacen a mano alzada, los dibujos especificativos están medidos y pautados con precisión. Una situación bastante similar predomina en la música, como consecuencia de la separación paralela entre composición e interpretación. Los compositores abocetan a mano alzada mientras elaboran sus ideas, pero a efectos de la interpretación es necesario disponer de una partitura en la que los requisitos del compositor estén especificados de manera exacta siguiendo las pautas del pentagrama. En las ilustraciones 6.4 y 6.5 he yuxtapuesto un ejemplo de boceto

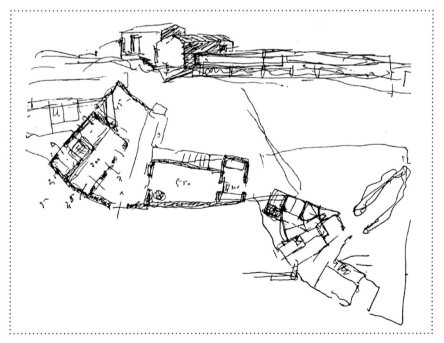

Ilustración 6.4 Boceto para la adaptación y reconstrucción de dos pequeños edificios de uso agrícola, Moledo do Minho, Portugal, 1971, de Álvaro Siza. Extraído de Siza (1997: 158).

Ilustración 6.5 Boceto de la última composición de Janáček, *Te espero*. Extraído de Janáček (1989: 68), con permiso de Marion Boyars Publishers.

arquitectónico y uno de un boceto musical: el primero es del arquitecto portugués Álvaro Siza, el segundo del compositor checo Leoš Janáček. Aunque en ambos casos los dibujos siguen sistemas de marcas convencionales —de planta y alzado en un caso, de pentagrama trazado en el otro—, de poco servirían al constructor o al intérprete. Pero comparados con las líneas rectas, regladas con formalidad, del dibujo de especificaciones o de la partitura impresa, estos bocetos transmiten un poderoso sentido del movimiento. El edificio en un caso y la música en el otro parecen estar *vivos* en el papel. Esas líneas son activas, en el sentido empleado por Paul Klee. Se van de paseo.

¿Por qué unas líneas sinuosas trazadas a mano alzada habrían de parecer más vivas y realistas que otras líneas trazadas con una regla, incluso aunque representen lo que serían líneas rectas en un entorno? Una respuesta es que, mientras la línea geométrica abstracta, al describir una arista, representa la unión de dos *planos,* una arista real en un entorno edificado está formada por la unión de dos *superficies.* Como señalaba James Gibson en su trabajo sobre la psicología de la percepción visual, superficie y plano son dos cosas muy diferentes. El plano geométrico —«una lámina muy fina en el espacio»— no es más que el fantasma insustancial de la superficie real —«una interconexión entre un medio y una sustancia» (1979: 35). El medio es, por lo común, el aire, pero la sustancia puede ser cualquier material sólido con el que se construyen los edificios o el del propio terreno. En un entorno percibimos las aristas como aristas, no como líneas, y por muy aguda que pueda ser (ninguna arista real puede ser perfectamente aguda, al igual que ninguna línea real puede ser perfectamente recta), esta percepción siempre varía según las texturas particulares de las superficies adyacentes. Una línea trazada a mano puede transmitir algo de esta textura, mientras que una línea trazada con regla no puede. Pero una segunda respuesta puede ser aún más significativa. Y es que en la vida real, como ya he demostrado en el capítulo 3, percibimos el entorno no desde un punto de vista estacionario ni desde una sucesión de dichos puntos, sino que en el transcurso de nuestro movimiento por lo que Gibson denomina «una *ruta* de observación» (*ibíd.*: 197). En el boceto a mano alzada, el movimiento del observador con relación a una característica estacionaria es traducido en el movimiento de la línea que describe esa característica con relación a un observador que ahora está inmóvil.

No me he extendido sobre los efectos del ordenador en campos como el diseño técnico, la composición musical y la arquitectura, y me alegra dejar a otros más competentes que yo la especulación sobre estas materias. Baste con decir que una de las consecuencias del diseño asistido por ordenador (CAD, «computer-assisted design»), como ha mostrado Wendy Gunn en un estudio sobre los efectos de introducir CAD en los procesos de diseño en varias prácticas arquitectónicas en Noruega, puede ser eliminar el boceto a mano alzada (Gunn, 2002). El ordenador permite al diseñador generar proyecciones ortogonales o de perspectiva casi perfectas —más perfectas incluso que los tradicionales dibujos de especificaciones hechos a mano—, lo que puede ser tan preciso y detallado como uno quiera. Las líneas de esas proyecciones no están dibujadas a mano alzada ni con regla; de hecho, no implican movimientos ni gestos de ningún tipo. Cada una de ellas es más bien el resultado geométricamente informatizado de un cómputo instantáneo. Esas líneas pueden ser modificadas a voluntad en cualquier estadio del proceso de diseño. Sin embargo, y a diferencia de los bocetos, el CAD no deja huella de esas modificaciones o de las muchas manos que contribuyen a ellas. Una vez impreso, un diagrama generado por ordenador está completo. Es evidente que se puede cambiar el diseño e imprimir de nuevo, pero cada impresión es un nuevo dibujo, no un momento en la evolución de uno que aún se está desarrollando. En tanto que los bocetos encarnan su propia historia en una sola hoja, sólo se puede reconstruir la historia de un proceso de CAD amontonando toda una pila de hojas en secuencia genealógica (*ibíd.*: 324-7).

FRAGMENTACIÓN

Comencé con la observación de que la línea recta se ha convertido en un icono de modernidad. Nos ofrece razón, certeza, autoridad, un sentido de dirección. Sin embargo, con demasiada frecuencia en el siglo XX, la razón ha demostrado que funciona de maneras profundamente irracionales, las certezas han engendrado conflictos incontrolables, la autoridad se ha revelado como la máscara de la intolerancia y la opresión, y las direcciones se han confundido en un laberinto de callejones sin salida. La línea, al parecer, se ha roto en fragmentos. Si la línea recta era un icono de modernidad, entonces la línea fragmentada parece estar emergiendo como un icono igualmente poderoso de posmodernidad. Esto no es más que una reversión a la línea sinuosa del deambular. Cuando la primera va hacia adelante, de un sitio a otro, la línea fragmentada posmoderna va a través: pero no una etapa tras otra, de un destino al siguiente, sino de un punto de ruptura a otro. Estos puntos no son localizaciones sino dislocaciones, segmentos fuera de su juntura. Para ponerlo en los términos propuestos por Kenneth Olwig, la línea del vagabundeo, efectuada a través de las prácticas de habitar y de los enrevesados movimientos que implican, es *tópica;* la línea recta de la modernidad, guiada por una solemne narrativa del progreso continuo, es *utópica;* la línea fragmentada de la modernidad es *distópica.* «Quizá sea la hora», escribe Olwig, «de que vayamos más allá del *utopismo* de la modernidad y del *distopismo* de la posmodernidad hasta un *topismo* que reconoce que los seres humanos, como criaturas de historia, crean lugares consciente e inconscientemente» (Olwig, 2002: 52-3).

En las ilustraciones 6.6 y 6.7 reproduzco dos ejemplos de la línea fragmentada, tomados respectivamente de la arquitectura y de la música. Tal vez puedan compararse con los dos bocetos reproducidos en las figuras 6.4 y 6.5. El primer ejemplo muestra el plano de la planta baja del Museo judío de Berlín, diseñado por el arquitecto Daniel Libeskind. El segundo es de una pieza para doce voces masculinas titulada *Siciliano* del compositor italiano Sylvano Bussotti. De hecho hay una analogía musical en el corazón de la obra de Libeskind y su original presentación a concurso: titulada *Entre líneas,* se presentó en papel manuscrito con el texto literalmente entre las cinco líneas de un pentagrama. Libeskind explica que su elección de título para el proyecto se basó en la idea de que trata de «dos líneas de pensamiento, organización y relación. Una es una línea recta, pero rota en muchos fragmentos; la otra es una línea tortuosa, pero que continúa indefinidamente» (Libeskind, 2001: 23). Esta explicación puede tomarse como recapitulación paradigmática de las calamidades de la historia moderna y del irreprimible potencial de la vida para abrirse camino, y seguir avanzando, incluso bajo las circunstancias más complicadas. De hecho la fragmentación puede tener una lectura positiva en tanto que abre pasajes —si bien poco convencionales— que previamente podrían haber sido clausurados, permitiendo así a los habitantes hallar sus propios «caminos transversales» y de este modo crear lugares para sí mismos entre las rupturas de la dislocación.

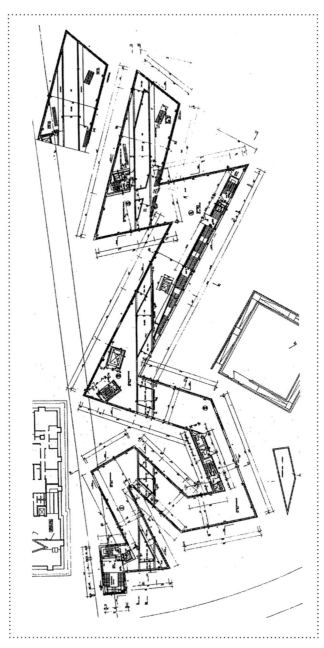

Ilustración 6.6 Plano de la planta del Museo Judío de Berlín, diseñado por Daniel Libeskind. Extraido de Libeskind (2001: 27). © Studio Daniel Libeskind. Reproducido con autorización.

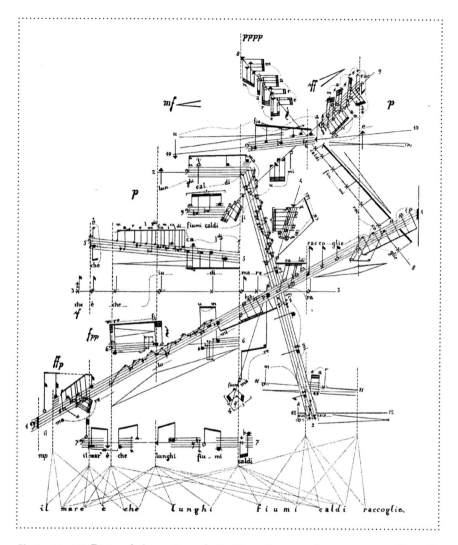

Ilustración 6.7 Página de la partitura de *Siciliano*, obra para doce voces masculinas, de Sylvano Bussotti (1962).

Es tradicional que, al alcanzar la conclusión de un trabajo, el autor anuncie que ha llegado el momento de juntar los hilos del argumento. Lo que he mostrado a lo largo de este libro, sin embargo, no es sólo que esa juntura es una manera de establecer un lugar en el mundo, sino también que los hilos de los que uno tira dejan hebras sueltas de las que, a su debido tiempo, se puede tirar para anudarlas con otras hebras. Las líneas no tienen un final definido y es esa indefinición —en vidas, relaciones, historias y procesos de pensamiento— lo que he querido celebrar. Espero que, al hacerlo, haya dejado suficientes cabos sueltos para que otros los sigan y los agarren de las formas que deseen. Lejos de buscar una conclusión, mi propósito ha sido forzar una apertura. Puede que hayamos llegado al final de este libro, pero eso no significa que hayamos alcanzado el final de la línea. Es más, la línea, como la vida, no tiene fin. Como en la vida, lo que importa no es el destino final, sino todas las cosas interesantes que ocurren a lo largo del camino. Porque *dondequiera que estés, siempre hay algún sitio más alejado al que puedes ir.*

Referencias bibliográficas

Adams, J. L. (1997) «The place where you go to listen», *Terra Nova: Nature and Culture*, 2(3): 15-16.

Aichele, K. P. (2002) *Paul Klee's Pictorial Writing*, Cambridge University Press, Cambridge.

Alberti, L. B. (1972) *On Painting*, trad. C. Grayson, ed. M. Kemp, Penguin, Harmondsworth. (Trad. cast.: *De la pintura y otros escritos sobre arte*, Tecnos, 2007.)

Aporta, C. (2004) «Routes, trails and tracks: trail breaking among the Inuit of Igloolik», *Études/Inuit/Studies*, 28(2): 9-38.

Augustine, Saint (1991) *Confessions*, trad. H. Chadwick, Oxford University Press, Oxford. (Trad. cast.: Agustín de Hipona, *Confesiones*, B.A.C., 1986.)

Avrin, L. (1991) *Scribes, Script and Books: The Book Arts from Antiquity to the Renaissance*, American Library Association, Chicago.

Barber, E. (1994) *Women's Work: The First 20,000 Years*, W. W. Norton, Nueva York.

Barker, A. (1984) *Greek Musical Writings, vol. I: The Musician and his Art*, Cambridge University Press, Cambridge.

— (1989) *Greek Musical Writings, vol. II: Harmonic and Acoustic Theory*, Cambridge University Press, Cambridge.

Barnes, J. A. (1967) «Genealogies», en A. L. Epstein (ed.), *The Craft of Social Anthropology*, Tavistock, Londres.

Belyea, B. (1996) «Inland journeys, native maps», *Cartographica*, 33: 1-16.

Berger, J. (1982) «Stories», en J. Berger y J. Mohr, *Another Way of Telling*, Vintage Books, Nueva York. (Trad. cast.: *Otra manera de contar*, Gustavo Gili, 2007).

Bergson, H. (1911) *Creative Evolution*, trad. A. Mitchell, Macmillan, Londres. (Trad. cast.: *La evolución creadora*, Cactus, 2007).

— (1991) *Matter and Memory*, trad. N. M. Paul y W. S. Palmer, Zone Books, Nueva York. (Trad. cast.: *Materia y memoria*, Cactus, 2006.)

Billeter, J. F. (1990) *The Chinese Art of Writing*, trad. J.-M. Clarke y M. Taylor, Rizzoli International, Nueva York.

Bogoras, W. G. (1904-09) *The Chukchee, Jesup North Pacific Expedition vol. VII* (3 partes), American Museum of Natural History Memoir 11, E. J. Brill, Leiden.

Boule, M. (1923) *Fossil Men: Elements of Human Palaeontology*, trad. J. E. Ritchie y J. Ritchie, Oliver and Boyd, Edimburgo.

Bouquet, M. (1993) *Reclaiming English Kinship: Portuguese Refractions of British Kinship Theory*, Manchester University Press, Manchester.

— (1996) «Family trees and their affinities: the visual imperative of the genealogical diagram», *Journal of the Royal Anthropological Institute*, 2(1): 43-66.

Bourdieu, P. (1977) *Outline of a Theory of Practice*, trad. R. Nice, Cambridge University Press, Cambridge. (Trad. cast.: *Bosquejo de una teoría de la práctica*, Prometeo, 2012.)

Boyarin, J. (1992) «Placing reading: Ancient Israel and Medieval Europe», en J. Boyarin (ed.), *The Ethnography of Reading*, University of California Press, Berkeley, CA.

Brown, T. (1978) *The Tracker: The Story of Tom Brown, Jr. as Told by William Jon Watkins*, Prentice Hall, Nueva York.

Brown, T. J. (1992) «Punctuation», en *The New Encyclopædia Britannica*, 15th ed., vol. 29, págs. 1050-2.

Carruthers, M. (1990) *The Book of Memory: A Study of Memory in Medieval Culture*, Cambridge University Press, Cambridge.

Carruthers, M. (1998) *The Craft of Thought: Meditation, Rhetoric and the Making of Images, 400-1200*, Cambridge University Press, Cambridge.

REFERENCIAS BIBLIOGRÁFICAS

Certeau, M. de (1984) *The Practice of Everyday Life*, trad. S. Rendall, University of California Press, Berkeley, CA. (Trad. cast.: *La invención de lo cotidiano*, Universidad Iberoamericana, 2012.)

Chatwin, B. (1987) *The Songlines*, Jonathan Cape, Londres.

Ch'en Chih-Mai (1966) *Chinese Calligraphers and their Art*, Melbourne University Press, Londres.

Clanchy, M. T. (1979) *From Memory to the Written Record*, Blackwell, Oxford.

Clifford, J. (1990) «Notes on (field)notes», en R. Sanjek (ed.), *Fieldnotes: The Makings of Anthropology*, Ithaca, Cornell University Press, Nueva York.

Colgrave, B. y Mynors, R. A. B. (eds.) (1969) *Bede's Ecclesiastical History of the English People*, Oxford University Press, Londres.

Collignon, B. (1996) *Les Inuit: Ce qu'ils savent du territoire*, L'Harmattan, París.

Cotton, L. (1896) *Palmistry and its Practical Uses*, Kegan Paul, Trench, Trubner, Londres.

Coulmas, F. (2003) *Writing Systems: An Introduction to their Linguistic Analysis*, Cambridge University Press, Cambridge.

Coxeter, H. S. M. (1961) *Geometry*, John Wiley, Nueva York.

Darwin, C. (1950) *The Origin of Species by Means of Natural Selection, or the Preservation of Favoured Races in the Struggle for Life* (reimpresión de la primera edición de 1859), Watts, Londres. (Trad. cast.: *El origen de las especies*, Alianza, 2009.)

Dearmer, P., Vaughan Williams, R. y Shaw, M. (eds.) (1964) *The Oxford Book of Carols*, Oxford University Press, Londres.

DeFrancis, J. (1984) *The Chinese Language: Fact and Fantasy*, Honolulu, University of Hawai'i Press, HI.

— (1989) *Visible Speech: The Diverse Oneness of Writing Systems*, Honolulu, University of Hawai'i Press, HI.

Deleuze, G. y Guattari, F. (1983) *On the Line*, trad. J. Johnston, Semiotext(e), Nueva York.

Domat, J. (1777) *Les Loix Civiles dans leur ordre naturel: Le Droit Public, et Legum Delectus*, nueva edición, Knapen, París.

Donovan, M. (2003) «Line», *Poetry*, 181(5): 333.

Dryden, J. (1958) *The Poems and Fables of John Dryden*, ed. J. Kinsley, Oxford University Press, Oxford.

Edwards, I. E. S. (1961) *The Pyramids of Egypt*, Penguin, Harmondsworth.

Feld, S. (1996) «Waterfalls of song: an acoustemology of place resounding in Bosavi, Papua New Guinea», en S. Feld y K. Basso (eds.), *Senses of Place*, School of American Research Press, Santa Fe, NM.

Fuchs, R. H. (1986) *Richard Long*, Methuen, Londres.

Gebhart-Sayer, A. (1985) «The geometric designs of the Shipibo-Conibo in ritual context», *Journal of Latin American Lore*, 11(2): 143-75.

Geertz, C. (1973) *The Interpretation of Cultures*, Basic Books, Nueva York. (Trad. cast.: *La interpretación de las culturas*, Gedisa, 1988.)

Gell, A. (1998) *Art and Agency: An Anthropological Theory*, Clarendon Press, Oxford.

Gibson, J. J. (1979) *The Ecological Approach to Visual Perception*, Houghton Mifflin, Boston, MA.

Gillespie, C. S. (1959) «Lamarck and Darwin in the history of science», en B. Glass, O. Temkin y W. L. Straus, Jr. (eds.), *Forerunners of Darwin: 1745-1859*, Johns Hopkins University Press, Baltimore, MD.

Goehr, L. (1992) *The Imaginary Museum of Musical Works: An Essay in the Philosophy of Music*, Clarendon Press, Oxford.

Goldsworthy, A. (1994) *Stone*, Penguin (Viking), Londres.

Goodman, N. (1969) *Languages of Art: An Approach to a Theory of Symbols*, Oxford University Press, Londres. (Trad. cast.: *Los lenguajes del arte*, Paidós, 2010.)

Goodwin, C. (1994) «Professional vision», *American Anthropologist*, 96: 606-33.

Gow, P. (1990) «Could Sangama read? The origin of writing among the Piro of eastern Peru», *History and Anthropology*, 5: 87-103.

Gray, N. (1971) *Lettering as Drawing*, Oxford University Press, Londres.

Guaman Poma de Ayala, F. (1987) *Nueva Cronica y Buen Gobierno*, tomo A, ed. J. V. Murra, R. Adorno y J. L. Urioste, Siglo XXI, Ciudad de México.

Gunn, W. (1996) «Walking, movement and perception», Tesis de grado inédita, Universidad de Manchester.

— (2002) «The social and environmental impact of incorporating computer aided design technologies into an architectural design process», Tesis doctoral inédita, Universidad de Manchester.

Hagen, M. A. (1986) *Varieties of Realism: Geometries of Representational Art*, Cambridge University Press, Cambridge.

Hallam, E. (2002) «The eye and the hand: memory, identity and clairvoyants' narratives in England», en J. Campbell y J. Harbord (eds.), *Temporalities, Autobiography and Everyday Life*, Manchester University Press, Manchester.

Hamel, C. (1992) *Scribes and Illuminators*, British Museum Press, Londres.

Harris, R. (1986) *The Origin of Writing*, Duckworth, Londres.

— (2000) *Rethinking Writing*, Continuum, Londres.

Hauser-Schäublin, B. (1996) «The thrill of the line, the string, and the frond, or why the Abelam are a non-cloth culture», *Oceania*, 67(2): 81-106.

Havelock, E. A. (1982) *The Literate Revolution in Greece and its Cultural Consequences*, Princeton University Press, Princeton, NJ.

Henderson, K. (1999) *On Line and on Paper: Visual Representations, Visual Culture, and Computer Graphics in Design Engineering*, Cambridge University Press, Cambridge.

Herzfeld, C. y Lestel, D. (2005) «Knot tying in great apes: etho-ethnology of an unusual tool behavior», *Social Science Information*, 44(4): 621-53.

Howe, N. (1992) «The cultural construction of reading in Anglo-Saxon England», en J. Boyarin (ed.), *The Ethnography of Reading*, University of California Press, Berkeley, CA.

Iguchi, K. (1999) «How to play the flute in Kyoto: learning, practice and musical knowledge», Disertación doctoral inédita, Universidad de Manchester.

Ingber, D. E. (1998) «The architecture of life», *Scientific American*, 278(1): 30-9.

Ingold, T. (1986) *Evolution and Social Life*, Cambridge University Press, Cambridge.

— (2000) *The Perception of the Environment: Essays on Livelihood, Dwelling and Skill*, Routledge, Londres.

— (2001) «From the transmission of representations to the education of attention», en H. Whitehouse (ed.), *The Debated Mind: Evolutionary Psychology versus Ethnography*, Berg, Oxford.

— (2004) «Culture on the ground: the world perceived through the feet», *Journal of Material Culture*, 9(3): 315-40.

Jacoby, H. J. (1939) *Analysis of Handwriting*, Allen & Unwin, Londres.

Janáček, L. (1989) *Janáček's Uncollected Essays on Music*, trad. y ed. M. Zemanová, Marion Boyars, Londres.

Jarvis, R. (1997) *Romantic Writing and Pedestrian Travel*, Macmillan, Londres.

Kandinsky, V. (1982) «Point and line to plane», en K. C. Lindsay y P. Vergo (eds.), *Kandinsky: Complete Writings on Art, vol. 2 (1922-1943)*, Faber & Faber, Londres. (Trad. cast.: *Punto y línea sobre el plano*, Paidós, 2005.)

Kapr, A. (1983) *The Art of Lettering: The History, Anatomy and Aesthetics of the Roman Letter Forms*, trad. I. Kimber, K. G. Saur Verlag, Múnich.

Kelley, K. y Francis, H. (2005) «Traditional Navajo maps and wayfinding», *American Indian Culture and Research Journal*, 29(2): 85-111.

REFERENCIAS BIBLIOGRÁFICAS

Klapisch-Zuber, C. (1991) «The genesis of the family tree», *I Tatti Studies, Essays in the Renaissance*, 4(1): 105-29.

Klee, P. (1961) *Notebooks, vol. 1: The Thinking Eye*, ed. J. Spiller, trad. R. Manheim, Lund Humphries, Londres. (Trad. cast.: *Diarios*, Alianza editorial, 1998.)

Küchler, S. (2001) «Why knot? A theory of art and mathematics», en C. Pinney y N. Thomas (eds.), *Beyond Aesthetics: Essays in Memory of Alfred Gell*, Berg, Oxford.

Kurttila, T. and Ingold, T. (2001) «Perceiving the environment in Finnish Lapland», en P. Macnaghten y J. Urry (eds.), *Bodies of Nature*, Sage, Londres.

Kwon, H. (1998) «The saddle and the sledge: hunting as comparative narrative in Siberia and beyond», *Journal of the Royal Anthropological Institute* (N.s.), 4: 115-27.

Langer, S. K. (1953) *Feeling and Form: A Theory of Art*, Routledge & Kegan Paul, Londres.

Leach, E. R. (1961) *Pul Eliya: A Village in Ceylon. A Study of Land Tenure and Kinship*, Cambridge University Press, Cambridge.

— (1976) *Culture and Communication: The Logic by which Symbols are Connected*, Cambridge University Press, Cambridge. (Trad. cast.: *Cultura y comunicación. La lógica de la conexión de los símbolos: una introducción al uso del análisis estructuralista en la antropología social*, Siglo XXI, 1978.)

Lechêne, R. (1992) «History of printing», en *The New Encyclopædia Britannica*, 15 ed., vol. 26, págs. 72-8.

Leclercq, J. (1961) *The Love of Learning and the Desire of God*, trad. C. Mrahi, Fordham University Press, Nueva York.

Le Corbusier (1924) *Urbanisme*, Éditions Cres, París.

Lefebvre, H. (1991) *The Production of Space*, trad. D. Nicholson-Smith, Blackwell, Oxford. (Trad. cast.: *La producción del espacio*, Capitán Swing Libros, 2013.)

Leroi-Gourhan, A. (1993) *Gesture and Speech*, trad. A. Bostock Berger, MIT Press, MA, Cambridge.

Levin, D. M. (1988) *The Opening of Vision: Nihilism and the Postmodern Situation*, Routledge, Londres.

Libeskind, D. (2001) *The Space of Encounter*, Universe Publishing, Nueva York.

Liu Hsieh (1983) *The Literary Mind and the Carving of Dragons*, trad. V. Yu-chung Shih, Chinese University Press, Hong Kong.

Low, C. (2007) «Khoisan wind: hunting and healing», *Journal of the Royal Anthropological Institute*, 13(1) (en prensa).

Lucas, R. P. (2006) «Towards a theory of notation as a thinking tool», Tesis doctoral inédita, Universidad de Aberdeen.

Lye, T. P. (1997) «Knowledge, forest, and hunter-gatherer movement: the Batek of Pahang, Malaysia», Tesis doctoral inédita, Universidad de Hawai.

— (2004) *Changing Pathways: Forest Degradation and the Batek of Pahang*, Lanham, MD: Rowman & Littlefield, Malasia.

Mall, A. (2007) «Structure, innovation and agency in pattern construction: the kolam of Southern India», en E. Hallam and T. Ingold (eds.), *Creativity and Cultural Improvisation*, Berg, Oxford.

Matthews, W. H. (1922) *Mazes and Labyrinths: A General Account of their History and Developments*, Longmans, Green, Londres.

Mazzullo, N. (2005) «Perception, memory and environment among Saami people in northeastern Finland», Tesis doctoral inédita, Universidad de Manchester.

Medway, P. (1996) «Writing, speaking, drawing: the distribution of meaning in architects' communication», en M. Sharples y T. van der Geest (eds.), *The New Writing Environment: Writers at Work in a World of Technology*, Springer, Berlín.

Meehan, A. (1991) *Celtic Knotwork: The Secret Method of the Scribes*, Thames and Hudson, Londres.

Milne, A. A. (1928) *The House at Pooh Corner*, Methuen, Londres.

Mitchell, V. (2006) «Drawing threads from sight to site», *Textile*, 4(3): 340-61.

Mitchell, W. J. T. (2005) «Art», en T. Bennett, L. Grossberg y M. Morris (eds.), *The New Keywords*, Blackwell, Oxford.

Munn, N. D. (1973a) «The spatial presentation of cosmic order in Walbiri iconography», en J. A. W. Forge (ed.), *Primitive Art and Society*, Oxford University Press, Londres.

— (1973b) *Walbiri Iconography: Graphic Representation and Cultural Symbolism in a Central Australian Society*, University of Chicago Press, Chicago.

Nichol, bp (1993) *Truth: A Book of Fictions*, Stratford, Mercury Press, Ontario.

Novikova, N. (2002) «Self government of the indigenous minority peoples of West Siberia», en E. Kasten (ed.), *People and the Land: Pathways to Reform in Post-Soviet Russia*, Dietrich Reimer Verlag, Berlín.

Oatley, K. (1978) *Perceptions and Representations: The Theoretical Bases of Brain Research and Psychology*, Methuen, Londres.

Olson, D. R. (1994) *The World on Paper: The Conceptual and Cognitive Implications of Writing and Reading*, Cambridge University Press, Cambridge.

Olwig, K. (2002) «Landscape, place, and the state of progress», en R. D. Stack (ed.), *Progress: Geographical Essays*, MD: Johns Hopkins University Press, Baltimore.

Ong, W. (1982) *Orality and Literacy: The Technologizing of the Word*, Methuen, Londres.

Orlove, B. (1993) «The ethnography of maps: the cultural and social contexts of cartographic representation in Peru», *Cartographica*, 30: 29-46.

— (2002) *Lines in the Water: Nature and Culture at Lake Titicaca*, University of California Press, Berkeley, CA.

Paasi, A. (2004) «Boundaries», en S. Harrison, S. Pile y N. Thrift (eds.), *Patterned Ground: Entanglements of Nature and Culture*, Reaktion Books, Londres.

Parkes, M. B. (1992) *Pause and Effect: An Introduction to the History of Punctuation in the West*, Scolar Press, Aldershot.

Parrish, C. (1957) *The Notation of Medieval Music*, W. W. Norton, Nueva York.

Paulson, J. F. (2005) «Surveying in Ancient Egypt», en *From Pharaohs to Geoinformatics, Proceedings of the FIG Working Week 2005 and the 8th International Conference on the Global Spatial Data Infrastructure* (GSDI–8), Cairo, Egipto, 16-21 abril 2005, http://www.fig.net/pub/cairo.

Pye, D. (1968) *The Nature and Art of Workmanship*, Cambridge University Press, Cambridge.

Quilter, J. y Urton, G. (eds.) (2002) *Narrative Threads: Accounting and Recounting in Andean Khipu*, Universidad de Texas Press, Austin, Texas.

Rabasa, J. (1993) *Inventing A-M-E-R-I-C-A: Spanish Historiography and the Formation of Eurocentrism*, Universidad de Oklahoma Press, Norman, Oklahoma.

Rée, J. (1999) *I See a Voice: A Philosophical History of Language, Deafness and the Senses*, Harper Collins, Londres.

Reichard, G. (1936) *Navajo Shepherd and Weaver*, J. J. Augustin, Nueva York.

Richerson, P. J. y Boyd, R. (1978) «A dual inheritance model of the human evolutionary process, I: Basic postulates and a simple model», *Journal of Social and Biological Structures*, 1: 127-54.

Riegl, A. (1992) *Problems of Style: Foundations for a History of Ornament*, trad. E. Kain, Princeton University Press, Princeton NY. (Trad. cast.: *Problemas de estilo: fundamentos para una historia de la ornamentación*, Gustavo Gili, 1980.)

Rivers, W. H. R. (1968) «The genealogical method of anthropological inquiry», en *Kinship and Social Organization*, Athlone Press, Londres.

Rogers, H. (2005) *Writing Systems: A Linguistic Approach*, Blackwell, Oxford.

Rosaldo, R. (1993) «Ilongot visiting: social grace and the rhythms of everyday life», en S. Lavie, K. Narayan y R. Rosaldo (eds.), *Creativity/Anthropology*, Cornell University Press, Ithaca, NY.

Rose, D. B. (2000) *Dingo Makes Us Human: Life and Land in an Australian Aboriginal Culture*, Cambridge University Press, Cambridge.

Ross, A. (2005) «Technology», en T. Bennett, L. Grossberg y M. Morris (eds.), *The New Keywords*, Blackwell, Oxford.

Ruskin, J. (1904) «The elements of drawing», en E. T. Cook y A. Wedderburn (eds.), *The Works of John Ruskin*, vol. 15, George Allen, Londres. (Trad. cast.: en *Técnicas de dibujo*, Laertes, 1999.)

Sassoon, R. (2000) *The Art and Science of Handwriting*, Intellect, Bristol.

Saussure, F. de (1959) *Course in General Linguistics*, ed. C. Bally y A. Sechehaye, trad. W. Baskin, Philosophical Library, Nueva York. (Trad. cast.: *Curso de lingüística general*, Akal, 1980.)

Sciama, L. D. (2003) *A Venetian Island: Environment, History and Change in Burano*, Berghahn, Oxford.

Semper, G. (1989) «Style in the technical and techtonic arts or practical aesthetics (1860)», en *The Four Elements of Architecture and Other Writings*, trad. H. F. Mallgrave y W. Herrman, Cambridge University Press, Cambridge.

Silverman, E. K. (1998) «Traditional cartography in Papua New Guinea», en D. Woodward y G. M. Lewis (eds.), *The History of Cartography: Cartography in the Traditional African, American, Arctic, Australian, and Pacific Societies*, University of Chicago Press, Chicago.

Siza, A. (1997) *Alvaro Siza: Writings on Architecture*, Skira Editore, Milán. (Trad. cast.: *Álvaro Siza: obras y proyectos, 1954-1992*, Akal, 1999.)

Solnit, R. (2001) *Wanderlust: A History of Walking*, Verso, Londres.

Steadman, P. (1979) *The Evolution of Designs: Biological Analogy in Architecture and the Applied Arts*, Cambridge University Press, Cambridge.

Sterne, L. (1978) *The Life and Opinions of Tristram Shandy, Gentleman*, vol. VI, ed. M. y J. New, University Press of Florida, Gainesville [original 1762]. (Trad. cast.: *Vida y opiniones del caballero Tristram Shandy*, Alfaguara, 2002.)

Strunk, O. (ed.) (1950) *Source Readings in Music History: From Classical Antiquity through the Romantic Era*, W. W. Norton, Nueva York.

Takemitsu, T. (1997) «Nature and music», *Terra Nova: Nature and Culture*, 2(3): 5-13.

Tedlock, B. y Tedlock, D. (1985) «Text and textile: language and technology in the arts of the Quiché Maya», *Journal of Anthropological Research*, 41(2): 121-46.

Tessmann, G. (1928) *Menschen ohne Gott: Ein Besuch bei den Indianern des Ucayali*, Verlag Strecker und Schröder, Stuttgart.

Thompson, D. W. (1961) *On Growth and Form*, versión abreviada de J. T. Bonner, Cambridge University Press, Cambridge.

Thomson, J. A. (1911) *Introduction to Science*, Williams and Norgate, Londres.

Turnbull, D. (1991) *Mapping the World in the Mind: An Investigation of the Unwritten Knowledge of Micronesian Navigators*, Geelong, Deakin University Press, Victoria.

— (1993) «The ad hoc collective work of building Gothic cathedrals with templates, string and geometry», *Science, Technology and Human Values*, 18: 315-40.

Vaiman, A. A. (1974) «Über die Protosumerische Schrift», *Acta Antiqua Academiae Scientiarum Hungaricae*, 22: 15-27.

Vredeman de Vries, J. (1968) *Perspective*, Dover, Nueva York.

Vygotsky, L. (1978) *Mind in Society: The Development of Higher Psychological Processes*, ed. M. Cole, V. John-Steiner, S. Scribner y E. Souberman, Harvard University Press, Cambridge, MA.

Wagner, R. (1986) *Symbols that Stand for Themselves*, University of Chicago Press, Chicago.

Wallace, A. D. (1993) *Walking, Literature and English Culture*, Clarendon Press, Oxford.

Wassmann, J. (1991) *The Song of the Flying Fox: The Public and Esoteric Knowledge of the Important Men of Kandingei about Totemic Songs, Names and Knotted Cords (Middle Sepik, Papua New Guinea)*, trad. D. Q. Stephenson, Boroko, National Research Institute (Cultural Studies Divison), Papúa Nueva Guinea.

Weiner, J. F. (1991) T*he Empty Place: Poetry, Space and Being among the Foi of Papua New Guinea*, Indiana University Press, Bloomington, IN.

West, M. L. (1992) *Ancient Greek Music*, Clarendon Press, Oxford.

Wiebe, R. (1989) *Playing Dead: A Contemplation Concerning the Arctic*, Edmonton, NeWest, Canadá.

Williams, R. (1976) *Keywords*, Fontana, Londres.

Wilson, P. J. (1988) *The Domestication of the Human Species*, Yale University Press, New Haven, CT.

Wood, D. (1993) «What makes a map a map?», *Cartographica*, 30: 81-6.

Yen, Y. (2005) *Calligraphy and Power in Contemporary Chinese Society*, RoutledgeCurzon, Londres.

Young, D. (2001) «The life and death of cars: private vehicles on the Pitjantjatjara lands, South Australia», en D. Miller (ed.), *Car Cultures*, Berg, Oxford.

Índice de ilustraciones

1.1 El lenguaje como interfaz entre pensamiento e imagen sonora 25
1.2 Diferencias entre escrito, partitura, dibujo y grabado 29
1.3 Escritura manual y partitura como «incorporación» y «representación» 30
1.4 Manuscrito de finales del siglo IX marcado con neumas 42
1.5 Los neumas de la notación gregoriana 44
1.6 Registros paralelos de palabras y música sacados de un libro moderno de canciones navideñas 47
1.7 Discurso, escritura, dicción y gesto manual. 51
1.8 Fraseo de la sección *kakari* de *chu-no-mai*. 54
1.9 Lecciones de recitado del *Kílix* de Dírides 56
1.10 Primer *shōga* que le escribió a Kawori su profesor de flauta. 57
1.11 Fragmento de una página de mi copia de la partitura de la sexta *suite* para celo solo 59
1.12 Uno de los diseños del libro sagrado de un chamán shipibo-conibo 62
2.1 Micelios fúngicos 69
2.2 «Una línea que se hizo caminando» 72
2.3 Página de un cuaderno de marcas de orejas de reno 74
2.4 Corteza de castaño maduro 75
2.5 «Mapa general de la mano» 76
2.6 Constelaciones del hemisferio norte celestial 78
2.7 Boceto de las cuevas de Gortina al sudeste de Creta 84
2.8 Boceto chucoto que representa las sendas del mundo de los muertos 85
2.9 Diseño *kōlam* de Tamil Nadu y nudo en espiral céltico 87
2.10 Abelam trabajando en una pintura 90
2.11 Manto (*racoti*) de mujeres shipibo-conibo 92

2.12 *Tò'o* taihitiano con encuadernado de nudos. 95
2.13 Formación del lado de un triángulo de una manta de navajo 96
2.14 Cordel de nudo palingawi 99
2.15 Quipukamayoc, o «guardián de los quipu» 101
2.16 Bufanda tejida de los quechuas maya 102
2.17 Manuscrito de un fuero del siglo IX 104
2.18 Tipografía *textura*, de Johan Sensenschmidt 105
3.1 Malla de líneas entrelazadas y red de puntos conectados 120
3.2 Líneas de ocupación de la Durobrivae romana 122
3.3 Mapa del arroyo Skælbækken en la frontera germano-danesa 126
3.4 Mapa del perfil de las capas de tierra de la excavación
 de un yacimiento arqueológico 127
3.5 Nombre y firma impresos del autor sobre una línea de puntos 136
3.6 Jerarquía de los niveles de integración en un texto impreso
 moderno 137
3.7 Parte del tablero del juego *Journey through Europe* 140
3.8 El lugar como un compuesto de eje y radios frente al lugar
 como maraña de líneas de vida 141
3.9 Sendero walbiri dibujado sobre un papel 143
4.1 *Arbor consanguinitatis* francés del siglo XVIII 152
4.2 Genealogía de la Casa de Francia, 1350-1589 154
4.3 Diagrama de parentesco a modo de esquema de circuito 160
4.4 Diagrama que ilustra la modificación y diversificación
 de especies a lo largo de líneas de ascendencia 163
4.5 Líneas de transmisión y transporte 165
4.6 Secuencia que representa a cinco generaciones 167
5.1 La A de Eeyore 170
5.2 Variaciones sobre la letra A 172
5.3 «Point to Point: In an imagined H» (De punto a punto.
 En una H imaginada) 174
5.4 La evolución de la letra A, del jeroglífico de cabeza de buey
 a la mayúscula romana 176

ÍNDICE DE ILUSTRACIONES

5.5 Dibujo de John Ruskin del follaje alrededor de la raíz de un pino manso sobre un peñasco 182
5.6 Detalle de una caligrafía de Hsien-yü Shu 184
5.7 Sellos tallados por calígrafos chinos famosos 191
5.8 Capitulares romanas clásicas en una lápida del siglo I d.C. 194
5.9 Inscripción en una tableta de Jemdet Nasr (Sumeria), *circa* 3000 a.C. 196
5.10 Laurence, prior de Durham 1149-54, retratado como un escriba 201
5.11 Maduración de la caligrafía de un cura entre 1799 y 1820 206
6.1 Esqueleto reconstruido de hombre de Neandertal fósil de La Chapelle-aux-Saints comparado con esqueleto de un australiano moderno. 214
6.2 Construcción arquitectónica lineal mediante la perspectiva de Alberti 218
6.3 Fragmento de un boceto colaborativo 226
6.4 Boceto para la adaptación y reconstrucción de dos pequeños edificios por Álvaro Siza. 227
6.5 Boceto de la última composición de Janáček 228
6.6 Plano de la planta del Museo Judío de Berlín 232
6.7 Página de la partitura de *Siciliano* de Sylvano Bussotti 233

Créditos de las ilustraciones

1.5 De *The Notation of Medieval Music* de Carl Parrish. © 1957 by W. W. Norton & Company Inc. Usado con la autorización de W. W. Norton & Company Inc.
1.6 De *The Oxford Book of Carols*. © Oxford University Press 1928. Reproducido con autorización.
1.8 Reproducido con la autorización de Kawori Iguchi.
1.9 bpk/Antikensammlung, Staatliche Museen zu Berlin. Fotografía: Johannes Laurentius. Reproducido con autorización.

1.10 Reproducido con la autorización de Sugi Ichikazu.
2.2 Reproducido con la autorización de Richard Long.
2.4 Fotografía: Ian Alexander. Reproducido con autorización.
2.5 Bajo la licencia de Historic Collections, King's College, Universidad de Aberdeen.
2.7 Bajo la licencia de Historic Collections, King's College, Universidad de Aberdeen.
2.10 Fotografía: Jörg Hauser. Reproducido con la autorización de Jörg Hauser and Brigitta Hauser-Schäublin.
2.11 Reproducido con la autorización de la Biblioteca Bodleiana, Universidad de Oxford, referencia interna 247236 d.13.
2.12 Reproducido con la autorización del Museo de Arqueología y Antropología de la Universidad de Cambridge. Ref. E 1907.342 (Z 6067).
2.16 Fotografía: Barbara y Dennis Tedlock, reproducido con su autorización.
2.17 Bajo la licencia de Oxford University Press.
3.2 Reproducido con la autorización de Ordnance Survey en nombre de HMSO. © Crown Copyright 2006. Ordnance Survey Licence Number 100014649.
3.3 Reproducido con la autorización de Sonderjyllands Statsamt del *Grænseatlas* de 1920.
3.4 Charles Goodwin, «Professional Vision», American Anthropologist, vol. 96, n.º 3: 606-633. © 1994, American Anthropological Association. Usado con autorización. Todos los derechos reservados.
3.9 Bajo la licencia de Oxford University Press.
4.2 Bajo la licencia de Éditions Gaud.
4.3 Bajo la licencia de Cambridge University Press.
5.1 © The Estate of E. H. Shephard, reproducido con la autorización de Curtis Brown Limited, Londres.
5.5 Bajo la licencia de Historic Collections, King's College, Universidad de Aberdeen.
5.10 MS Cosin V.III.1, f.22v. Reproducido con la autorización de Biblioteca de la Universidad de Durham.
5.11 Reproducido con la autorización de Rosemary Sassoon.

ÍNDICE DE ILUSTRACIONES

6.3   Reproducido con la autorización de Wendy Gunn.
6.5   Reproducido con la autorización de Marion Boyars Publishers.
6.6   © Studio Daniel Libeskind. Reproducido con autorización.

Se han llevado a cabo todos los esfuerzos posibles para localizar y contactar a los poseedores de los derechos de reproducción. Los editores agradecerían que se les indicara la ausencia de alguna referencia no recogida aquí para poder completar la página de créditos en cuanto se tenga la menor oportunidad.